大金融书系
Macro-Finance Book Series
International Monetary Institute of RUC

中国人民大学中国财政金融政策研究中心系列报告

人民币国际化报告2024

2024 Annual Report of Renminbi Internationalization

可持续全球供应链体系与国际货币金融变革

中国人民大学国际货币研究所

中国人民大学出版社
· 北京 ·

编 委 名 单

学术指导　陈雨露

主　　编　王　芳　钱宗鑫

编　　委（排名不分先后）

王　博　王　殊　王晨曦　王景业

庄毓敏　何　林　宋　科　李　磊

陆利平　范小云　赵雪情　涂永红

序

课题组邀请我为《人民币国际化报告 2024》作序，我立即就应承下了。

想起 2011 年刚启动这项研究时，我还在人民大学工作。那时候国际货币研究所成立不到两年，财金学院国际金融团队只有五六个老师，科研条件也谈不上有多好。当时没有太多人专门做人民币国际化研究，甚至很多人是完全不认同这个方向的。但是有了那么一群志同道合的人，事情就这么从无到有地开始做起来了。先是把人民币国际化指数做出来了，接着是第一本报告终于定稿了（这也是 13 本年度报告里唯一一本没有主题的），然后是首届国际货币论坛在北京盛大举行，《人民币国际化报告 2012》正式出版并对外发布。2012 年 7 月，我代表课题组在论坛开幕式上做了第一次报告解读。

中国金融学科重要奠基人黄达教授和诺贝尔经济学奖得主罗伯特·蒙代尔教授在现场听了我对课题成果的汇报，之后也分别做了发言。我清楚地记得，黄达先生特别叮嘱课题组："要坚持下去，指数坚持编，报告坚持写。每年写的有内容，不断总结完善。能持续做很长时间的研究是不容易的，希望《人民币国际化报告》在这方面做出典范。"蒙代尔教授则提出："美元的国际地位与美国的经常账户逆差之间关系密切，也存在着悖论。中国如何在经常账户持续顺差中推进人民币国际化？对此应当进行学理化的讨论和阐释。”

我要特别感谢这两位前辈。因为蒙代尔教授出的这样一个题目，2013 年报告便有了主题“世界贸易格局变迁与人民币国际化”，我们探讨了货币国际化与实体经济国际化之间的理论联系和一般规律，并且注意到国际货币格局变化滞后于贸易格局调整的原因与影响。而且从此以后，每年报告都会围绕一个重要问题进行研究。因为黄达先生的嘱托，我们一直坚持到了现在。在这十几年里，课题组对全球离岸市场、全球金融中心、国际政策协调、宏观风险管理、国际经贸合作等问题做了深入思考和系统研究，围绕“一带一路”、高质量发展、双循环格局、低碳转型等开展了学理分析和政策研究，对人民币国际化的认识和理解也随之不断发展。未来当然还要坚持做下去，争取越做越好。

值得欣慰的是，经过这么多年聚焦一个领域的学术积累，我们的研究团队日益壮大起来，不仅新增了多位青年海归学者，还吸纳了不少博士生共同参与，更有无数来自高校、业界、政府、国际组织的国内外合作者。团队成员们也都成长了，目前已有多位成员获得国家级人才称号或成为首席专家。团队的研究已经孵化出多个国家级重大项目，横向课题经费不断创出新高，众多的著作、论文和政策咨询报告相继问世，且相关研究成果大多被及时转化为教学内容，进入了国际金融课堂和教材。我想有组织的科研就应该是这个样子的。

今年报告的主题是我提供给课题组的。

全球供应链体系和国际货币金融体系都具有全球公共产品属性。全球公共产品的供给旨在满足公共需求、化解全球公共难题。

全球供应链是随着经济全球化和国际分工的出现而产生的，发展到今天已经是严格意义上“你中有我，我中有你”的全球化生产了。可以说，全球供应链模式的存在本身就是“合作共赢”的最好代言人。但是，曾经主导经济全球化、整合全球供应链的主要发达国家，为什么出现了重大经济政策转向呢？我们发现，发达国家挥舞的这些“逆全球化”大棒，其实就是它们曾经能够整合全球供应链的那些“本事”，比如核心技术和知识产权、国际货币和跨境支付系统、国际标准制定权和话语权等。但是现在，这些本应该发挥全球公共产品作用的关键要素已经异化成对其他供应链伙伴生杀予夺的垄断特权。

国际货币金融体系也是如此。本来国际货币和跨境支付系统是用来便利国际贸易和跨国投资的，但现在却发生了“政治化”“工具化”“武器化”转向。

课题组对这些问题做了系统探索，得到了一些有价值的结论和政策建议。但是对于这样一个宏大的主题来说，上述工作仍属于抛砖引玉。如果能够引起大家的兴趣，有更多同道中人愿意把研究继续做深做实，那就更好了。

近几年总听人讲，人民币国际化还有什么可研究的？干就完了。

这让人既喜又忧。喜的是认同人民币国际化事业的人越来越多，这相当于对我们工作的肯定和鼓励。忧的是毕竟不是任何问题都能大而化之解决的。在复杂严峻的世界变局中，人民币国际化如何在构建人类命运共同体的思想指引下走出一条中国特色之路，如何才能行稳致远……凡此种种，未必都已经有了答案。所以报告要坚持写，研究也要持续做下去。

我对人民币国际化的未来充满了信心！

陈雨露

2024 年 7 月于南开

导　论

《人民币国际化报告 2024》是中国人民大学课题组发布的第 13 本年度报告。该系列报告旨在忠实记录人民币国际化进程，深度研究这个进程中各个阶段的重大理论问题和政策热点难点。人民币国际化，是指人民币在国际经济往来中发挥国际货币职能，逐渐发展成为国际贸易和国际投融资的主要计价结算货币以及重要的官方国际储备货币的过程。

课题组以人民币国际化指数（Renminbi Internationalization Index，RII）动态追踪人民币国际化的发展过程。该指数综合考虑了人民币在贸易计价结算、金融交易和官方储备等方面执行国际货币职能的发展动态，既可以观察人民币国际化发展的纵向变化，也可以与其他主要货币国际化指数进行横向比较。RII 由中国人民大学国际货币研究所率先编制，于 2012 年发布的第一本报告中正式披露。RII 数值越大，说明人民币国际化水平越高。

2023 年四个季度末 RII 的数值分别为 5.21、7.13、6.42 和 6.32，全年的季度平均值为 6.27，较上一年度同比增长 22.9%，继续保持长期向上趋势。截至 2023 年底，美元、欧元、英镑、日元的国际化指数分别为 51.52、25.03、3.76 和 4.40。过去 5 年，美元、欧元、英镑、日元、人民币的国际化指数的年均复合增长率分别为 −0.23%、−1.34%、−2.65%、0.22%和 16.56%。不难发现，即使在外部环境极其严峻、中国经济和对外贸易倍受打压的情况下，与其他主要国际货币同期表现相比，人民币国际化依然呈现出强劲的发展势头。

从 RII 细分指标情况看，在贸易计价结算方面，跨境人民币结算规模创历史新高，2023 年底全球跨境贸易人民币计价结算占比达到 4.43%，全年季度平均值同比增长 34.18%，对当年 RII 变化的贡献度约为三成。在国际金融计价交易方面，人民币直接投资稳步增长，信贷与债券融资大幅攀升，在投资端承压的情况下依然有效推动人民币国际金融计价交易综合指标继续向上突破，2023 年季度平均值同比增长 28.80%，对当年 RII 变化的贡献度高达近八成。在国际储备方面，在以美元计价的全球官方外汇储备数据中，人民币占比自 2022 年起已缓慢下降至 2.29%，一定程度上拖累了 RII 表现，对当年 RII 变化的贡献度约为负一成。

《人民币国际化报告 2024》以“可持续全球供应链体系与国际货币金融变革”为主题，系统阐述了国际货币金融变革对全球供应链可持续发展的重要意义，也充分论证了一国货币金融体系服务于全球供应链的可持续发展将有助于推动该国的货币国际化进程。课题组从国际货币金融视角出发，聚焦金融体系如何支持全球供应链体系的可持续发展、如何通过金融支持保障功能来普遍提升全球供应链上各国（地区）福利水平等问题，为探讨国际货币金融体系与可持续全球供应链的关系提供了一个理论分析框架。报告重点讨论了金融服务全球供应链可持续发展的三大功能：资金融通、风险管理和跨境支付。我们认为，越是处于全球供应链重要位置的经济体，其通过金融服务功能来提升供应链合作伙伴的福利水平、增强全球供应链韧性的效果越是显著，而且伴随一国金融体系服务全球供应链可持续发展的能力的提高，该国货币的国际使用基础也必然进一步夯实。反之，在现行国际货币金融体系中，一旦掌握规则制定权和话语权的国家将金融服务功能异化为地缘政治工具或大国竞争武器，全球供应链安全和可持续发展就必然遭到灾难性的破坏；当这种情形发生时，为了保障全球供应链上更多国家的安全与福利，基于可持续全球供应链推动国际货币金融变革就成为一项必要而且迫切的正义事业。在理论分析之外，本报告还梳理了全球供应链面临的主要问题和挑战，并基于对国际货币金融体系服务全球供应链可持续发展的现状分析，提出了相应的政策建议。

全球供应链是国际分工和经济全球化的产物。国际贸易和跨国公司是全球供应链体系从萌芽、初步形成到快速发展全过程的重要推手。最初，凭借工业革命后的较高生产力水平，主要发达国家主导形成了“发展中国家供应初级品和农产品，发达国家生产并出口最终品”的国际分工。20世纪80年代，以跨国公司“产品内分工”的形式发生了工序型国际产业转移，发达国家主导形成了“发达国家掌握核心技术、品牌和消费市场，发展中国家从事组装加工”的以技术为基础的深度国际分工；发达国家在供应链中承担高附加值工序，发展中国家被分配了技术含量较低且附加值较低的工序。全球供应链自此进入了快速发展期。进入21世纪后，各国产品研发、生产、销售进一步在全球分散，原材料、在制品、产成品通过供应链上各主体之间的国际贸易实现在全球范围内流动，全球供应链体系更加成熟。一方面，跨国分工愈加精细、复杂，产品从开始生产到最终消费，经历的跨生产阶段数越来越多；另一方面，为了获取高额利润，欧美发达国家逐渐将产业重心转向了包括金融行业在内的服务业，第三产业增加值占比普遍超过了70%。

2008年是一个关键转折点。此前一直主张经济全球化、主导国际分工的发达国家，由于自身产业空心化等原因相继爆发金融危机。反观中国，不仅受金融危机的影响小，而且在危机后成为全球经济增长引擎。这个借着改革开放、人口红利和优惠政策才融入全球供应链的后来者，虽然是被动参与全球分工、接受发达国家国际产业转移，但是加入WTO后五年就成为全球第二大货物贸易国和名副其实的“世界工厂”，依靠制造业基础在全球危机中表现出了更强的经济韧性。正是在这样的背景下，以美国为首的发达国家开启了“逆全球化”“去中国化”，采取技术封锁、加征关税、限制投资、立法补贴等多种贸易保护主义措施推动制造业回流，导致全球供应链体系逐渐偏离其原本的轨道。近年来，它们更是挑起对华贸易摩擦和“科技脱钩”，试图通过“卡住”上游供给来极限打压中国关键产业链的发展能力，不惜以全球范围的“脱钩”“断链”来扼杀中国经济。发达国家的经济政策转向，一边推升了全球供应链成本，使得疫情后的世界经济复苏更加艰难；一边制造着世界各国对供应链韧性与安全的普遍焦虑，导致原本“你中有我，我中有你”的全球供应链体系发生动荡，被迫进行重构。

值得注意的是，按照发达国家意志进行的全球供应链重构，不仅赋予了发达国家对供应链上相关主体的生杀予夺之特权，而且进一步强化了广大发展中国家的供应链脆弱性。尽管发展中国家对全球供应链体系的贡献度在上升，但是核心技术和知识产权、主要国际货币和国际金融基础设施、社会标准和环境标准制定等关键环节，几乎全部被发达国家垄断。中美贸易摩擦说明掌握核心技术一方对高科技产业链拥有绝对支配力。将俄罗斯主要银行踢出环球银行间金融电讯协会（SWIFT）系统、禁止其使用主要国际货币完成跨国交易，反映出金融制裁对一国供应链安全具有颠覆性影响。美国、欧盟因为拥有话语权，所以只需以“国家安全”“去风险”为借口，就可以毫不顾忌地运用立法和监管手段任意更改国际贸易规则、利用“长臂管辖”随时随地实施经济制裁。必须清醒地认识到，“逆全球化”是为了保证发达国家在供应链上这些关键环节继续保持垄断，本质上是要重新回到以发达国家为中心的国际分工体系，哪怕这样做会实质性地损害世界上绝大多数国家的正当发展利益并且提高全球供应链中断风险。

全球供应链体系要实现可持续发展，就必须具有包容性和韧性。这就要求：各方参与主体能够普遍地从全球供应链模式中受益，供应链上所开展的经济活动不仅能提高核心主体的福利水平，也能不同程度地提高几乎所有相关主体的福利水平；在面对各种冲击时，供应链上主体能够迅速调整适应并恢复运行，甚至在识变应变之外还能够“化危为机”。全球范围内的货币资金流动几乎贯穿全球供应链体系的每个节点，所以全球供应链的可持续发展离不开国际货币金融服务，高质量的金融支持与保障可以提升供应链合作伙伴的福利水平，也有利于增强全球供应链韧性。

本报告从资金融通、风险管理和跨境支付三个方面，分别探讨国际货币金融服务如何为全球供应链上的经济活动提供支持和保障，从而改善相关国家（地区）福利水平，并提升全球供应链的韧性。在模型模拟、案例研究、文献分析基础上，得到以下主要结论：第一，金融体系融资效率提升，可以缓解供应链上企业融资难、融资贵问题，降低企业生产成本，并通过全球供应链将成本节约效应反馈给全球消费者；可以更好地服务科技创新，提升一国（地区）对关键技术领域供应链冲击的应对能力。第二，金融体系风险管理能力提升，可以缓释供应链冲击产生的全球经济波动。完善的出口信用保险可以促进贸易，通过比较优势提升供应链上各国（地区）福利水平；巨灾保险和各类金融衍生工具可以有效应对自然灾害等对全球供应链伙伴的负面冲击；完善全球金融治理可以提升政策协调水平，削弱各国政策的负外部性，降低供应链上企业面临的宏观风险。第三，跨境支付效率提升，可以通过成本节约效应直接提升供应链上各国（地区）的福利水平。支付结算货币多元化在一定条件下可以降低供应链冲击引发的汇率风险。

参加全球供应链合作，是一国融入国际市场、促进经济增长和提高人民福祉的重要方式。但供应链上的绝大多数参与主体又是被动与弱势的，只能依靠其他有能力者来整合全球产业链供应链，以及提供全球供应链发展所需要的国际货币金融服务。从这个意义上讲，全球供应链体系和国际货币金融体系都具有全球公共产品属性。问题是：谁来整合全球供应链？谁来为可持续全球供应链提供国际货币金融服务呢？

作为全球供应链上的重要经济体，中国为供应链伙伴提供金融服务，就是在弥补优质全球公共产品缺口。人民币国际化提供了国际计价货币、国际支付货币和国际安全资产的新增选项，也是中国在供给优质全球公共产品。然而，中国在现行的全球供应链体系和国际货币金融体系中，同样缺乏话语权和规则制定权，与广大发展中国家和新兴市场经济体一样处于“弱势地位”。不仅如此，由于挑战了主要发达国家的技术垄断和金融霸权，中国正在全球范围内遭遇围追堵截。所以，这个世界怎么了？全球经济金融治理出了什么问题？

“逆全球化”损害了诸多国家的利益，中国首当其冲，但凡事都有两面性，困境中也能看到希望。比如，目前地缘政治风险达到冷战以来的最高水平，大国博弈与货币竞争更加激烈。一方面，中国主张的新型经济全球化和人民币国际化被个别国家看作威胁和进攻，因而会遭遇巨大阻力，甚至会面临“金融核战”威胁。另一方面，很多国家（地区）出于对自身安全的考虑，全力增强双边本币合作与区域对接，积极推动国际计价结算货币和国际储备货币的多元化，这就为人民币的国际使用创造了新的空间，也对人民币国际化在如此恶劣的环境中仍然能够逆风前行作出了合理解释。又如，由于美国政府施压，全球供应链被打散但未完全断开，中美直接贸易联系明显减弱，各自最大贸易伙伴均已改变。不过与此同时，墨西哥、越南、印度尼西亚等国更多地嵌入中美之间，中间节点增多使全球供应链的战线拉长，也更加多元化、分散化。而且随着这些中间贸易伙伴日益加深与中国供应链的联系，中美两国的间接贸易联系反而增强了。

中国也是经济全球化的受益者，在全球供应链合作中取得了巨大的经济发展成就。中国更是新型经济全球化的坚定支持者，因为我们相信"发展才是硬道理"，塑造"合作共赢"的开放型世界经济符合全人类共同利益，是历史发展的正确方向。理论研究和经验事实都充分表明，全球化生产模式使世界各国可以专注于自身比较优势领域；全球范围内的专业化分工带来的低成本红利促进了世界经济长期蓬勃发展，也普遍地提高了供应链上各个合作伙伴的福利水平。以电子信息领域为例，其特点是：产业链绵长，技术具有高度复杂性，而且技术更新迭代速度越来越快。这就意味着，任何单一企业或国家都不可能在产业链的所有环节均处于世界领先水平。换言之，唯有合作才能更好地发展，只有通过不断发展才能实现相关主体的切实利益。

尽快走出全球经济停滞困局，这是绝大多数国家的共识。为此需要全球共同行动来解决全球重大问题。面对全球重大变化和挑战，如二战、2008 年国际金融危机，只有践行和平发展和多边主义，世界各国团结一心，通力合作，才能共克时艰，重返经济增长正轨。面对当前多重危机叠加的复杂形势，仍然必须依靠国际社会团结合作，强化人类命运共同体意识，为前所未有的全球性挑战找出前所未有的全球化解决方案。

今年是布雷顿森林体系成立 80 周年。布雷顿森林体系的这段历史证明了全人类共同价值的意义。只要世界各国选择精诚合作和全球共同利益，那么即使面对二战后的满目疮痍，一个为建设和平、繁荣的新世界而诞生的国际货币金融体系，也能书写出成功助力全球经济复苏的历史篇章。我们愿意相信这样的历史会重演。

多极化的世界经济，需要真正践行多边主义的全球经济金融治理体系。中国金融和人民币国际化正在为此付出努力。事虽难，做则必成！

目　录

第1章

人民币国际化指数

人民币国际化，是指人民币在国际经济往来中发挥国际货币职能，逐渐发展成为国际贸易和国际投融资的主要计价结算货币以及重要的官方国际储备货币的过程。中国人民大学编制的RII可以客观描述并综合量化人民币在国际经济活动中的实际使用程度，同时方便与其他主要国际货币进行横向比较。

1.1 人民币国际化指数及其变动原因

1.1.1 人民币国际化指数现状

2023年，全球地缘政治格局复杂严峻，世界经济增长乏力，产业链供应链面临重塑，各国复苏进程有所分化。我国逐步从疫情期间的非常态转向常态，经济社会发展步入新阶段。2023年，我国加快构建新发展格局，着力推动经济高质量发展，以制度型开放为重点推进金融高水平开放，扎实提高人民币国际使用的广泛性、便利性。

2023年四个季度，RII分别为5.21、7.13、6.42和6.32（见图1-1）。2023年，RII季度平均值为6.27，与2022年季度平均值5.10相比增长了22.9%，人民币国际使用水平进一步提升。过去5年，全球政治经济格局深刻演变，RII波动上行，年均复合增长率高达16.56%。2023年第四季度，美元、欧元、英镑、日元的国际化指数分别为 51.52、25.03、3.76 和 4.40。不难发现，即使在外部环境极其严峻、中国经济和贸易倍受打压的情况下，与其他主要国际货币的同期表现相比，人民币国际化依然展现出强劲的发展动能与韧性（见图 1-2）。

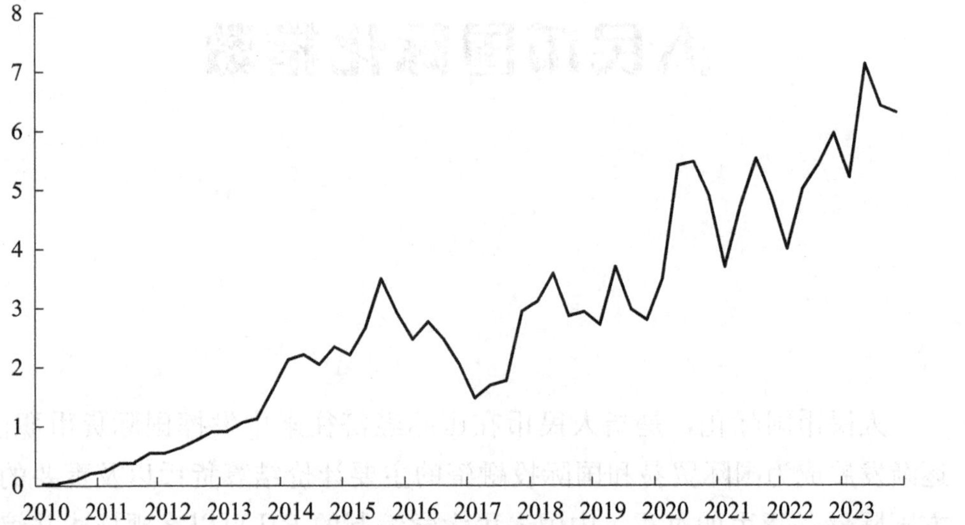

图 1-1　人民币国际化指数

注：2022 年第三、第四季度及 2023 年第四季度荷兰和卢森堡陷入经济衰退，直接投资数据失常，不能体现真实情况，故在全球统计中去掉这两国直接投资数据。据此同步更新 2022 年 RII 指标。

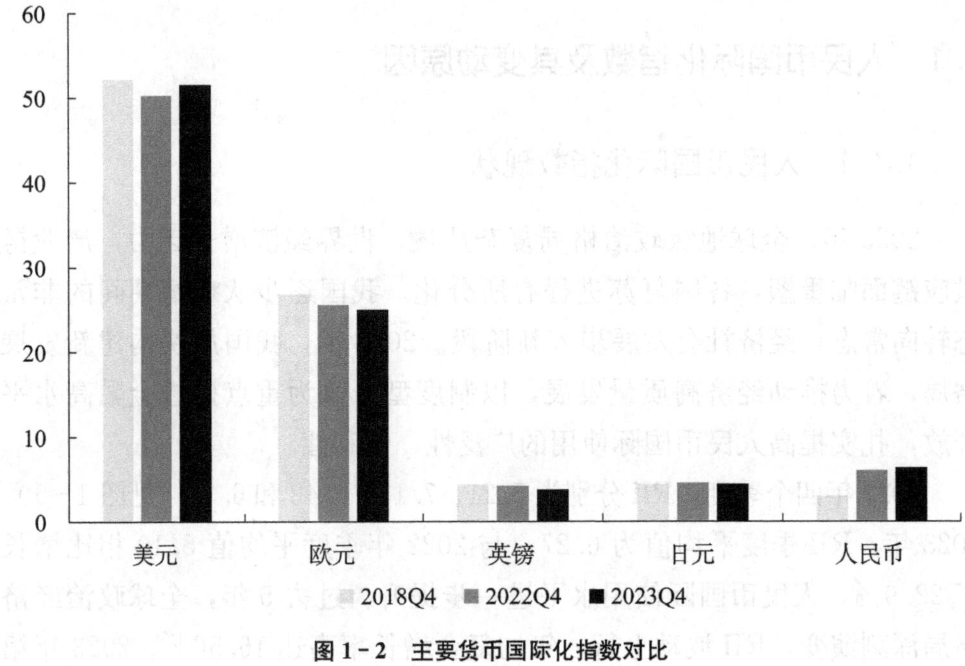

图 1-2　主要货币国际化指数对比

具体来看，2023年RII增长主要源于跨境贸易结算与直接投资交易的拉动，其贡献度分别为30.17%和76.37%（见表1-1）。同时，从增长率来看，人民币跨境贸易结算、直接投资和国际债券融资实现较快提升，成为人民币国际化发展的年度亮点。在以美元计价的全球官方外汇储备数据中，人民币占比自2022年以来有所下降，从而也拖累了RII表现。

表1-1 2022—2023年RII增长各指标贡献度及增长率（%）

人民币国际化指标	贡献度	增长率
跨境贸易本币结算占比	30.17	34.18
国际金融计价综合	78.12	28.80
人民币直接投资全球占比	76.37	29.45
人民币信贷全球占比	0.55	8.24
人民币国际债券余额全球占比	1.19	22.79
外汇储备全球占比	−8.29	−10.72
RII	100	22.94

注：贡献度为各指标年度变化值按权重调整后在RII年度变化中的占比。

1.1.2 人民币国际化的推动力

第一，中国持续推进经济高质量发展，从根本上提升人民币作为一种国际货币的“含金量”。2023年，面对复杂的国际环境和国内经济恢复所带来的挑战，我国着力扩大内需、优化结构、提振信心、防范化解风险，经济社会全面恢复常态化运行，展现出抵御短期波动、赢得长远发展的韧性。同时，中国为全球经济复苏贡献动能，成为国际产业链供应链的稳定力量与推动国际合作的“共赢链”。例如，中国与东盟产业链供应链深度互联，东盟连续多年保持中国中间品第一大贸易伙伴地位。中外企业供应链合作有利于扩大跨境贸易人民币使用，加强人民币的国际贸易计价结算职能，有效提升人民币服务实体经济的能力与水平。2023年第四季度，全球跨境贸易人民币结算占比达4.43%，同比增长30.06%。2023年中央经济工作会议明确提出要以科技创新推动产业创新，特别是以颠覆性技术和前沿技术催生新产业、新模式、新动能，发展新质生产力。新质生产力的加快形成将切实提升我国企业议价权，巩固人民币“硬实力”，强化人民币国际竞争力。

第二，中国以制度型开放为重点加快金融高水平开放步伐，为人民币国际化注入动能。2023 年中央金融工作会议指出，要加快建设金融强国，着力推进金融高水平开放，稳步扩大金融领域制度型开放，提升跨境贸易和投融资便利化水平。我国监管部门出台了一系列新规和举措，促进金融制度型开放持续向纵深推进。境内企业跨境融资方面，《企业中长期外债审核登记管理办法》与《境内企业境外发行证券和上市管理试行办法》的实施有利于促进企业境外融资健康有序开展，提高中长期外债资金使用效益，促进境内企业依法合规利用境外资本市场实现规范健康发展。境外投资者方面，《内地与香港利率互换市场互联互通合作管理暂行办法》（即“互换通”）的正式落地有助于维护利率互换市场秩序，便利境外投资者使用利率互换管理风险，平缓资金跨境流动，为人民币国际化扎实推进创造条件。《中国银行间市场交易商协会关于开展境外机构债券定价配售机制优化试点有关工作的通知》进一步优化了熊猫债的定价配售机制，为各机构参与熊猫债投融资提供了便利，提升了银行间债券市场跨境投融资效率。2023 年，我国持续推进金融高水平对外开放，完善制度体系与政策支持，不仅为境内投资者提供了境外投资渠道，也吸引了大量境外资金进入中国市场，参与人民币投融资，为人民币国际化发展增添活力。

第三，国际货币合作持续推进，为人民币国际使用搭建广阔平台。全球地缘政治格局深刻调整，美元强势周期带来严重外溢效应，世界各国重新认识金融安全，存在强烈的本币使用动机与货币合作需求。2023 年，中国-中亚峰会、上合组织成员国元首理事会第二十三次会议、金砖国家第十五次领导人会晤和第三届“一带一路”国际合作高峰论坛先后召开，货币合作、支付联通成为重要关注点，我国与相关国家及区域合作取得实质性进展。中国人民银行与巴西、柬埔寨、塞尔维亚央行签署建立人民币清算安排的合作备忘录，进一步促进双边贸易、投资便利化，推动中外企业与金融机构本币跨境交易，为人民币国际化搭建了平台。中国人民银行与阿根廷、蒙古和沙特阿拉伯等签署或续签双边本币互换协议，2023 年末我国有效双边本币互换协议规模约 4.16 万亿元，基本覆盖全球六大洲重点地区的主要经济体。此外，随着“一带一路”、

《区域全面经济伙伴关系协定》（RCEP）等区域合作框架的实施落地，中国供应链网络拓展，人民币国际使用场景不断拓宽，区域接受度进一步提升。

第四，金融周期分化与波动下人民币融资功能增强，成为2023年人民币国际使用的显著亮点。2022年以来，主要发达经济体开启历史最激进加息周期，美联储、欧央行持续加息，政策利率处于21世纪以来历史高位，美元、欧元等主要货币融资成本高企，国际金融市场严重动荡。随着金融周期分化，中美利差倒挂且幅度不断扩大，人民币融资成本保持相对低位，且具有较好稳定性，更多市场主体选择人民币作为计价融资货币。2023年末，人民币国际债券余额全球占比达0.72%，同比增长14.59%；点心债和熊猫债发行规模分别达5 668.5亿元和1 545亿元，同比增长超过105%和81%。人民币国际信贷大幅增长，国际债券发行量显著扩张，人民币国际使用突破“融资贵、融资难”瓶颈，为全球供应链重塑提供资金支持。

1.1.3 人民币国际化面临的主要挑战

第一，国内经济基本面承压，外部地缘政治风险高企，人民币国际信心易受影响。2023年，我国经济逐步从疫情期间的非常态化向常态化运行转变，在剔除基数因素后GDP增速与疫情前水平仍有差距。经济基本面承压，内外需走弱，房地产信用风险高企、地方政府化债压力增大等问题较为突出，短期内对人民币的国际信心产生了一定影响。从外部环境来看，2023年地缘政治风险高企，俄乌冲突、巴以冲突持续演进，全球资产避险情绪高涨，拜登国情咨文演说中多次提及中国，措辞强硬表示与中国竞争，一定程度上削弱了外资对人民币的国际信心与安全性判断。

第二，收益率是核心决定要素，人民币资产端面临资本流出压力。2023年，全球通胀持续高企。为继续遏制高通胀，主要发达经济体货币延续收紧态势，保持加息节奏，美联储、欧洲央行、英格兰银行分别加息100个、200个和175个基点。与此相反，为加大对实体经济的支持力度，改善经济复苏前景，稳固经济基本面，我国央行多次降息降准、维持流动性合理充裕，中美利差倒挂，人民币资产收益率走低，特别是股票等人民币计价的风险资产价格下跌，北向资金趋向流出，人民币的国际投资职能面临较大挑战。

第三，人民币兑美元汇率走弱，离岸人民币市场发展相对缓慢。近年来，由于人民币汇率变化及需求变化等方面的原因，离岸人民币市场发展显著放缓。截至 2023 年末，主要离岸人民币市场存款规模约 1.5 万亿元，主要集中在中国香港，约占离岸人民币使用量的 80%。在我国资本项目尚未完全开放的条件下，离岸市场仍将是人民币国际化发展的重要方式。离岸人民币市场发展放缓将影响全球人民币流动循环，对人民币国际化深度发展形成制约。

1.2 人民币国际贸易计价结算

1.2.1 跨境人民币结算规模创新高

跨境人民币结算稳步增长，结算占比创历史最高水平。2023 年，世界经济增长乏力，地缘政治冲突加剧；国内经济经历三年疫情冲击，恢复过程中仍面临不少困难。在外需下滑和内需不足的情况下，我国统筹国内国际两个大局，持续深化改革开放，着力构建新发展格局，在贸易方面保持高质量增长，跨境贸易人民币结算规模再创新高（见图 1-3）。2023 年，经常项目下跨境贸易人民币结算业务发生 14.03 万亿元，同比增加 3.52 万亿元，同比增长 33.49%。进出口企业对跨境人民币结算的需求持续扩大，人民币贸易结算总额在我国经常项目结算总额中的占比不断上升，由 2022 年末的 20.47%上升至 2023 年末的 27.02%。企业在跨境贸易结算中越来越多地选择人民币，这有助于减轻汇率波动影响，降低结算成本，提高交易效率和安全性。

跨境贸易人民币结算以货物贸易为主（见图 1-4）。2023 年，货物贸易人民币结算累计发生 10.69 万亿元，同比增长 34.97%，占当年跨境贸易人民币结算总额的 76.19%；服务贸易人民币结算累计发生 3.34 万亿元，同比增长 28.96%，占当年跨境贸易人民币结算总额的 23.81%。以人民币结算的货物贸易和服务贸易规模持续扩大，在跨境贸易总额中的占比呈现逐年上升趋势。2023 年末，以人民币结算的货物贸易额占该项

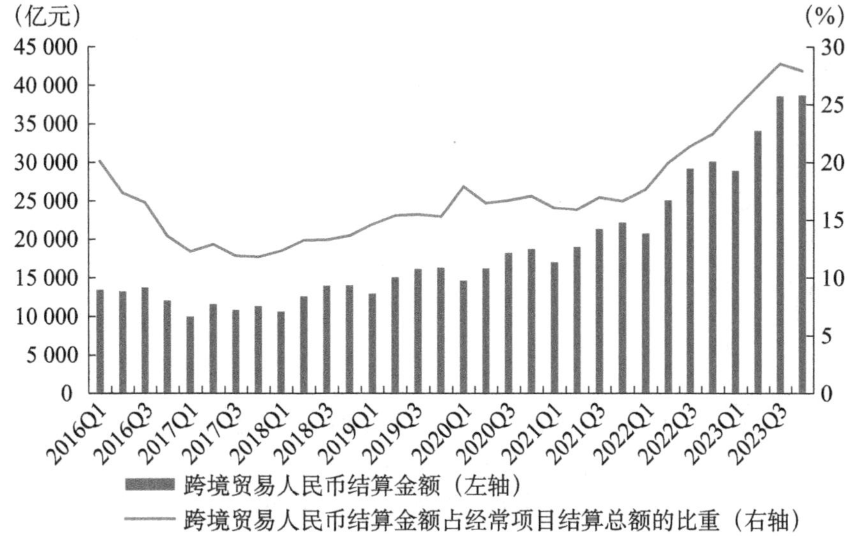

图 1－3 跨境贸易人民币结算规模

资料来源：中国人民银行、国家外汇管理局.

目结算总额的 26.16%，相较 2022 年末增长 6.65 个百分点；以人民币结算的服务贸易及其他经常项目金额占该项目结算总额的 30.20%，相较 2022 年末增长 6.1 个百分点（见图 1－5）。我国货物和服务贸易在国际市场上竞争力增强，定价权有所提升。

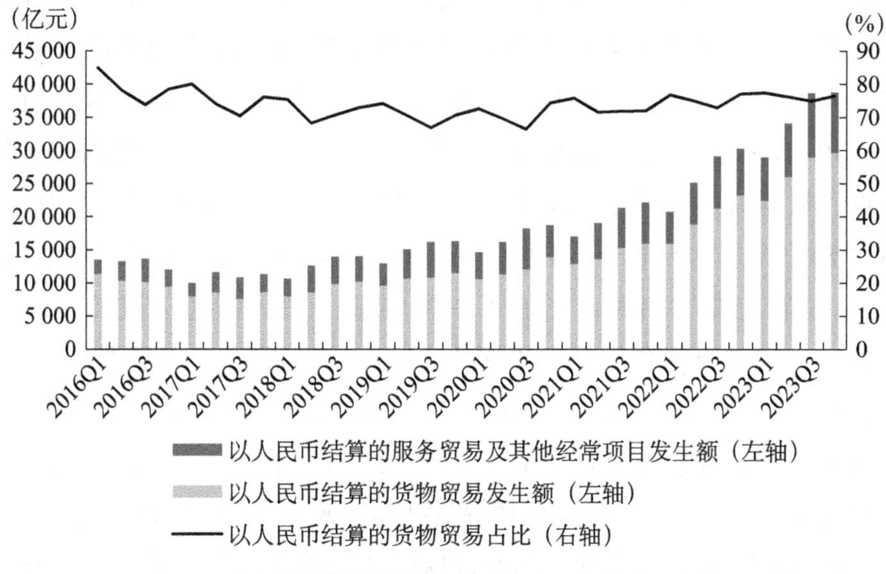

图 1－4 以人民币结算的货物贸易和服务贸易及其他经常项目规模

资料来源：中国人民银行.

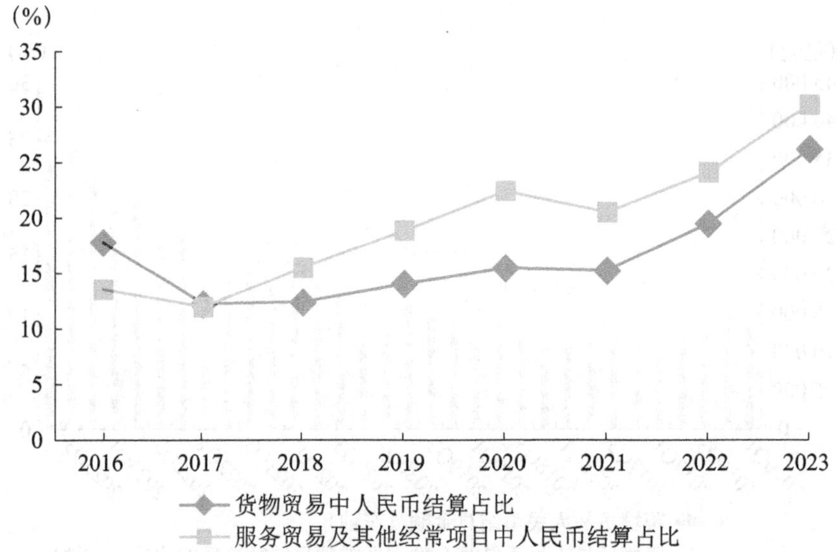

图 1－5　货物贸易和服务贸易及其他经常项目中人民币结算占比

资料来源：中国人民银行、国家外汇管理局.

外贸进出口稳中有进，跨境人民币结算规模与进出口贸易规模双向促进。2023 年，我国对外贸易稳规模、优结构，货物和服务贸易总额为 46.71 万亿元，比 2022 年增加 0.43 万亿元。进出口贸易规模的增长是人民币结算规模增长的重要基础，而人民币结算能为进出口贸易提供稳定性、便利性，从而进一步促进对外贸易增长。值得注意的是，2023 年跨境人民币结算的增幅显著高于进出口贸易的增幅，说明企业越来越倾向于选择人民币进行结算，彰显了人民币使用优势。2023 年，对外贸易领域亮点频现，形成外贸增长新动力。第一，“新三样”成为中国外贸新的增长点。根据海关总署数据，我国 2023 年货物贸易出口 23.77 万亿元，其中“新三样”合计出口额 1.06 万亿元，首次破万亿，同比增长 29.9%。“新三样”出海，彰显了中国制造向中国创造迈进的阶段性成果。第二，区域经济合作进一步深化。2023 年我国对 RCEP 其他 14 个成员国合计进出口 12.6 万亿元，较协定生效前的 2021 年增长 5.3%，叠加双边协定，持续推进贸易便利化；2023 年中国与共建“一带一路”国家进出口达 19.47 万亿元，占中国外贸总值的 46.6%，规模和占比均为倡议提出以来的最高水平。第三，自由贸易区持续深化改革开放。2023 年是中国自由贸易试验区建立十周年，2023 年 11 月中国西北沿边地区首个自由贸易试验区——中国（新疆）自由贸易试验区正式揭牌，我国自由贸易试验区数量扩大至22个。2023年自由贸易试验区合计进出口7.67万亿元，同比增长2.7%，占进出口总值的18.4%。第四，跨境电商新业态快速发展。根据海关统计，2023年我国跨境电商进出口2.4万亿元，同比增长15.6%；出口规模上，跨境电商增长19.6%，远超整体外贸出口增速（0.6%）。国务院办公厅印发《国务院办公厅关于推动外贸稳规模优结构的意见》和《关于加快内外贸一体化发展的若干措施》，支持外贸企业通过跨境电商新业态拓展销售渠道、内贸企业采用跨境电商开拓国际市场，支持更多符合条件的支付机构和银行为跨境电商等新业态提供外汇结算服务。

鼓励和支持跨境人民币贸易结算政策持续发力。2023年，商务部和中国人民银行联合印发《商务部、中国人民银行关于进一步支持外经贸企业扩大人民币跨境使用 促进贸易投资便利化的通知》，鼓励银行积极创新产品服务，为跨境贸易企业提供交易撮合、财务规划、风险管理等综合金融服务。在自贸区人民币支付结算方面，2023年6月，国务院印发《国务院关于做好自由贸易试验区第七批改革试点经验复制推广工作的通知》，提出金融开放创新领域的六项复制推广的改革经验，其中包括了“跨境人民币全程电子缴税”和“对外承包工程类优质诚信企业跨境人民币结算业务便利化”，为境外非居民纳税人和对外承包工程企业提供了人民币结算便利。将自贸区人民币跨境结算的先进经验复制、推广至全国，有利于激发各地人民币跨境结算的活力。

跨境人民币结算能力提升，全球人民币清算网络进一步拓展。人民币国际清算行网络进一步扩大。2023年，巴西、柬埔寨、塞尔维亚等国新设人民币清算行，目前中国人民银行已在31个国家和地区授权了33家人民币清算行，覆盖主要国际金融中心。人民币跨境支付系统（CIPS）取得新进展，截至2023年末，CIPS共有直接参与者139家，间接参与者1 345家，业务范围覆盖全球182个国家和地区的4 442家法人银行机构。2023年跨境清算公司对外发布了四个CIPS新产品，即CIPS港元业务、CIPS汇路指南服务、CIPS数据洞察服务、直参轻量化接入方案。

1.2.2 全球跨境贸易中人民币计价结算占比突破4%

2023年，全球经济增长动能不足，需求趋弱，导致全球贸易整体表现较为低迷。叠加贸易保护主义、单边主义兴起，地缘政治冲突加剧，红海局势的不确定性深刻影响着全球供应链以及世界贸易。中国经济韧性强、潜力大、活力足，在全球经济与贸易中发挥“稳定器”作用。从全球跨境贸易结算规模来看，以人民币计价结算规模再创新高。2023 年四个季度，全球跨境贸易人民币结算占比分别为 3.53%、4.09%、4.55%和 4.43%，首次突破 4%（见图 1-6）。

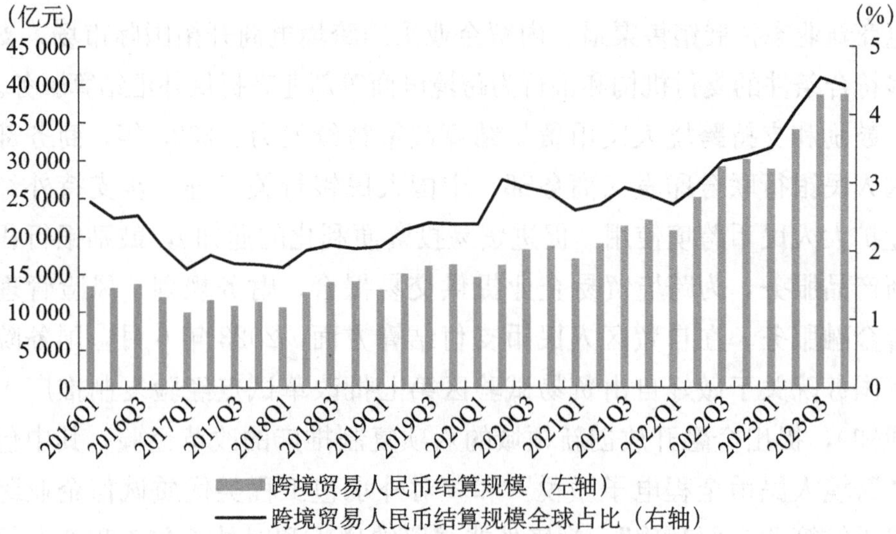

图 1-6　跨境贸易人民币结算规模及其全球占比

资料来源：中国人民银行，国际货币基金组织（IMF）。

值得注意的是，大宗商品人民币计价结算出现一系列新进展、新突破。2023 年 3 月，中国海油与道达尔能源通过上海石油天然气交易中心平台完成国内首单以人民币结算的进口液化天然气（LNG）采购交易，成交量为 6.5 万吨。LNG 资源来自海合会国家阿联酋，我国是 LNG 市场的重要买家之一，此次交易标志着人民币在油气贸易结算交易探索中迈出实质性一步，开拓了国际资源贸易商参与中国市场的新渠道。6 月，北部湾（广西）大宗商品交易平台探索试点完成首单进口锰矿跨境挂牌交易、跨境人民币结算业务，通过 CIPS 实现资金高效转入转出，提前锁定在岸离岸汇率，规避汇率风险，提高跨境交易效率。10 月，中国石油国际事业有限公司通过上海石油天然气交易中心达成国内首单原油跨境数字人民币交易结算，是我国在油气贸易跨境人民币结算中首次嵌入数字人民币，有利于减少对现有国际支付网络的依赖，提高跨境交易的安全性，拓宽数字人民币的使用场景，为人民币国际化开辟新空间。

专栏 1-1

链博会促进全球供应链合作，为人民币创造新机遇

2023 年 11 月，首届中国国际供应链促进博览会（以下简称链博会）在北京开幕。链博会是全球首个以供应链为主题的国家级展会，以“链接世界 共创未来”为主题，旨在促进上中下游衔接、大中小企业融通、产学研用协同、中外企业互动。链博会共 10 万平方米，设置了智能汽车链、绿色农业链、清洁能源链、数字科技链和健康生活链五大链条和供应链服务展区。共有 515 家中外企业和机构参展，其中包括了 53 家世界 500 强企业，57 家中国 500 强企业，25 家中国民营 500 强企业，还有一大批“专精特新”和“隐形冠军”企业。“一带一路”共建国家展商数占到了境外参展数量的将近一半。

链博会作为高标准、高水平的经贸盛会，给来自世界各地高质量的参展商提供了一个展示、学习、交流先进技术的平台，有 62 项代表性的新技术、新产品、新服务在链博会上亮相，如全球首款消费级 GPT 无线 AR 智能眼镜。来自美国的 GE 医疗，来自中国的中粮、国药等企业在链博会上首次展示了其全产业链、供应链布局，分享其与全球供应链的合作与共同成长。同时，链博会给供应链上下游企业开展贸易合作创造了丰富的机会：据《人民日报》的不完全统计，链博会上签署合作协议、意向协议 200 多项，涉及金额 1 500 多亿元人民币。2024 年年初，第二届链博会推介会陆续在世界各地开展，已有超过 200 家中外企业签约参展。此外，第二届链博会将增设先进制造链展区，进一步聚焦代表新质生产力的产业链供应链发展完善。

中国贸促会在链博会上发布了《全球供应链促进报告》，从全球视角开展供应链研究，分析了全球供应链发展的新形势以及中国在推动全球供应链发展过程中发挥的作用。当下，世界经济格局处于调整状态，全球供应链面临重塑，中国经济企稳向好，供应链稳定，韧性强大。中国

积极推动高水平对外开放，在全球产业链供应链当中发挥“稳定锚”的作用。链博会作为中国主办的全球经贸交流平台，能够推动中国在全球供应链的参与程度进一步深入。同时，中国与其他国家达成供应链合作，给人民币计价结算创造了更多使用机会，有利于提高人民币在国际贸易中的使用程度。

1.3 人民币国际金融计价交易

1.3.1 直接投资

（一）人民币对外直接投资

从对外直接投资整体规模上看，2023 年我国对外直接投资实现了平稳发展。据商务部、外管局统计，2023 年我国全行业对外直接投资 10 418.5亿元人民币，同比增长 5.7%（以美元计为 1 478.5 亿美元，增长 0.9%）。其中，我国境内投资者共对全球 155 个国家和地区的 7 913 家境外企业进行了非金融类直接投资，累计投资 9 169.9 亿元人民币，增长 16.7%（以美元计为 1 301.3 亿美元，增长 11.4%），我国对外直接投资的规模、版图持续扩张。值得注意的是，“一带一路”共建国家成为我国对外直接投资的重要目的地。2023 年，我国企业在“一带一路”共建国家非金融类直接投资 2 240.9 亿元人民币，增长 28.4%（折合 318 亿美元，增长 22.6%），占同期总额的 24.44%。在“一带一路”共建国家的投资中，人民币一定程度上发挥“货币锚”作用，竞争优势显著，有利于人民币计价结算规模进一步扩大。

2023 年，人民币对外直接投资累计 2.6 万亿元，同比增长 36.24%，创历年新高（见图 1－7）。自 2016 年以来，人民币对外直接投资整体呈现稳步增长的趋势。2017 年，人民币对外直接投资回归理性，结构优化，规模有所下降。2019 年受到国际局势的影响，人民币对外投资规模呈现负增长。2020 年到 2023 年，人民币对外投资规模逐年扩大，年均增幅为 36.65%。从季度数据来看，人民币对外直接投资呈现一定的季节性特征，全年中第三季度、第四季度显著高于第一季度、第二季度的规模（见图 1－8）。其中，2023 年 8 月人民币对外直接投资实现 2 759 亿元，为近年来月度最高值。同时，人民币对外直接投资增长率显著高于我国对外直接投资增长率，体现了人民币在对外直接投资领域的竞争力不断加强。

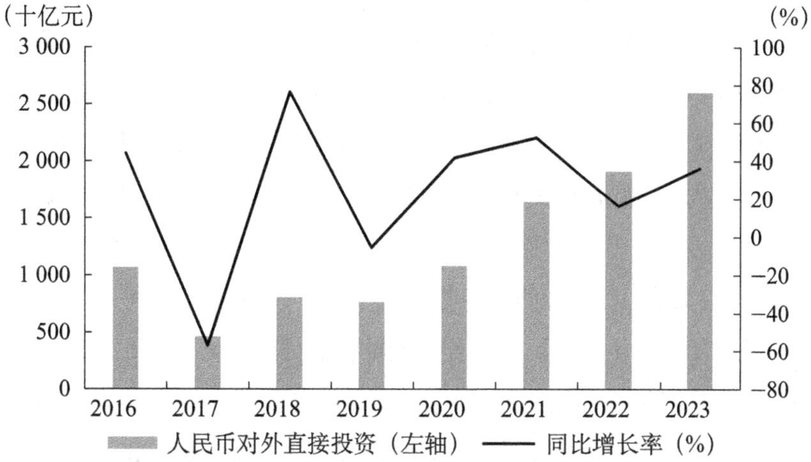

图 1-7 人民币对外直接投资年度数据

资料来源：中国人民银行.

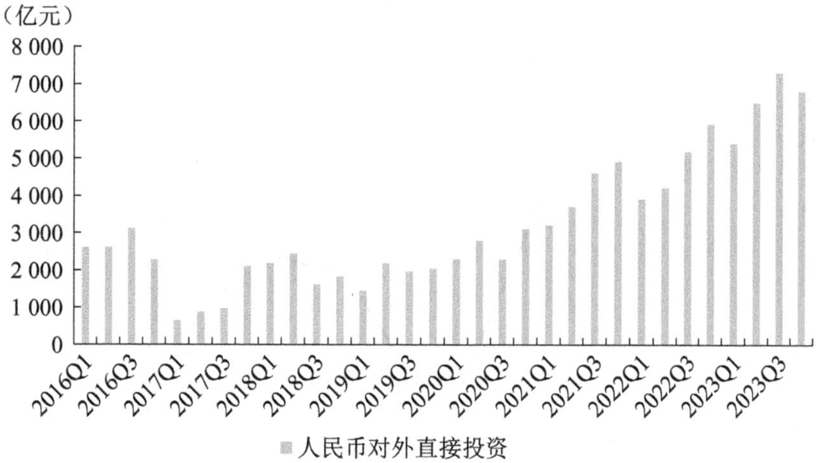

图 1-8 人民币对外直接投资季度数据

资料来源：中国人民银行.

（二）人民币外商直接投资

我国外商直接投资规模略有下降，引资结构持续优化。2023 年，全国新设立外商投资企业 53 766 家，同比增长 39.7%；我国实际使用外资金额 11 339.1 亿元人民币，同比下降 8.0%，但总体规模仍处于历史高位。外商直接投资质量不断提高，体现了中国高水平对外开放成果。从外资投向的行业来看，高技术制造业实际使用外资增长 6.5%，医疗仪器设备及仪器仪表制造业、电子及通信设备制造业分别增长 32.1%、12.2%，外商投资结构呈现高质量转型的趋势。《国务院关于进一步优化外商投资环境　加大吸引外商投资力度的意见》提出了 24 条吸引外资政策，进一步健全外资服务体系，促进高水平对外开放。中国吸引外资的能力增强，有利于提高人民币在投资结算中的议价权，增强人民币的竞争优势。

2023 年，人民币外商直接投资累计 5 万亿元人民币，同比增长 7.22%。从年度变化来看，受结构调整的影响，2016—2017 年两年呈现负增长；2018 年到 2023 年连续呈现正增长态势，年均增长率为 28.77%（见图 1-9）。从季度数据来看，人民币外商直接投资规模存在季度性波动，通常在第三季度、第四季度相对较高（见图 1-10）。2023 年，在外商直接投资规模略有下降的情况下，人民币外商直接投资呈现同比增长态势，说明了外商使用人民币来华投资的偏好在上升。

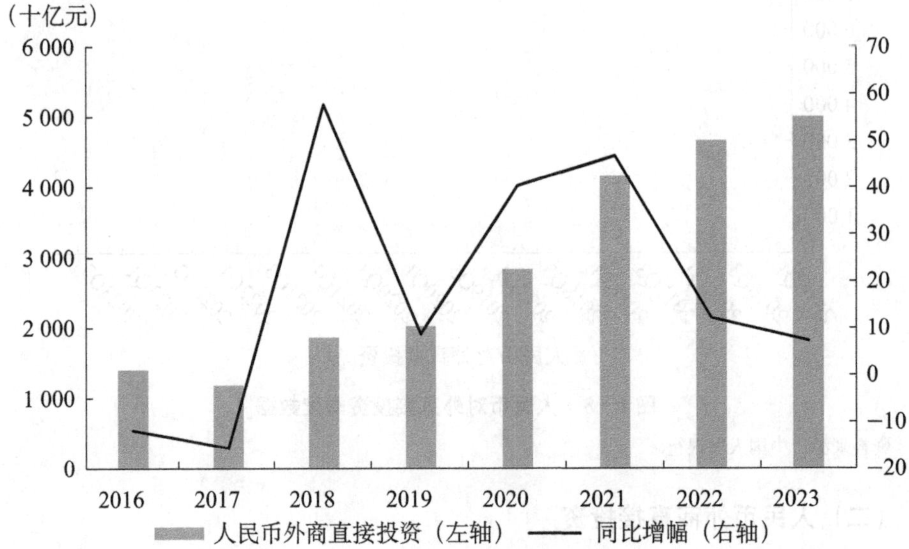

图 1-9　人民币外商直接投资年度数据

资料来源：中国人民银行.

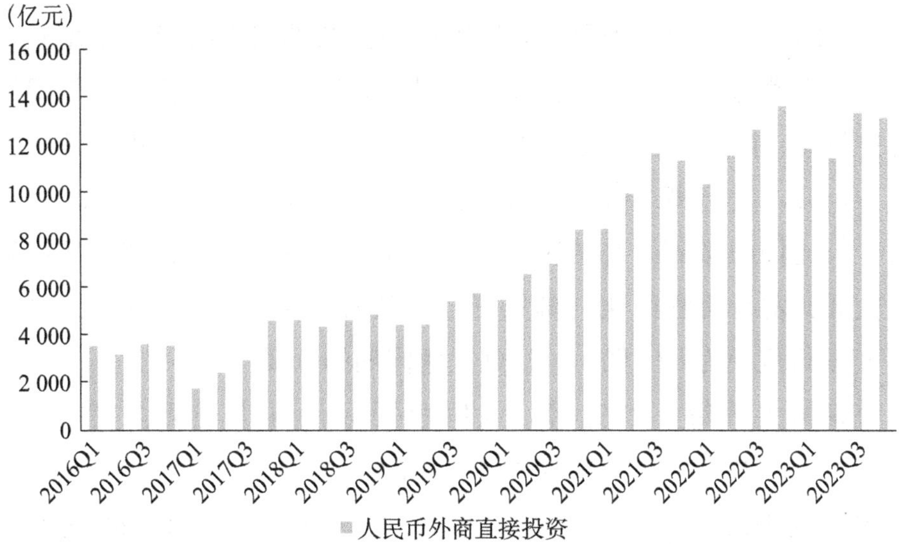

图 1-10　人民币外商直接投资月度数据

资料来源：中国人民银行.

1.3.2　证券市场

(一) 债券市场

2023 年，我国债券发行市场呈现稳健发展态势，市场规模稳步扩张，共发行各类债券 71.04 万亿元，同比增长 15.45%。其中利率债新增发行规模达到 26.37 万亿元，同比增长 14.74%，但信用债全年发行规模为 18.98 万亿元，同比增长 5.07%，远低于全市场增速。截至年末，债券市场存量规模达 155.64 万亿元，较 2022 年提升 9.63%，保持持续增长的良好趋势。分券种看，地方债、金融债、国债、非金融企业债为存量排名前四的券种，余额分别约为 40.54 万亿元、37.20 万亿元、29.31 万亿元、28.40 万亿元，占全市场的比重分别约为 26.05%、23.90%、18.83%、18.25%，合计占市场总量的比重达 87.03%，同比上升 1.39 个百分点。债券二级交易市场总体活跃，全年银行间和交易所市场债券结算量为 2 471.16 万亿元，同比增长 13.48%。

由于中美十年期国债收益率差额已达到 2006 年以来的最高水平，境内外利差使得人民币融资具有明显优势。人民币债券融资渠道拓宽，跨境发行表现突出，为市场机构提供点心债、熊猫债、自贸区离岸债等多种选择。2023年，得益于国际大型银行和公共部门发行量大幅增长，点心债发行规模达5 668.5亿元，同比增长超过105%，发行和存量规模均创历史新高，持续位居人民币债券跨境发行量首位；2023年累计发行熊猫债94只，发行规模达1 545亿元，分别较上年增长80.77%和81.56%，创历史新高。作为离岸人民币市场新兴产品，自贸债凭借发行成本较低、发行流程简化、募集资金灵活等优势，市场发行逐渐提速，2023年发行规模为831亿元，达到上年同期的2.29倍。

随着相关政策不断完善，人民币国际债券市场活力持续释放。2023年5月22日，首只人民币玉兰债发行，国际投资人可通过欧洲清算银行购买持有玉兰债。2023年9月19日，中国银行间市场交易商协会发布《中国银行间市场交易商协会关于开展境外机构债券定价配售机制优化试点有关工作的通知》，对熊猫债规则不断进行优化调整，使得发行金额与配售方式更加灵活，图1-11展示了近年来中国熊猫债托管量变化情况。作为金融市场建设和对外开放的重要组成部分，债券市场在拓展人民币跨境使用、进一步促进高水平双向开放方

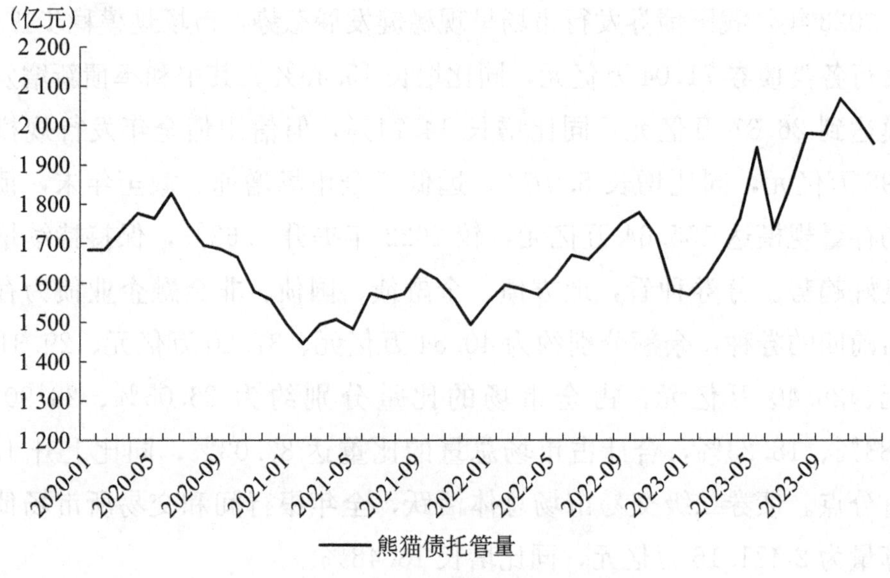

图1-11　中国熊猫债托管量变化情况

资料来源：Wind.

面发挥了关键作用，人民币债券市场的安全性、可投资性不断得到印证，促进更多市场主体通过人民币债券进行融资，有利于更好地满足国际多元化投融资需求。

我国债券交易市场不断扩大双向开放，降低境外投资者门槛，便利境外投资者入市，不断优化入市机制与环境，在基础设施、产品服务、流程制度等方面持续发力。目前，境外投资者进入我国债券市场有三种模式：直接入市的“全球通”模式，间接入市的“债券通”模式，以及合格境外机构投资者/人民币合格境外机构投资者（QFII/RQFII）模式。根据中国人民银行的数据，截至2023年末，共有1 124家境外机构进入中国债券市场，覆盖70多个国家和地区，持有债券总额为3.72万亿元人民币，占中国债券市场托管余额的比重为2.4%，相比2022年末增持607亿元。境外机构在银行间债券市场的托管余额共计为3.67万亿元。其中，持有国债2.29万亿元、占比62.4%；政策性金融债0.80万亿元、占比21.8%。2023年全年，境外机构的人民币债券持有量先震荡下行，后企稳回升：一季度末下行至3.21万亿元，二季度震荡小幅回升至3.28万亿元，三季度下行至3.19万亿元，四季度回升至3.72万亿元。由于美联储加息临近尾声，中美利差收窄，人民币升值预期逐渐增强，境外资本逐步加仓人民币债券。2023年9月28日，中国人民银行、国家金融监督管理总局等多部门与香港金融管理局、澳门金融管理局等进一步优化粤港澳大湾区“跨境理财通”业务试点，优化投资者准入条件、扩大参与机构范围、扩大“南向通”“北向通”合格投资产品范围、进一步提高个人投资者额度，为境内债券市场交易增添活力。人民银行广东省分行数据显示，截至2023年末，参与“跨境理财通”的个人投资者累计达6.92万人，其中，港澳地区和内地投资者分别为4.54万人和2.38万人，涉及业务规模达128.1亿元人民币。我国资本市场开放目标稳定不变，不断拓展投资者参与深度，稳妥推进境外机构参与更多交易品种，积极完善风险管理和配套服务，助力构建新发展格局。图1－12展示了近年来境外机构和个人持有中国债券变化情况。

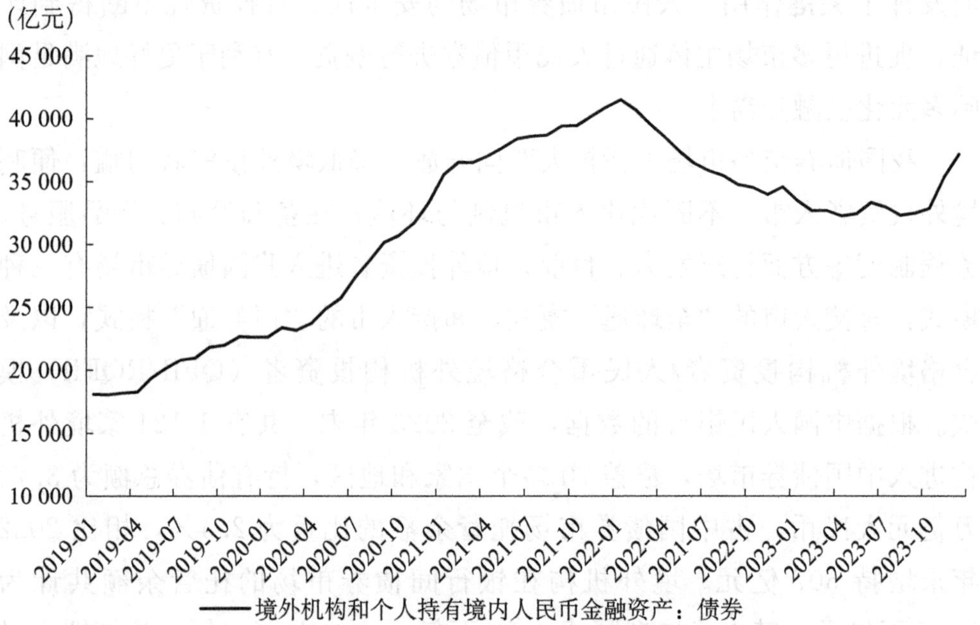

图 1-12　境外机构和个人持有中国债券变化情况

资料来源：Wind.

专栏 1-2

点心债发行再创新高

点心债原意指在香港发行的、以人民币计价的离岸人民币债券。如今，广义的点心债指所有离岸人民币债券，上市交易地点已扩展至澳门金交所、新加坡交易所等。对于有人民币使用需求的市场主体来说，点心债的优势在于发行成本低、无汇率风险。对投资者而言，点心债增加了国际资本市场上人民币资产种类。点心债市场发展可推动人民币在全球的使用，有利于人民币国际化。

自 2007 年国家开发银行在中国香港发行首笔点心债以来，点心债市场至今已发展超过 16 年，总体表现“起起伏伏”，但上升趋势不改。2007—2014 年点心债市场开始起步并发展壮大，市场规模从最初的年均百亿元上升至 2014 年的接近 3 000 亿元，主要的发行力量为中资机构；2015—2017 年，由于“8·11”汇改等诸多因素，点心债的配置需求和吸引力下降；2018 年起，市场再次扩容，中国人民银行与香港金融管理局签署合作备忘录后开始在香港常态化发行离岸人民币央行票据，地方政府也开始在港发行点心债，2023年点心债发行量较前一年同比增长44%至5 990亿元，净发行量同比增长68%至3 250亿元，创历史最高。

点心债的发展离不开境内外相关政策的支持，2007年《境内金融机构赴香港特别行政区发行人民币债券管理暂行办法》规定发行主体仅为境内金融机构，2008年《国务院办公厅关于当前金融促进经济发展的若干意见》允许在内地有较多业务的中国香港企业或金融机构在香港发行人民币债券，2010年发债主体拓展至中国香港及海外的金融机构和企业，2012年《国家发展改革委关于境内非金融机构赴香港特别行政区发行人民币债券有关事项的通知》允许境内非金融机构赴香港发行点心债，至此已基本实现了点心债发行主体的全方位扩容。

点心债市场的传统参与者为中资背景的金融机构。过去由于市场体量较小，投资者多为大型投资机构，包括银行、券商、基金和保险公司等，投资策略也以持有至到期为主。近几年随着点心债扩容、离岸在岸市场时常出现不小利差，更多投资者参与点心债市场，包括中小券商自营、资管和私募基金等新玩家。此外，来自海外的包括中东和欧洲等地区的投资人规模也在增加，例如一些国家的主权基金。境内投资者参与点心债的投资渠道包括直接投资、南向通、QDII/RQDII和收益互换(TRS)。相对于在岸市场的资金面而言，离岸人民币市场流动性比较容易受到各类因素的冲击，导致离岸人民币市场短期利率波动较大，过去点心债在二级市场中的交易并不活跃，近几年随着更多投资者的参与，点心债的二级流动性有所改善。比如一些追求收益的境内中小机构2023年开始积极参与高收益城投点心债市场，外资机构对于银行备证点心债的参与活跃度也有所增加。

2023年，由于境内城投债融资受限而美元债融资成本偏高，点心债成为较好的融资替代渠道。城投点心债成为市场扩容主力，发行明显放量，数量达到166只，发行金额为1 033亿元，其中第四季度发行数量创新高，达到52只，合计金额293亿元。具体来看，发行点心债的区县级平台数量占比较高，2023年共有124家城投平台发行了点心债，数量约为2022年的三倍。发行城投点心债的省份有21个，其中浙江、山东、江苏分别有23家、29家、17家城投平台发行点心债，发行金额分别为269亿元、185亿元和105亿元，合计超过全国的一半；其后是福建、四川、湖南和重庆，发行人数量在6家（含）以上，发行金额均在45亿元以上。

（二）股票市场

2023年，中国股市主要股指回落，但也有中特估、ChatGPT、北交所等多种概念轮番在市场吸引关注。剔除2023年上市的次新股后，全市场过半数个股年内取得上涨成绩。具体到主要指数情况，上证指数全年先涨后跌，报收2 974.93点，全年下跌3.75%，较2022年全年跌幅收窄，平均市盈率从13.51降至11.84；深证成指报收9 524.69点，全年下跌13.54%，平均市盈率从25.53降至21.38。从平均市盈率角度看，中国股市正处于持续低估状态，已下探至2014年以来的历史底部。值得注意的是，作为服务创新型中小企业主阵地的北交所指数北证50指数报收1 082.68点，累计上涨14.9%。

聚焦对外开放领域，中国股市持续拓展外资入市渠道，全面提升人民币资产的国际化程度。目前，外资可以通过陆股通（包括沪股通和深股通）、QFII/RQFII等渠道进入内地股市。中国人民银行信息显示，截至2023年末，境外机构和个人持有境内股票规模达到2.79万亿元（见图1－13）。

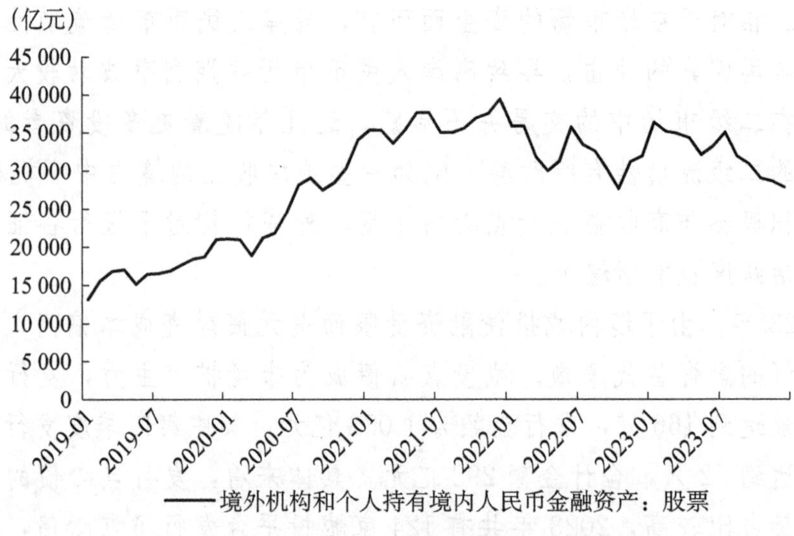

图1－13　境外机构和个人持有中国股票规模变化情况

资料来源：Wind.

经由陆港通渠道流入我国股市的北向资金，在2023年全年呈现净流入先扬后抑态势。1月，北向资金迅速流入，当月净流入的金额达到全年单月峰值 1 412.90 亿元后出现回落；6 月，随着人民币汇率企稳回升，中国经济动能增强，外资投资信心逐渐修复，北向资金再次以增幅流入内地股市。2023 年下半年，受市场整体表现不佳、消费行业复苏较弱等原因影响，北向资金持续流出，但全年仍呈净买入状态，累计净买入 437.04 亿元，相比上年减少 463.16 亿元，其中，沪港通净买入 219.28 亿元，深港通净买入 217.76 亿元。自 2014 年互联互通市场开通以来，北向资金连续 10 年加仓 A 股，累计净流入额达 1.77 万亿元。值得注意的是，本轮北向资金在市场反转时流入流出幅度变化明显增大，反映出部分交易性外资在近两年开始注重短期交易效果，长期配置属性呈现边际降低。自 2014 年开通沪港通以及 2016 年开通深港通以来，沪深交易所持续优化完善交易安排，扩大标的范围，丰富标的品种，受到了境内外投资者的广泛关注和认可，已成为内地和香港投资者参与对方市场的重要渠道。与之对应的经由港股通流向香港股市的南向资金出现小幅下滑，2023 年净流入港股达 2 895.16 亿元，同比下滑约两成。自 2014 年互联互通市场开通以来，南向资金连续 10 年净流入，金额合计 2.51 万亿元，以南向资金为首的内地资金在港股的影响力与日俱增。在政策端，2023 年 8 月 11 日，为了丰富交易方式，提升交易便利度，促进两地资本市场共同发展，中国证监会和香港证监会发布联合公告，宣布就推动大宗交易（非自动对盘交易）纳入互联互通达成共识。根据联合公告，境外投资者可通过沪深股通参与上交所和深交所的大宗交易，境内投资者可通过港股通参与港交所的非自动对盘交易，通过沪深股通进行的大宗交易以及通过港股通进行的非自动对盘交易将同步开通。目前沪深港通仅开通竞价交易方式。将大宗交易及非自动对盘交易同步纳入沪深港通，是推动我国资本市场高质量发展及高水平对外开放的一项重要措施，有助于增强境内外投资者的投资便利度。

外资投资中国股市的 QFII/RQFII 等重要开放渠道也持续提速。中国证监会数据显示，截至 2023 年末，已有 802 家境外机构获批合格境外投资者资格，主要为境外养老金、主权基金、公募基金、证券公司、保险公司和商业银行等，已成为我国资本市场重要的机构投资者。有关部门的一系列政策助推降低外资进入的门槛和成本，境外机构投资者持续入场，对促进我国资本市场稳定健康发展具有多重正向作用，可以为市场带来增量资金，有助于提高市场流动性，引导市场投资风格向价值投资、长期投资转变。2023 年 11 月，中国人民银行、国家外汇管理局就《境外机构投资者境内证券期货投资资金管理规定（征求意见稿）》公开征求意见，从该征求意见稿的内容来看，它进一步简化了登记手续、优化了账户管理、简化了汇兑管理、便利了外汇风险管理，取消了 QFII/RQFII 在国家外汇管理局办理资金登记的行政许可要求，进一步提升了外资投资中国资本市场的便利化水平。

（三）信贷市场

截至 2023 年末，人民币贷款余额 237.6 万亿元，同比增长 10.6%；全年新增人民币贷款 22.7 万亿元，同比增长 1.3 万亿元。中国银行业对外人民币贷款增长较快，人民币国际信贷规模达到 2.8 万亿元，其中，金融机构人民币境外贷款约为 1.3 万亿元。截至 2023 年末，主要离岸人民币市场人民币存款规模约 1.5 万亿元，较 2022 年同比增长 5.06%，其中，中国香港、新加坡人民币存款规模都有较大幅度提升，分别同比增长 12.36%、33.52%。图 1 - 14 展示了近年来各季度境外机构和个人持有中国贷款总量变化情况。

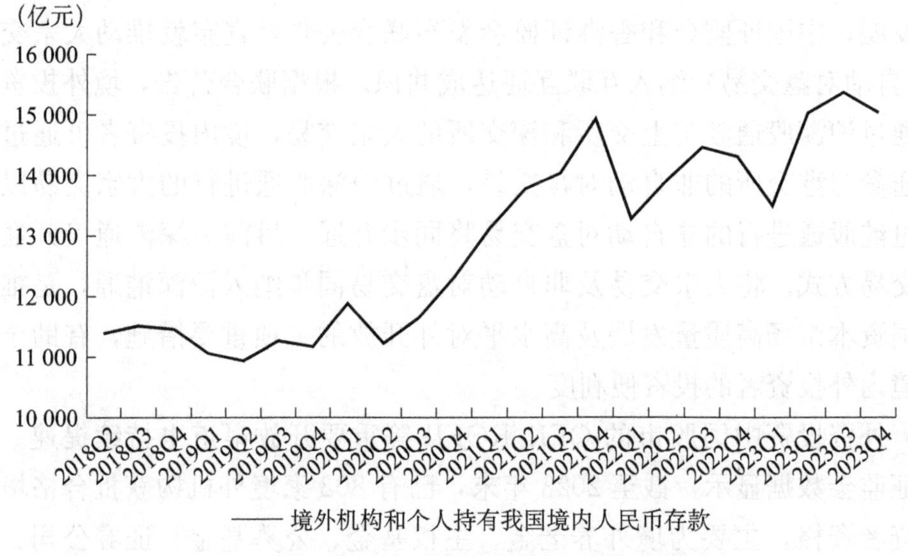

图 1 - 14　境外机构和个人持有我国境内人民币存款变化情况

资料来源：Wind.

境外贷款业务的迅速发展有其深刻的内在原因：一是境内优质人民币对公贷款息差收益较低，境外贷款能结合银行特有对外业务优势，息差收益更加丰厚；二是境内外汇存款规模逐年增大，贷款具备较为充足的资金来源；三是我国上海自贸区等开放区域金融机构发展逐渐完善，境外贷款业务参与者日益增多；最重要的一点是，随着我国企业加快"走出去"，融资需求迅速增加，配套银行的积极参与也为融资企业提供了更为多元的选择。

自2022年中国人民银行、国家外汇管理局联合发布《中国人民银行、国家外汇管理局关于银行业金融机构境外贷款业务有关事宜的通知》以来，我国在监管方面坚持实行本外币统一、宏观审慎等原则，简政放权，鼓励境外贷款特别是人民币境外贷款业务开展。2023年，各部门在跨境人民币贷款领域持续推出政策实践，提升开放程度。2023年1月，商务部、中国人民银行联合印发《商务部、中国人民银行关于进一步支持外经贸企业扩大人民币跨境使用　促进贸易投资便利化的通知》，提出要更好满足企业跨境投融资需求，要求各地商务主管部门积极梳理反映企业人民币投融资需求，推动银企精准对接。2023年3月，中国进出口银行与中国建设银行成功落地欧洲首笔跨境人民币贷款合作，将贷款资金优先用于支持中欧经贸合作、"一带一路"建设领域相关项目和贸易融资。2023年11月18日，《国务院关于〈支持北京深化国家服务业扩大开放综合示范区建设工作方案〉的批复》中提到，将探索扩大以境外机构境内结算账户（人民币NRA账户）发放境外人民币贷款和开展境内证券投资业务的适用范围，允许银行向境外机构发放贸易融资贷款，以境外机构境内外汇账户（外汇NRA账户）、离岸账户（OSA账户）等接收。

（四）衍生品市场

2023年是《中华人民共和国期货和衍生品法》正式开始施行后的第一个完整年。这部法律填补了期货市场既往缺乏上位法的空白，从法律制度层面根本性解决了期货市场发展中的基础性、长期性和全局性问题，为期货市场高质量发展奠定了坚实的基础。同时，证监会等期货业监管机构也加快推进配套制度落地实施，鼓励期货公司做大做强，各方面相关配套规章制度以及规范性文件相继落地，促进了我国衍生品市场的规范发展和国际化程度的加深，有序推进了"引进来"和"走出去"相结合的双向互通。截至 2023 年末，我国期货公司在境外设立了 20 家子公司。

中国继续保持自 2009 年以来全球最大的场内商品衍生品市场的地位。截至 2023 年末，中国内地商品期货与期权成交量占全球商品期货与期权总成交量的 62.1%。根据国际期货业协会（FIA）的数据，中国内地 5 家期货交易所在 2023 年全球场内衍生品成交量排名中均进入前 30，其中郑州商品交易所、大连商品交易所、上海期货交易所分别位列第 7 名、第 9 名、第 10 名（见表 1-2）。从产品类别看，我国能源类衍生品成交量与美国差距较小，农产品、基本金属、贵金属和其他类衍生品成交量均远超英、美等国，基本垄断交易前几位，全球排名前 10 的农产品和其他类（主要为化工品）衍生品合约均来自境内交易所。

表 1-2　2023 年全球成交量排名前 10 的衍生品交易所

排名	交易所
1	印度国家证券交易所（NSE）
2	巴西交易所（B3）
3	芝加哥商品交易所集团（CME Group）
4	孟买证券交易所（BSE）
5	芝加哥期权交易所（CBOE）
6	洲际交易所（ICE）
7	郑州商品交易所（ZCE）
8	纳斯达克（NASDAQ）
9	大连商品交易所（DCE）
10	上海期货交易所（SHFE）

资料来源：FIA.

我国衍生品交易所全年共新上市 6 只商品期货品种以及 12 只商品期权品种。其中，上海期货交易所推出氧化铝、合成橡胶期货以及合成橡胶期权；广州期货交易所推出碳酸锂期货以及期权；郑州商品交易所除了新上市的对二甲苯、烧碱期货及期权外，也补全了短纤、纯碱、锰硅、尿素、苹果等期权品种；大连商品交易所则补全了乙二醇、苯乙烯期权；上海国际能源交易中心上市了集运指数（欧线）期货，这是国内第一只服务类期货品种。国内衍生品交易所以原油、对苯二甲酸（PTA）等为代表的重点开放品种已成为跨境贸易定价的重要参考和基准。

金融衍生品领域，2023 年 5 月 15 日，内地与香港地区利率互换市场互联互通合作机制——“互换通”正式上线运行。“互换通”境内外投资者可经由内地与香港金融市场基础设施机构在交易、清算、结算等方面互联互通的机制安排，在不改变交易习惯、有效遵从两地市场法律法规的前提下，便捷地完成人民币利率互换交易和集中清算，解决境外投资者风险对冲工具不足问题，这是两地场外衍生品市场的首次互联互通，具有里程碑意义。初期先开通“北向互换通”，旨在规范开展内地与香港利率互换市场互联互通合作相关业务，保护境内外投资者合法权益，维护利率互换市场秩序。“互换通”的推出将与“债券通”产生协同效应，为境外投资者对冲利率风险提供便利工具。截至 2023 年末，“互换通”共有境内报价商 20 家，境外投资者 51 家，累计成交 2 000 多笔，名义本金超 9 000 亿元。

1.3.3　外汇交易

2023 年，我国央行为稳定经济预期，始终坚持稳健的货币政策，采取降准、降息及逆周期调节等措施，使得人民币流动性保持合理充裕，利率整体呈低位运行，与美国紧缩货币政策相背离错位，结合本年突发的风险事件以及经济预期分歧等诸多因素，共同影响我国外汇市场走势。

国家外汇管理局数据显示，2023 年我国外汇市场交易量达 252.58 万亿元，同比减少 2.67%，其中，即期外汇交易量为 89.65 万亿元，同比增加 5.88%。外汇衍生品中，人民币远期外汇交易量为 4.4 万亿元，同比减少 37.48%；外汇期权交易量为 10.22 万亿元，同比增加 13.42%；外汇和货币掉期交易量为 148.29 万亿元，同比增加 13.46%。分货币对看，银行间外汇市场中人民币对美元交易量占比进一步提升 0.3 个百分点至 99.0%，非美货币占比之所以下降，主要是由于人民币对欧元交易量大幅下降（—45%），其他降幅较大的非美货币对包括英镑（—33%）、沙特阿拉伯里亚尔（—20%）、泰铢（—17%）和港币（—12%），剩余 23 个非美货币对交易量均有所增长。图 1-15 展示了 2023 年中国外汇市场交易量变化情况。

人民币汇率 2023 年始终在合理均衡水平上保持基本稳定，汇率预期

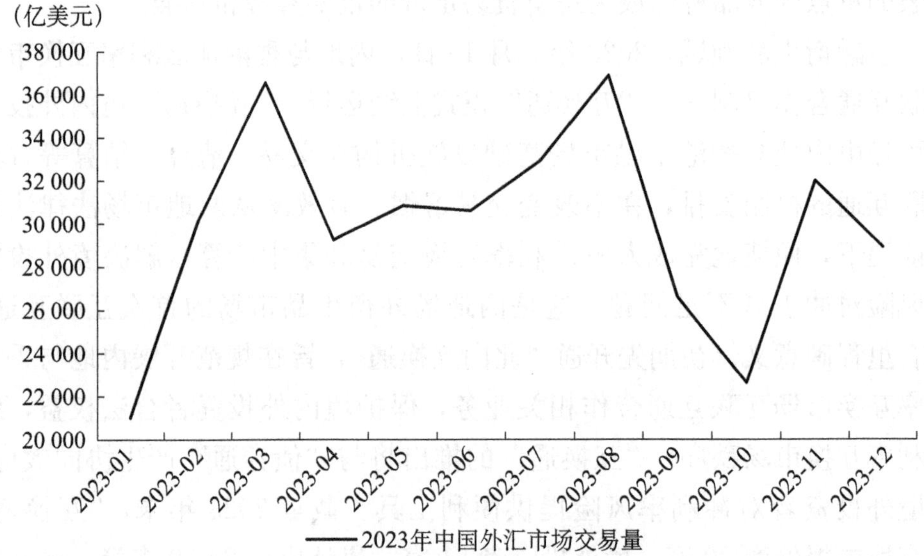

图 1-15　2023 年中国外汇市场交易量变化情况

资料来源：Wind.

总体平稳，全年先升后贬，年末企稳回升，发挥了宏观经济和国际收支稳定器的功能。具体来看，2023 年人民币汇率走势可以分为四个阶段：第一个阶段是 1 月至 3 月中旬，市场预期经济将复苏，为人民币汇率提供支撑。第二个阶段是 3 月中旬至 7 月中旬，人民币汇率形成单边下跌的走势。第三个阶段是 7 月中旬至 10 月底，一系列宏观调控政策的出台提振了市场信心，同时央行也对市场顺周期、单边行为进行了纠偏，从而稳定了预期，带动了人民币走强。第四个阶段是 10 月下旬至年底，中国资产价格下行，人民币汇率承压。截至 2023 年末，人民币汇率收于 7.092 0，较上年末高 1 406 个基点，贬值 1.98%，汇率波动率继续维持高位，全年日均振幅达 269.9 个基点，较 2022 年下降 30.3 个基点，年化波动率达 4.9%，同比下降 1.5%，但仍然处于 2015 年汇改以来第二高位。人民币汇率与美元指数相关性为 39.9%，较 2022 年大幅下降 50.1%，反映出人民币汇率受美元指数的影响减弱，更多受国内经济等因素主导。总体而言，2023 年中国外汇市场虽有回落，但始终稳中向好运行，表现出较强韧性，截至年末，中国外汇交易中心人民币汇率指数报收 97.42，同比下降 1.3%，BIS 货币篮子指数报收 102.42，较上年末下降 1.2%。

1.4 人民币国际储备职能

1.4.1 外汇储备

据国际货币基金组织（IMF）统计，截至 2023 年末，全球各国共计拥有价值 12.33 万亿美元的外汇储备，其中 11.45 万亿美元能够确定币种。美元外汇储备占比从 2000 年的 72%左右降至 58%，欧元外汇储备占比 20%，日元外汇储备占比 5.7%，英镑外汇储备占比 4.8%，加拿大元外汇储备占比 2.58%，人民币外汇储备占比 2.29%（见图 1-16）。2023 年四个季度，人民币在全球可划分币种的官方外汇储备中的占比分别是 2.57%、2.45%、2.37%和 2.29%。

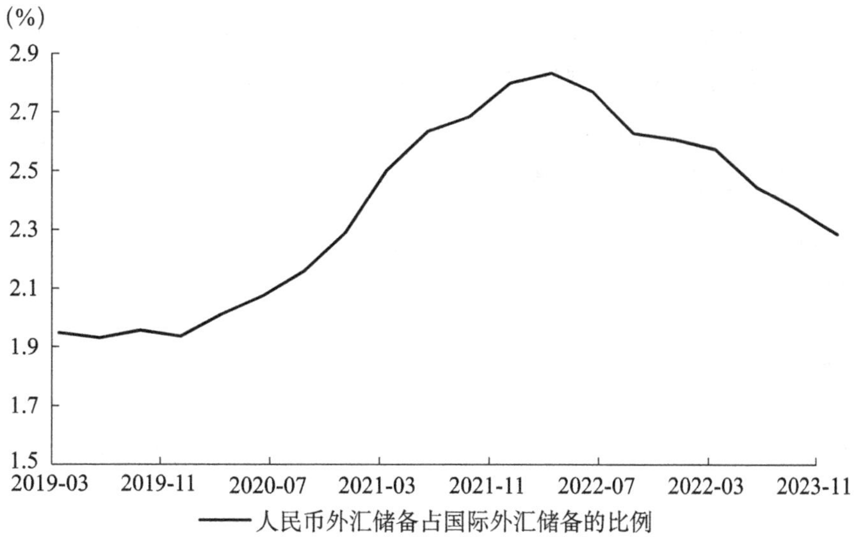

图 1-16 人民币外汇储备占比的变动情况

资料来源：IMF.

随着地缘政治成为各国选择外汇储备币种的重要参考因素，国际外汇储备币种多元化成为趋势。俄罗斯在受到以美国和欧盟主导下的有史以来最严厉的经济制裁后，其央行在 2023 年年度报告中强调了人民币的独特地位，确认“人民币成为俄罗斯外汇储备的唯一且最佳选择”。另据央视新闻 2023 年 4 月 1 日消息，巴西央行发布报告显示，人民币已取代欧元成为巴西外汇储备中第二重要的货币。伊拉克央行于 2023 年 2 月 22

日表示，伊拉克计划首次允许与中国的贸易直接以人民币结算，旨在改善外汇储备。随着更多国家对人民币的接受和使用，人民币作为国际货币的地位有望进一步提升，为全球经济的稳定和发展贡献力量。

专栏 1-3

新兴经济体央行带头增持黄金储备

黄金作为贵金属资产，自身价值稳定，具备较好的保值增值、抗通胀和避险的功能。美元收益率、通货膨胀率以及预期会影响黄金需求，进而影响黄金价格走势。通常来说，在美元收益率下行、通货膨胀率较高时，黄金储备需求上升，金价上涨；反之，黄金储备需求下降，金价会下跌。2019—2021 年的数据基本呈现出以上规律（见图 1-17）。但进入 2022 年，美元进入加息区间，十年期国债收益率连续上升，同时黄金价格并未出现相同程度下降，而是仍然保持高位区间。各国央行购金势头强劲、地缘政治风险加剧，以及投资者对主要央行结束紧缩周期的预期增强，共同推动了金价走高。

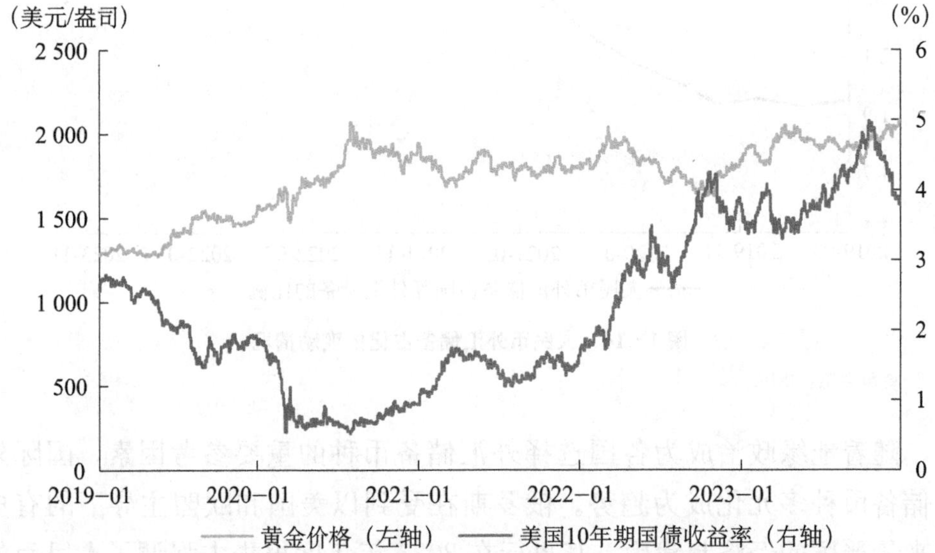

图 1-17　黄金价格与美国 10 年期国债收益率走势

资料来源：世界黄金协会、国泰安数据库.

IMF 公布的数据显示，截至 2023 年底，全球官方黄金储备共计35 927.4

吨。其中，欧元区（包括欧洲央行）共计10 771.5吨，占其外汇总储备的56.6%。近年来，全球官方黄金储备呈现以年均1.34%增长的趋势（见图1-18）。其中，主要持有黄金储备的国家分别为美国、德国、意大利、法国、俄罗斯、中国、瑞士、日本、印度（见图1-19）。截至2023年底，美国官方黄金储备量占全球的25.37%。

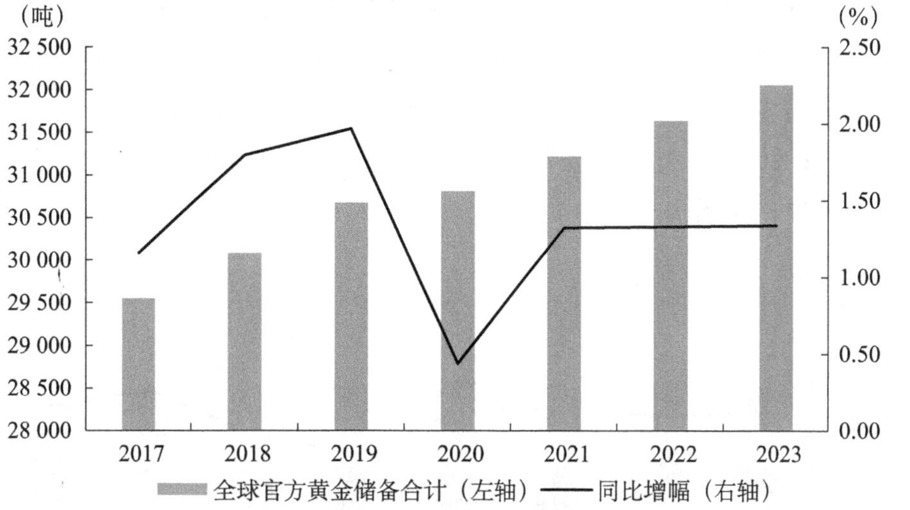

图1-18 全球官方黄金储备合计

资料来源：世界黄金协会.

注：不含IMF黄金储备。

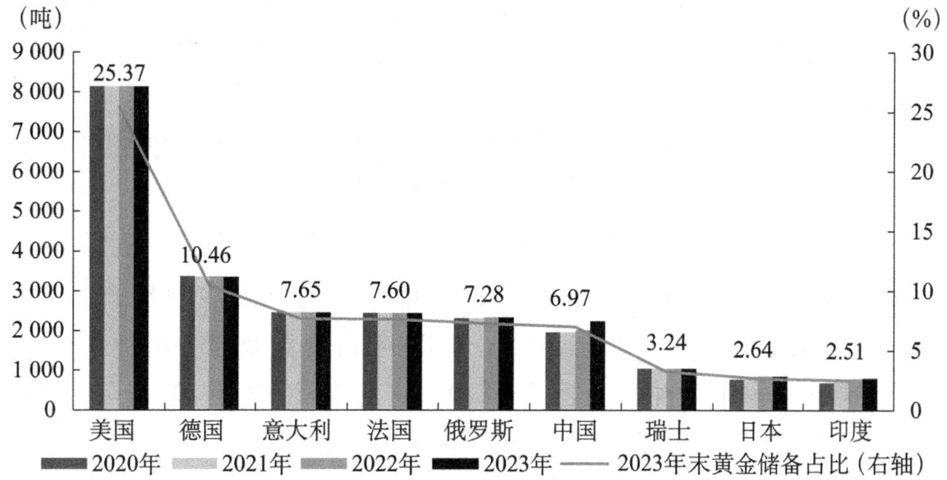

图1-19 全球官方黄金储备主要持有国家及占比

资料来源：世界黄金协会.

注：不含IMF黄金储备；中国数据不含港澳台地区。

黄金的供给主要来源于金矿的生产、回收和生产商对冲，其中金矿生产是主要的供给方式，占比达到 70%以上（见图 1-20）。近年来黄金供给规模较为稳定，满足黄金整体需求。根据世界黄金协会披露的数据，2023 年全年黄金供给量为 4 898.7 吨，增幅为 3%。黄金的需求主要来源于珠宝制造、科技、投资①和央行黄金储备。2023 年全年黄金需求量为 4 448.3吨，其中珠宝制造、科技、投资和央行黄金储备分别占 48.74%、6.69%、21.25%和 23.32%。2023 年黄金需求总量相较 2022 年下降 5.3%，来自科技和投资的需求均较 2021 年显著下降。与此同时，央行黄金储备需求上升。2022 年央行黄金储备需求为 1 081.9 吨，同比增加 140.37%；2023 年央行黄金储备需求小幅下降，为 1 037.4 吨，但仍保持历史高位（见图 1-21）。

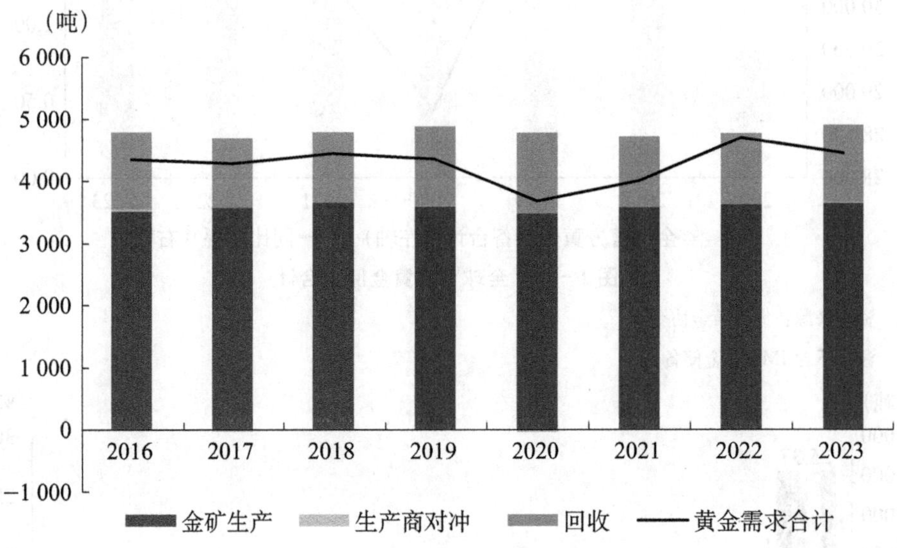

图 1-20　黄金供给规模及结构

从数量上看，近两年央行购买黄金的主力国家有中国、土耳其、波兰、新加坡、印度、伊拉克、埃及、卡塔尔、俄罗斯和利比亚。其中，中国、土耳其、波兰的央行在 2022—2023 年间的黄金储备增加值分别为 287 吨、146 吨和 128 吨（见图 1-22）。中国自 2022 年 11 月至 2023 年 12 月连续 14 个月增加黄金储备，2023 年末黄金储备达 2 235.39 吨，比 2021 年末增长 14.73%。从黄金占外汇储备的比重来看，匈牙利、加纳、孟加拉国、巴西、泰国、阿根廷、玻利维亚等国家近两年黄金占外汇储

① 根据世界黄金协会，投资需求主要来自实物金条、官方铸币、币章和黄金 ETF。

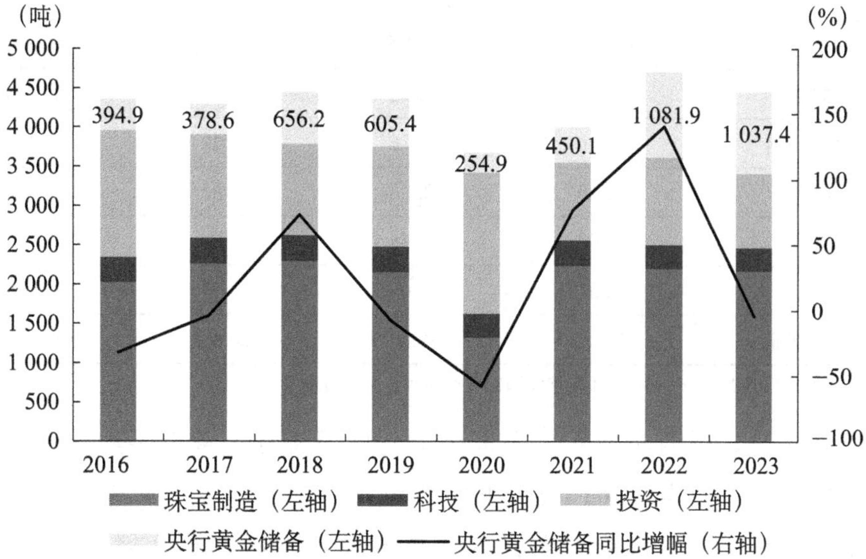

图 1－21　黄金需求规模及结构

备的比重有较为显著的增加。其中，玻利维亚、加纳、匈牙利和阿根廷2023年黄金占外汇储备比重较2020年分别上升了33.7个、10.4个、9.2个和8.3个百分点（见表1－3）。

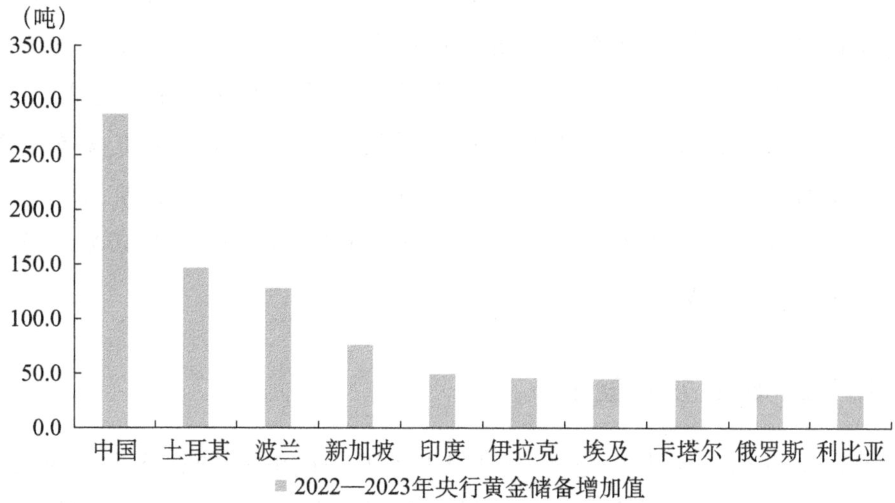

图 1－22　2022—2023 年央行增持黄金储备的主要国家

表 1－3　2020—2023 年黄金占外汇储备比重变化较大的主要国家（%）

	2020 年	2021 年	2022 年	2023 年
匈牙利	4.62	12.63	13.37	13.80

续表

	2020 年	2021 年	2022 年	2023 年
加纳	6.73	5.12	9.79	17.13
孟加拉国	1.96	1.76	2.42	4.29
巴西	1.15	2.08	2.33	2.44
泰国	3.62	5.76	6.58	7.26
阿根廷	9.51	8.02	8.04	17.85
玻利维亚	49.21	52.40	66.04	82.91

注：表中所列数据为 2020—2023 年相应国家黄金占外汇储备比重。

总的来说，近两年世界黄金市场呈现以下特点：黄金供给量和黄金需求量稳定，供需基本平衡；投资和科技领域购金需求下降，央行购金需求大幅上升；以中国为代表的新兴经济体成为央行增加黄金储备的主力军。黄金价格走势与美债收益率呈现一定程度的脱钩，黄金的避险属性进一步增强，背后是在逆全球化浪潮叠加地缘政治风险下，各国开始“去美元化”的进程。美国债务规模持续扩大、美元超发导致美元信用下降；美元政治化、武器化的属性愈发明显，美国政府多次利用 SWIFT 系统对其他国家进行制裁；央行持有美元资产在外汇储备中的占比越高，国内金融市场受到美债收益率波动的影响就越大。出于资产多元配置和风险分散以及增强国家金融安全性和稳定性的考虑，各国央行倾向于减少美元资产占比，增加黄金资产占比，新兴经济体的增持意愿更强。未来短期内金价与美元资产收益率反向波动的基本逻辑不会改变，对美联储进入降息周期的预期将进一步推高金价。长期来看各国央行“去美元化”的进程不会掉头，对黄金资产的分析框架需要重新构建。

1.4.2 SDR 货币篮子

特别提款权（SDR）是 IMF 于 1969 年创设的一种补充性储备资产，与黄金、外汇等其他储备资产一起构成国际储备，其构成权重是由各货币在世界贸易和金融体系中的相对重要性决定的。2022 年 5 月 11 日，IMF 执董会完成 5 年一次的 SDR 定值审查，这是 2016 年人民币成为 SDR 篮子货币以来的首次审查，也是人民币在 SDR 货币篮子中份额的第二次变化。此次审查维持了现有 SDR 篮子货币构成不变，并将人民币权重由10.92%上调至12.28%，将美元权重由41.73%上调至43.38%，同时将欧元、日元和英镑权重分别由30.93%、8.33%和8.09%下调至29.31%、7.59%和7.44%，人民币权重仍保持第3位，新SDR货币篮子在2022年8月1日正式生效，下一次SDR定值审查将于2027年开展。2016年10月，在人民币正式成为SDR篮子货币之际，美元权重由41.90%略微下降至41.73%，欧元权重由37.40%大幅下挫至30.93%，日元权重和英镑权重分别由9.4%、11.3%下调至8.33%、8.09%，人民币权重为10.92%（见表1-4）。

表1-4 SDR货币篮子构成变化

	2016年10月前	2016年10月后	2022年
美元	41.90%	41.73%	43.38%
欧元	37.40%	30.93%	29.31%
人民币	—	10.92%	12.28%
英镑	11.30%	8.09%	7.44%
日元	9.40%	8.33%	7.59%

1.4.3 人民币流动性供给

近年来，我国通过国际货币合作等措施，持续向世界各国输出人民币流动性供给。双边货币互换协议作为一项政策工具，使得交易两国可通过为对方提供流动性支持的方式，有效规避短期美元流动性风险，并降低交易成本。2023年，中国货币互换的“朋友圈”逐渐扩大，有效双边本币互换协议共31份，基本覆盖了全球六大洲重点地区的主要经济体，互换协议总规模合计约4.16万亿元人民币；境外央行或货币当局实际使用人民币互换资金余额为1 149亿元人民币，实际使用余额占双边本币互换签约总规模的比例不到3%，双边本币互换协议仍有较大政策挖掘空间。

1.5 主要货币国际化指数比较

为了客观评估国际货币格局变迁，动态反映人民币与主要货币国际化水平的变化，本报告基于相同的逻辑和方法，还同时编制了美元、欧元、英镑、日元的国际化指数。

从纵向看，国际货币格局正在发生变化。2018—2023 年，美元、欧元、英镑、日元、人民币的国际化指数年均复合增长率分别为－0.23%、－1.34%、－2.65%、0.22%和 16.56%。人民币国际化水平增长速度较快，美元国际化水平基本稳定，欧元、英镑国际化水平小幅降低，日元国际化水平小幅提高。图 1－23 对主要货币国际化指数进行了比较。

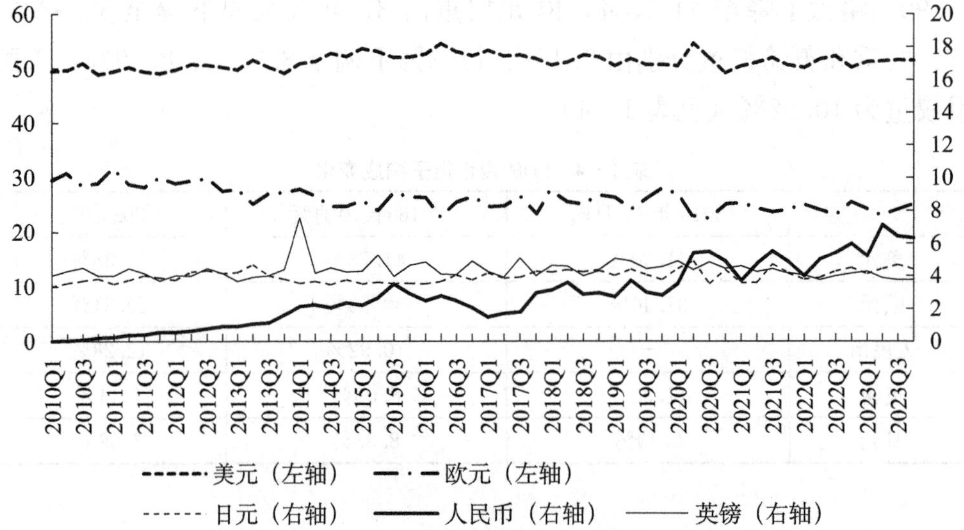

图 1－23　主要货币国际化指数比较（2010—2023 年）

由于 RII 的计量单位为全球占比，因此可以与 GDP 和贸易全球占比结合起来进行比较，分析某国货币国际化水平与其经贸地位的匹配程度。由表 1－5 可知，美元国际化指数远高于其经济、贸易全球占比；欧元国际化指数高于其经济全球占比，但低于其贸易全球占比；日元和英镑国际化指数与其经济、贸易占比基本匹配；人民币国际化指数明显远低于其经贸全球占比。总体上看，货币国际化程度与经济、贸易地位存在较为明显的错配，主要货币的国际使用情况与其发行主体在全球的经济、贸易占比存在较大的差异。

表 1－5　GDP 份额、贸易份额和货币国际化指数

国家和地区	2018 年			2023 年		
	GDP 份额（%）	贸易份额（%）	货币国际化指数	GDP 份额（%）	贸易份额（%）	货币国际化指数
美国	23.73%（1）	20.04%（3）	52.19（1）	27.12%（1）	20.56%（3）	51.52（1）
欧元区	15.83%（3）	45.23%（1）	26.81（2）	17.65%（3）	44.74%（1）	25.03（2）

续表

国家和地区	2018年			2023年		
	GDP份额(%)	贸易份额(%)	货币国际化指数	GDP份额(%)	贸易份额(%)	货币国际化指数
英国	3.32%(5)	5.34%(5)	4.22(4)	3.31%(5)	4.78%(5)	3.76(5)
日本	5.82%(4)	7.18%(4)	4.37(3)	4.18%(4)	5.85%(4)	4.40(4)
中国	16.06%(2)	22.21%(2)	2.95(5)	18.19%(2)	24.07%(2)	6.32(3)

注：括号中的数字反映的是该指标在五个经济体中的排名。

2023年，全球地缘政治经济格局复杂多变，全球经济增长持续乏力，各国复苏逐渐分化，发达经济体增速放缓，新兴经济体经济表现稳定，主要发达经济体延续货币政策收紧态势，美联储与欧洲央行持续加息进程，主要货币力量对比在分化中不断演进。

美元的国际地位巩固回升。2023年，美国GDP增速为2.6%，经济实现超预期增长。美国经济增长的内生性和可持续性主要来自个人收入增长与通胀回落引起的居民消费增长。2023年美联储累计加息4次共100个基点，联邦基金利率目标区间达到5.25%～5.5%，为2007年底以来的最高水平。随后，美联储逐渐放缓加息脚步，连续四次暂停加息。受疫情后本土产能修复影响，2023年美国净出口同比增长11.9%，出口扩张和进口收缩同时存在，贸易逆差进一步收窄，美元国际贸易占比上升0.37个百分点。高利率环境抑制债券融资需求，债券违约风险持续上升，美国政府债务可持续性问题引发市场关注，使得国际市场融资成本提高，显著抑制债券市场融资功能。美元在国际债券市场中的表现有所下降，同比下降1.53个百分点。2023年末，美元全球储备占比为60.57%，比上年上升2.06个百分点，始终保持全球第一大储备货币地位。截至2023年末，美元国际化指数为51.52，较上年末提高2.51%，国际地位有所回升。

欧元的国际地位小幅下降。2023年，欧元区经济活动趋于停滞，在欧洲央行收紧货币政策、通胀高企抑制消费能力、疫情放开的促进效应逐步消减以及全球经济放缓导致出口疲软等多重因素影响下，欧元区经济增长乏力，实际GDP同比增长0.4%。受全球市场需求减弱影响，欧元区进出口贸易增长乏力，对外贸易逆差小幅收窄，2023年末国际贸易占比同比下降0.27个百分点，直接投资占比下降4.42个百分点。在国际信贷市场和国际债券市场，欧元计价交易小幅下滑，份额分别较上年下降 0.54 个百分点和 1.94 个百分点。欧元储备职能表现基本持平，国际储备占比较上年同期增加 0.32 个百分点。截至 2023 年末，欧元国际化指数为 25.03，较上年末降低 2.04%，国际地位与市场信心受到削弱。

英镑的国际地位受到冲击。2023 年，英国经济在高利率与顽固通胀的影响下逐季下滑，全年实际 GDP 增速为 0.1%。2023 年，英国贸易基本稳定，英镑国际贸易结算占比较上年同期小幅下降 0.17 个百分点。在直接投资方面，英镑直接投资占比较上年同期下降 3.34 个百分点。在国际融资方面，英镑使用有所增加，国际信贷和国际债券占比较上年同期上升了 0.15 个百分点和 0.32 个百分点。在国际储备方面，英镑全球储备占比为 5.02%，较上年同期上升了 0.10 个百分点。截至 2023 年末，英镑国际化指数为 3.76，较上年下降了 9.24%。

日元的国际地位整体小幅下降。2023 年，日本经济先升后降，上半年经济较快增长后下半年出现连续两个季度负增长，全年 GDP 实际增速为 1.9%。对日本经济增长贡献较大的外需逐渐失去活力，进口出现正增长，净出口对整体经济的贡献由正转负，日元国际贸易结算占比较上年同期下降 0.01 个百分点。日本投资情绪较为低迷，日元直接投资占比较上年同期下降 1.88 个百分点。在国际融资方面，与上年同期基本持平，国际信贷占比较上年同期上升了 0.04 个百分点，国际债券占比较上年同期下降了 0.08 个百分点。在国际储备方面，日元全球储备占比为 5.91%，较上年同期上升了 0.14 个百分点。截至 2023 年末，日元国际化指数为 4.40，较上年下降了 1.89%。

1.6 展望

国际货币体系正在缓慢调整中，“一超多元”的国际货币格局将走向何方仍然充满了变数。人民币国际化是一个长期系统性工程，道阻且长但前景光明，我国需要科学细致谋划，稳慎扎实推进。

第一，“强大的货币”是战略方向。2023 年中央金融工作会议提出，“要加快建设金融强国”。货币是金融体系的核心，“强大的货币”是建设金融强国的关键核心要素之一。中央已做出稳慎扎实推进人民币国际化的重要部署。未来要加强顶层设计，尊重客观规律与现实国情，兼顾开放与稳定，坚定不移走中国特色货币强大之路。

第二，经济高质量发展和金融高水平开放是基石。国家综合实力是推进货币国际化的基础，人民币国际化应以服务实体经济为主导。人民币国际化本身就是金融高水平开放的重要组成部分。未来，人民币国际化将顺势而为、稳中求进，聚焦服务实体经济"双循环"发展，夯实基础性制度安排与市场体系，从量向质转变，切实提升人民币作为国际货币的"含金量"。同时，全球供应链重塑，可能为人民币国际化使用带来新契机。

第三，地缘政治格局演进是"双刃剑"。当前，地缘政治风险达到冷战以来的最高水平，地区冲突频发，大国博弈与货币竞争更加激烈。一方面，人民币国际化可能被看作某种威胁，从而遭遇更大的阻力甚至被相关国家直接采取更加严厉的遏制措施。但另一方面，越来越多国家和地区出于对自身安全性的考虑，全力增强双边本币合作与区域对接，这也为人民币的国际使用创造了新的空间。

第四，绿色转型与数字化浪潮是新趋势。绿色金融、数字金融成为高质量金融发展的内在要求。目前，我国绿色金融发展迅速，绿色贷款、绿色债券存量均居全球前列，人民币国际化可以依托绿色金融优势，丰富绿色金融产品，构建人民币绿色金融标准。新技术与数字金融将重塑国际支付与货币格局，数字人民币跨境使用将为人民币国际化开辟新局面。

第五，国际金融中心是重要平台。货币国际化与国际金融中心建设相辅相成。境内，继续增强上海国际金融中心的竞争力和影响力，继续巩固人民币金融资产配置和风险管理中心地位。境外，支持中国香港的全球离岸人民币枢纽地位，促进离岸人民币流动性合理充裕，实现在岸与离岸市场良性互动发展，为人民币国际化提供有力支撑。

第 2 章

全球供应链历史与现状

本章是对全球供应链发展历程及其所面临的风险挑战和金融解决方案等现实问题的概览性讨论。首先，在界定供应链相关核心概念的基础上，明确供应链安全与韧性的内涵和意义。其次，梳理了全球供应链萌芽、细化、发展、成熟、本土化的历史进程，着重描述了逆全球化下供应链发展现状，进而讨论确认了国际货币等金融支持在保障供应链安全稳定方面举足轻重。随后，具体列举了全球供应链与中国供应链面临的风险与挑战，尤其是金融服务单一、货币与汇率风险不可控等给中国产业链供应链带来的潜在隐患。最后，对如何保障供应链安全与韧性提出了中国对策。

2.1 概念界定：供应链与全球供应链

2.1.1 供应链

（一）供应链的内涵

随着社会专业化分工的日益深化，一种最终消费品由多家企业参与研发、设计、生产、配送、销售的不同环节已成为常态，相邻环节企业之间的供需联系构成了一个无形的产品输送链条，这便是供应链。管理科学中不乏对供应链内涵的探讨。已有观点认为，供应链是核心企业生产活动的前伸和后延。例如，Mentzer 等对已有文献中有关“供应链”的定义进行了回顾、分类和归纳，并给出了供应链的定义：“由三个或更多实体（组织或个人）直接参与的产品、服务、资金或信息从源头到客户的上下游流动”[①]。接着，他们从核心组织出发，总结了供应链的三种主要类型（见图 2-1）：一是直接供应链，这类供应链最为简单，在核心组织的基础上，延伸出上游供应商和末端消费者；二是延伸供应链，这类供应链在直接供应链的基础上，还延伸出了供应商的供应商、消费者的消费者；三是终端供应链，这类供应链是由从供应源头开始到消费终端结束所涉及的全部实体组成，其中还包括金融服务供应商、市场调研企业、第三方物流企业等。张立群对供应链定义的总结与 Mentzer 等一致，他指出供应链是围绕核心企业，通过对信息流、物流、资金流的控制，从采购原材料开始，制成中间产品以及最终产品，最后由销售网络把产品送到消费者手中的将供应商、制造商、分销商、零售商直到最终用户连成一个整体的功能网链结构和模式。[②]

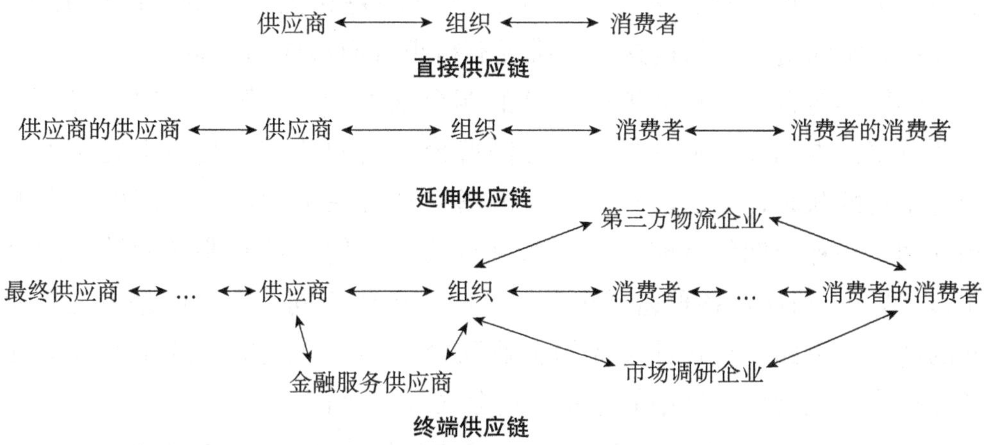

图 2-1 按复杂度划分的供应链类型

资料来源：Mentzer 等（2001）.

实际上，供应链是以产品或服务从原材料到消费者流通顺畅为目标，由上下游企业间的信息流、资金流和物流集合而成的链条，它是不同产

① Mentzer, J. T., DeWitt, W., Keebler, J. S., Min, S., Nix, N. W., Smith, C. D. and Zacharia, Z. G., “Defining Supply Chain Management”. *Journal of Business Logistics*, 2001 (22): 1-25.

② 张立群. 供应链管理基础与实务. 长春：吉林人民出版社，2021：1-17.

业的企业在产品投入产出上的高效交互协同，上游企业高效研发、按需制造、稳定供应，下游企业积极营销、反馈信息、提供资金支持和物流服务等。综上，我们将供应链定义为“一整套从上游企业生产制造到最终消费者购买的紧密链条网络，其主要特征包含四个方面：主体包括企业，过程涉及生产、运输与消费，要素包含原材料、产品、资金与数据信息，结构以上游与下游企业间的紧密联系为特征”。[①]

（二）供应链相关概念

（1）产业链。

经济学对产业链的研究由来已久，已在产业链的定义和内涵上达成共识。产业链是以最终产品的投入产出为纽带，涵盖了商品或服务始于自然资源、止于最终消费品的所有环节。[②] 产业链上的每一个环节都是一个相对独立的产业，这意味着产业链是由多个相互链接的产业所构成的完整的链条（郁义鸿，2005）。此外，产业链在外部区域布局上呈现出一定的空间结构，在链条内部表现为企业间在价值创造、产品供需方面的上下游关联。产业链是基于产业上游到下游各相关环节的，由供需链、企业链、空间链和价值链这四个维度有机组合而形成的链条。[③]

蒋国俊与蒋明新总结了产业链的四个基本特征：第一，它是特定的产业群聚区内相关企业的集合，并同群聚区内的政府及其他重要相关机构有密切的联系；第二，与一般的市场交易关系不同，产业链中的企业相互间是一种长期的战略联盟关系（从战略供货到核心业务领域内的合作）；第三，与通过各种途径实现的纵向一体化不同，产业链是独立企业间的联合；第四，与各种松散的企业联合不同，产业链中的企业联盟在各方承诺的关键性领域中能像单一的公司那样运作。[④]

图 2-2 展示的是半导体产业链，链内各环节以产品的投入产出为纽带相互连接。产业链上游包括两个主要环节，一是半导体材料制造设备的生

① La Londe, B. J. and Masters, J. M., “Emerging Logistics Strategies: Blueprints for the Next Century,” *International Journal of Physical Distribution & Logistics Management*, 1994, 24 (7): 35-47; Lambert, D., Stock, J. R. and Ellram, L. M., *Fundamentals of Logistics Management*, McGrawHill/Irwin, 1998.

② 郁义鸿．产业链类型与产业链效率基准．中国工业经济，2005（11）：35-42；芮明杰，刘明宇．产业链整合理论述评．产业经济研究，2006（3）：60-66.

③ 吴金明，邵昶．产业链形成机制研究——“4+4+4”模型．中国工业经济，2006（4）：36-43.

④ 蒋国俊，蒋明新．产业链理论及其稳定机制研究．重庆大学学报（社会科学版），2004（1）：36-38.

产，二是半导体材料的生产，而半导体材料的制造生产又可分为晶圆制造材料和封装材料。其中，晶圆制造材料主要包括硅片、电子气体、光刻胶等，封装材料主要有封装基板、引线框架、键合丝等。中游环节主要使用上游生产的半导体材料，进行信息通信（IC）产品的设计、制造和封测，主要产品包括集成电路、光电子器件和传感器等。下游环节，诸如消费电子、汽车电子、通信/计算机、工业行业等，主要使用中游生产的中间投入制造最终产成品，比如消费类电子产品、新能源汽车、工业机器人等。

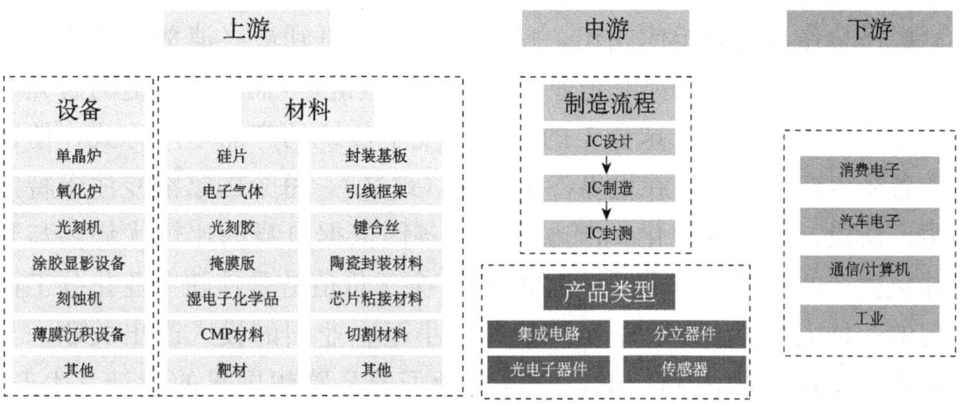

图 2-2　半导体产业链

资料来源：前瞻产业研究院；王少南．半导体材料行业深度：晶圆厂迎扩产潮，大国利剑国产替代前景可期．五矿证券研究所，2022-09-09.

综上，产业链的本质是以企业为主体的产业之间的供需关系，具备结构属性和价值属性。产业链的上下游企业往往隶属于不同行业，通过产品关联不断进行价值创造和价值交换，上游环节向下游环节输送产品或服务，下游环节向上游环节反馈信息，是供需链、物流链、资金链、信息链的紧密耦合。虽然产业链更侧重围绕核心产品的产业间组织形态，供应链更重视企业间的产品供需联系，但本质上，供应链与产业链的特征均指向“要素包含原材料、产品、资金与数据信息，参与主体为企业，过程涉及研发、设计、生产、运输与最终消费，结构表现为上游与下游企业（产业）相关联”。因此，产业链与供应链应是包含与被包含的关系，产业链包含供应链，而供应链是构成产业链的核心。①

① 中国国际贸易促进委员会．全球供应链促进报告，2023：7-9.

(2) 价值链。

1980s，迈克尔·波特便已在《竞争优势》中提出了“价值链”的概念，他认为企业以产品为中心的各种活动都在进行价值创造，而这些互不相同又相互关联的活动构成了一个价值创造的动态链条，即价值链。价值链将产品的设计、生产、运输、销售等过程动态整合，前一环节的产品作为下一环节的中间投入品，诸如此类，企业内部不同环节间的供需联系构成了企业的价值链，不同企业在各个环节上的价值创造活动构成了一般意义上的价值链。

经济合作与发展组织指出，一个产品从构思到最终消费者使用及后续，整个过程中涉及的所有企业活动就是价值链。[①] 而对价值链的研究多集中于全球价值链。全球分工的深化改变了传统的产品生产方式，使产品的各个生产工序分散在世界各个国家（地区），每个国家都专注于特定的生产阶段，这种专业化生产方式鼓励各国依据自身的比较优势参与到全球化生产的特定环节中。[②] 这意味着，全球价值链是伴随专业化分工而出现的一种大至国家间、中至产业间、小至企业间的投入产出关联，与产业链和供应链的内涵类似，它也囊括了商品跨越国界的设计、生产、组装、营销等一系列环节[③]，但强调全球分工下不同阶段的最终产品增值过程。

一般而言，诸如设计、研发、品牌、营销等上游环节的价值增值较多，而加工制造、组装等下游环节的价值增值少，各国都瞄准价值增值多的上游环节，企图推动产业升级、实现价值链攀升。因而，关于全球价值链的研究，则多集中在价值链核算和影响价值链位置的因素上。全球价值链核算大致可分为价值和位置两个维度[④]：价值维度主要包含贸易增加值的分解，如国内增加值、国外增加值等指标可衡量国家、地区甚至微观企业在全球价值链中的利益创造和价值分配；位置维度主要包含生产链的长度、上游关系和下游关系等方面，比如上游度、下游度及生

---

① OECD，“Moving Up the Value Chain：Staying Competitive in the Global Economy”，2007.

② 彭水军，吴腊梅．中国在全球价值链中的位置变化及驱动因素．世界经济，2022，45 (5)：3-28.

③ 唐宜红，张鹏杨．中国企业嵌入全球生产链的位置及变动机制研究．管理世界，2018，34 (5)：28-46.

④ 倪红福，王海成．企业在全球价值链中的位置及其结构变化．经济研究，2022，57 (2)：107-124.

产长度等指标可衡量国家、地区甚至微观企业在全球价值链中的位置。[①] 此外，也有文章探讨了影响价值链位置的因素，例如行业技术水平、研发强度和产品专用性影响产业的分工阶段数[②]，外商直接投资、企业全要素生产率、进出口国别差异（唐宜红、张鹏杨，2018）及人均工资水平、资本密集度（倪红福、王海成，2022）影响企业的价值链位置等。

2.1.2 全球供应链

（一）全球供应链的内涵

全球供应链是经济全球化的产物。第二次世界大战后，技术创新推动运输成本下降，使国家和地区间低成本的货物贸易成为可能（OECD，2007），生产与消费分离是分拆的第一道工序；20 世纪末，互联网与通信技术的广泛应用降低了交流成本，企业可在全球范围内寻找供应商、分销商，并将不同的生产阶段离岸外包到其他国家或地区，产品生产涉及的诸多工序被分拆并跨国完成，全球供应链应运而生。

谢家平和魏航以核心企业为中心，总结了全球供应链的定义：企业在全球范围内寻找适合的供货商、销售商和物流服务商，构建并整合企业的供应链，以满足全球市场的需求，并通过不断扩展企业的供应和分销网络，获取资源，加速覆盖全球销售市场，提高对全球需求市场的响应速度，从而增加销售额。[③] 王佳元和洪群联等则从全球供应链的活动流程出发，指出全球供应链是一系列分散在全球各地的相互关联的商业活动，包括采购原料和零件、处理并得到最终产品、产品增值、对零售商和消费者的配送、在各个商业主体之间交换信息。[④]

综上，本报告将全球供应链定义为：以核心产品或服务为中心，以企业的研发、设计、生产、运输与销售、消费活动分散在不同国家（地区）为特征，借由产品与服务、数据与信息及资金在全球范围内的交互

① 潘文卿，李跟强．中国区域的国家价值链与全球价值链：区域互动与增值收益．经济研究，2018，53（3）：171－186.

② Fally，Thibault，“On the Fragmentation of Production in the US，” https://www.etsg.org/ETSG2011/Papers/Fally.pdf，2011.

③ 谢家平，魏航．跨国公司全球供应链运营模式．上海财经大学出版社，2010：24－28.

④ 王佳元，洪群联，等．现代供应链国家战略研究．中国计划出版社，2021：36－40＋109－116.

流动而形成的联系紧密的全球化网络链条。

（二）供应链韧性与供应链安全

（1）供应链韧性的内涵。

在后疫情时代，跨国公司加速“中国＋1”的投资布局，发达国家加快生产制造等环节的供应链本土化进程，贸易保护主义行为构筑新的贸易壁垒，逆全球化潮流兴起，因此，维护供应链韧性和安全，提升产业链供应链现代化水平，保证供应链产业链安全可靠、自主可控，对企业稳定生产、产业平稳发展乃至中国双循环新发展格局的构建都具有重要的战略意义。那么，何为供应链韧性？何为供应链安全？

韧性，体现了物体或事物在受到某种外力作用时，抵御并抗拒断裂的能力大小。[①] 供应链韧性（Supply Chain Resilience）也称供应链弹性，指的是供应链对内部和外部风险作出反应并恢复正常的能力大小。[②] 具体而言，王海军等将供应链的这种复原能力分成三个阶段的相应能力，包括事前的准备能力、事发的响应能力、事后的恢复能力：准备能力指通过事前对资源的配置来检测风险来源，从而防止供应链发生中断，保持原有计划的运营水平的能力；响应能力指通过资源之间的相互作用来帮助企业应对供应链中断事件，并迅速将有关信息分享给其他成员企业的能力；恢复能力指各企业之间重新规划协调供应链资源，并及时恢复到期望的生产水平的能力。[③] 产业链供应链韧性为产业链供应链对内外冲击的应变能力，具体是指在遭遇国内国际市场和外部环境等冲击时，产业链供应链保持稳定、不发生断裂，在遭受冲击后迅速调整适应并恢复运行状态，甚至将危机转化为链条升级的机遇的能力。[④]

以华为手机芯片供应链为例，为应对美国政府“实体清单”禁令，防止供应链断链，华为做足了事前准备：早在 2004 年就成立了华为海思，开始自主研发设计手机集成芯片，并应用投产；2018 年孟晚舟事件后，华为未雨绸缪，预备了半年到一年的美国半导体企业产品库存。至

---

① 盛昭瀚，王海燕，胡志华．供应链韧性：适应复杂性——基于复杂系统管理视角．中国管理科学，2022，30（11）：1－7.

② 李巍，王丽．拜登政府“供应链韧性”战略探析．当代美国评论，2022，6（2）：1－24＋122－123.

③ 王海军，谭洁，王天雨．供应链复原能力与供应链竞争力关系研究：基于动态能力的视角．管理评论，2018，30（11）：223－233.

④ 石建勋，卢丹宁．着力提升产业链供应链韧性和安全水平研究．财经问题研究，2023（2）：3－13.

于事中响应，华为为降低对美国企业的依赖程度，积极寻找替代供应商，重新整合了芯片供应链，比如，华为放宽了对国内供应商的认证资格条件，加大了对国内潜在供应商的发掘与培育（诸如京东方、豪威科技等国内龙头厂商在华为处业务有显著增长），还转而增加了向村田、东芝等日本供应商的零部件采购。基于华为前期充足的事前准备和积极的事中响应，其芯片供应链具备一定韧性，较好地保证了手机短期的正常生产和供应，而且事后也具备良好的恢复能力。目前，华为逐渐转向手机芯片供应链上游的中国国内供应商，中游环节则持续加大华为海思的研发投入，而且在下游的芯片制造封测环节，华为也计划由外包代工转为自主生产。

（2）供应链安全的内涵。

供应链安全强调对供应链各环节的自主可控。杜邢晔从国家、产业和企业层面，将供应链安全的内涵分解为关键生产环节的自主可控、战略支柱产业的核心竞争力与核心企业的抗风险韧性。[①] 张杰和陈容认为，供应链安全应由科技创新实力、基于国内市场需求的重点产业体系与全球各类区域供应链体系来支撑。[②] 杨继军等则认为，供应链安全应具备风险应对机制、自主可控能力、供应链韧性与全球供应链合作体系。[③]

李天健和赵学军将产业链供应链分解为主体要素和结构要素两方面，并从这两方面出发，明确给出了产业链供应链安全的内涵：产业链供应链安全指的是主体安全和结构安全。[④] 其中，“主体”是指链条中的节点，节点包含全流程中提供服务支持的利益相关方，既可以是企业，也可以是国家或地区；“结构”为链条中主体之间的关系，既包括上下游产业间基于投入产出关系的纵向关联、产业环节或产业体系间的横向关联，又包括参与主体在空间上的布局关联。主体安全体现在技术水平、生产能力以及资源利用方面；结构安全体现在纵向、横向以及空间关联的“优化”和“稳定”中。石建勋和卢丹宁区分了“产业链安全”与“供应链安全”的内涵，指出“产业链安全”是从产业投入产出的视角预防产业

---

① 杜邢晔．切实维护我国产业链供应链安全稳定．光明日报，2022-08-23.

② 张杰，陈容．中国产业链供应链安全的风险研判与维护策略．改革，2022（4）：12-20.

③ 杨继军，金梦圆，张晓磊．全球供应链安全的战略考量与中国应对．国际贸易，2022（1）：51-57+96.

④ 李天健，赵学军．新中国保障产业链供应链安全的探索．管理世界，2022（9）：3+31-40.

链环节断裂，“供应链安全”是从企业角度出发预防个别企业因原材料断供而出现生产中断问题（石建勋、卢丹宁，2023）。

实际上，来自政治政策、技术创新、产业链布局协同、自然灾害与突发情况及对外贸易等方面的不确定性会破坏供应链内主体间的正常互动，从而阻碍原材料、产品、资金与数据信息的正常流动，切断上下游企业间关联，最终影响生产、运输与消费等环节的关联交互。[①] 与之相对，安全的供应链应当具有稳定的结构以及较强的控制力与创新力，即使面对负面外部冲击，仍可维持稳定的上下游产业关系，保证各环节正常运行。

（3）新时代保障供应链韧性和安全的意义。

世界当下处于百年未有之大变局。2008 年国际金融危机后，经济全球化从高潮转向低谷，国际贸易和跨境投资增速放缓，加之疫情防控、政治因素、国际形势等因素，供应链产业链频繁受到冲击（盛昭瀚等，2022）。全球产业链、供应链在持续了 30 年的扩张后出现收缩，供应链中断风险陡增。[②] 除了外部环境的不确定性外，供应链内部企业间结构的不稳定性也会导致供应链韧性不足，在抵御冲击时往往表现出脆弱的一面。

党的二十大报告明确指出：“我们要坚持以推动高质量发展为主题，把实施扩大内需战略同深化供给侧结构性改革有机结合起来，增强国内大循环内生动力和可靠性，提升国际循环质量和水平，加快建设现代化经济体系，着力提高全要素生产率，着力提升产业链供应链韧性和安全水平。”2020 年 4 月，习近平总书记在中央财经委员会第七次会议上的讲话中着重指出：“产业链、供应链在关键时刻不能掉链子，这是大国经济必须具备的重要特征。”安全是发展的前提，发展是安全的保障（经济日报，2021）[③]。保障供应链安全和提高供应链韧性是保障我国经济平稳运行、有序发展的重大举措，供应链韧性和安全水平问题与国家安全和经济发展密切相关。作为一个大国，中国必须在关系国计民生和国家经济

① 冯耕中，刘祺，朱佳雯．产业链供应链安全评估与应对策略．西安交通大学学报（社会科学版），2023，43（6）：106－116.

② 王一鸣．百年大变局、高质量发展与构建新发展格局．管理世界，2020，36（12）：1－13.

③ 马宝成．把安全发展贯穿国家发展各领域和全过程．经济日报，2021－01－02.

命脉的重点产业领域形成完整而有韧性的产业链供应链，才能筑牢经济安全基础，为构建现代化产业体系、推动高质量发展提供坚实支撑，产业链供应链安全稳定对构建新发展格局具有重要意义。

2.2 全球供应链发展回顾

2.2.1 供应链全球化演进的四个阶段

由图 2-3 的全球供应链体系发展概况可知，全球供应链体系大致经历了国家间生产分工建立，国家间生产分工逐步细化、生产联系逐步加强到全球供应链体系开始转向逆全球化的历程，后面将根据此概况图对全球供应链体系的发展变化进行详细介绍。

（一）供应链全球化初步发展（1760s—20 世纪末）

20 世纪 80 年代以前，全球经济和供应链体系共经历了三次全球化浪潮（1760s—1860s、1870s—1941 年和 1950s—1970s）。第一次全球化浪潮适逢第一次工业革命，英、法、美等国率先完成工业革命，成为工业化国家，被殖民地国家成为其主要的原材料供应国。此时的全球供应链体系主要是英法美等工业国进口农产品和原材料后加工生产，被殖民地国家出口农产品和原材料并进口产成品，国家间的投入产出联系极为简单，基本属于最终品分工。当时的中国由于闭关锁国政策和小农经济发展模式，没有嵌入全球供应链体系。第二次全球化浪潮期间发生了第二次工业革命，第二次工业革命以内燃机、发电机和电动机的发明和广泛应用为主要特征，分工变得更为精细，生产社会化程度、生产专业化和协作水平大幅提高，国际分工进一步深化、广化，国家之间的经济联系进一步加强。[①] 这次工业革命在美、德、英、法等国率先完成，其他国家虽然也通过技术和设备引进有所发展，但基本上仍只是初级材料供应国。中国在一定程度上参与了当时的国际分工，但主要是供应初级材料。第一次世界大战期间中国民族工业虽然有所发展，开始向国外输出工业品，但这种参与随着一战的结束转瞬即逝。第三次全球化浪潮正值第三次科

① 康桂英．第一、二次工业革命与世界经济的形成．科技信息（学术研究），2007（17）：133+135.

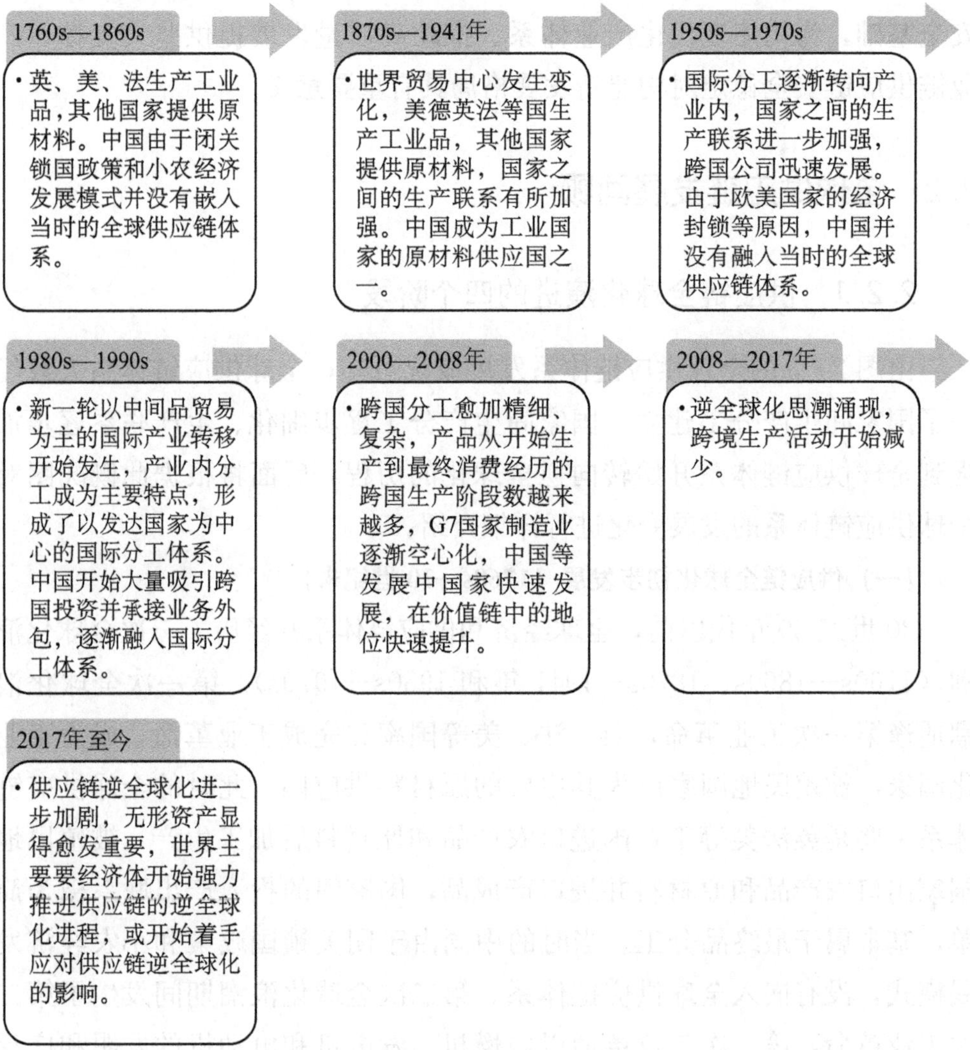

图 2-3　全球供应链体系发展概况

资料来源：根据相关资料整理而得.

技革命，这次科技革命产生了高分子合成工业、电子工业等新兴工业部门，国际分工开始转向产业内，形成了以技术为基础的真正意义上的国际分工。这次国际分工中，发达国家之间的贸易超过了其与发展中国家之间的贸易，制成品在国际贸易中的比重有所提高。① 伴随着这一期间的两次国际产业转移，国家之间的生产联系开始加强，跨国公司迅速发展。

① 褚葆一，张幼文．科技革命与生产的国际关系．世界经济，1984（8）：11-18.

因为欧美国家的经济封锁等原因，中国与这次国际分工和供应链全球化的发展失之交臂。

20世纪80年代以后，国际分工形式发生了进一步变化，新一轮的国际产业转移开始发生。此次国际产业转移主要发生在中间品层面，又被称为工序型国际产业转移，产品内分工成为其主要特点①，国家之间的投入产出联系日渐紧密，全球供应链体系逐渐向着全球化的方向发展。不同国家根据自身优势和禀赋专业化从事产品生产过程中的不同工序，包括研究开发、产品设计、零部件生产、组装加工、产品销售、售后服务、渠道建立和品牌运作等工序在内的国际分工体系逐步得以建立，以掌握核心技术、品牌和消费市场的发达国家为中心的国际分工体系基本形成。这些发达国家通常从事包括研究开发、产品设计、零部件生产、渠道建立和品牌运作在内的高附加值工序，其他发展中国家大多被动地从事组装加工这一技术含量较低且附加值较低的工序。截至1999年，作为表征供应链全球化重要特征的中间品贸易的全球贸易额已经达到了30.7亿美元（占比为54.81%），占据了全球贸易的半壁江山。

中国在错过了前几次机会后，伴随着改革开放的到来，抓住了第四次供应链全球化浪潮这一巨大的历史机遇。凭借国际产业转移，以及对外资极具吸引力的优惠政策和包括人口、资源在内的多种禀赋优势，中国开始大量吸引跨国投资并承接业务外包，逐渐融入国际分工体系，中国的供应链体系也随之向着全球化的方向发展。截至1999年，中国进出口中间品贸易额已经达到了1.93亿美元（占比为48.44%），其中，进口中间品贸易额达到了1.03亿美元（占比为73.53%）。② 全球化的供应链体系为中国提供了大量中间投入，成为中国经济快速发展的重要因素。

（二）供应链全球化快速发展（2000—2008年）

越精细化的分工往往越有利于发挥各国优势、提升总体生产效率。进入21世纪后，各国的产品研发和生产进一步分散化、全球化，供应链上的原材料、在制品、产成品在全球范围内流动，供应链上各主体之间的物流活动通过全球进出口贸易来实现，这种模式称为“全球供应链”。

① 苏汾．国际产业转移对中国出口产业结构的影响及启示．特区经济，2018（12）：111-116.

② 数据来源于CEPII-BACI数据库。

以波音公司的波音 787 和苹果公司的 iPhone 为例，波音只承担了波音 787 总工作量的 35%，包括 10%的部件的研发制造以及最终的总装工作。其余 65%的工作量全部委托来自全球各地的 23 家一级供应商负责，包括大部分子系统的设计与制造。而 iPhone 的零部件供应商则包括分布于全球各地的近 200 家企业，其中近五成来自中国大陆、近两成来自美国本土，约两成来自日韩两国，约一成来自其他厂商。

图 2-4 显示，从全球层面来看，反映全球生产分工复杂程度的全球价值链上游度从 2000 年的 2.03 上升到 2008 年的 2.24。这表明，总体而言，跨国分工愈加精细、复杂，产品从开始生产到最终消费经历的生产阶段数越来越多，全球供应链模式愈加重要。与此同时，从国家-产业层面来看，为获取高额利润，在全球供应链模式下，欧美各国开始将其重心置于包括金融行业在内的服务业。以 G7 国家为例，2000 年时，其第三产业增加值占比约为 67.15%，到了 2008 年，其第三产业增加值占比已经上升到了 71.02%。其中，英、美、法的第三产业增加值占比更是分别达到了 77.07%、77.47%和 77.64。即使制造业强国德国的第三产业增加值占比也达到了 68.64%。[①]

2001 年年底，中国成功加入 WTO。由于中国的人口和资源禀赋优势，加之政策环境的变化，大量跨国集团在中国投资设厂，或将中国作为其产品生产的重要环节，与中国开展贸易往来。到 2008 年，中国的中间品贸易额达到了 13.16 亿美元（占进出口贸易总额的 53.92%），其中，进口中间品贸易额达到了 6.35 亿美元（占比为 75.95%）。中国快速融入全球供应链体系，世界市场成为中国重要的原材料、中间品投入来源地和产品销售市场。中国经济飞速发展，成为名副其实的“世界工厂”，成功跃居全球第二大货物贸易国。[②] 图 2-5 和图 2-6 显示，在此期间，中国的价值链位置也发生了显著变化，价值链上游度从 2000 年的 2.60 提升为 2008 年的 2.90，价值链下游度从 2000 年的 2.70 提升为 2008 年的 3.01。与美国、日本和德国等发达经济体相比，中国的价值链位置相对更高，说明在全球供应链和需求链层面，中国与最终消费者和初始要素

① 数据来源于 WIOD 数据库。

② 数据来源于 CEPII-BACI 数据库。

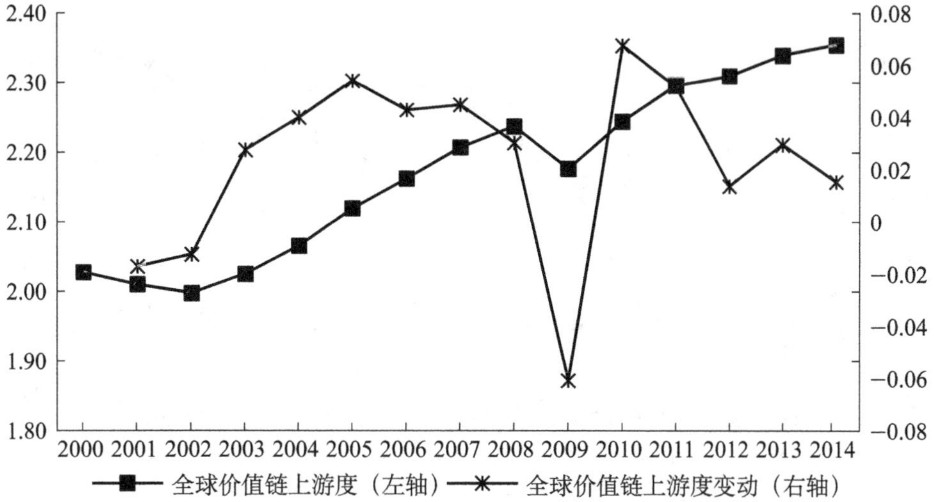

图 2-4　2000—2014 年全球价值链上游度及其时间演变趋势

资料来源：基于 WIOD 数据库并参考 Antràs 和 Chor（2018）（Antràs P.，Chor D.，"On the Measurement of Upstreamness and Downstreamness in Global Value Chains，" NBER Working Paper，No. 24185，2018.）计算而得.

国家一行业层面的价值链上游度反映的是该国某一行业的产品到达最终使用（Final Use）之前经历的生产阶段数，价值链下游度反映的是从初始生产要素部门到该国某一行业所经历的平均生产阶段数，根据国家一行业层面的产出占全球总产出的份额进行加总，可以得到全球层面的价值链上游度和价值链下游度。全球层面的价值链上游度和价值链下游度是等价的，均体现了全球生产网络的复杂程度，它们的值越大，表明全球的跨国生产阶段数越多，全球供应链的发展程度越高。

的距离都相对较远。这主要是因为：中国通过承接国外产业专业转移、FDI、外包和国际贸易等渠道积极参与全球价值链分工，促进了生产结构复杂度的提升①，与中国迅速跃升为"世界工厂"的地位相一致。不仅如此，得益于飞速发展的制造业产业，中国经济还成为全球受 2008 年金融危机影响最小的国家之一，并在金融危机期间成为全球经济增长的发动机。

（三）逆全球化思潮开始涌现（2008—2017 年）

逆全球化并不是一个新的概念，早在 20 世纪逆全球化思潮已有传播，但彼时并不是主流思想，从国家层面到企业层面，支持全球化理论的阵营更强大。然而，2008 年金融危机使逆全球化思潮受到更多追捧，

① 倪红福，龚六堂，夏杰长．生产分割的演进路径及其影响因素——基于生产阶段数的考察．管理世界，2016（4）：10－23＋187.

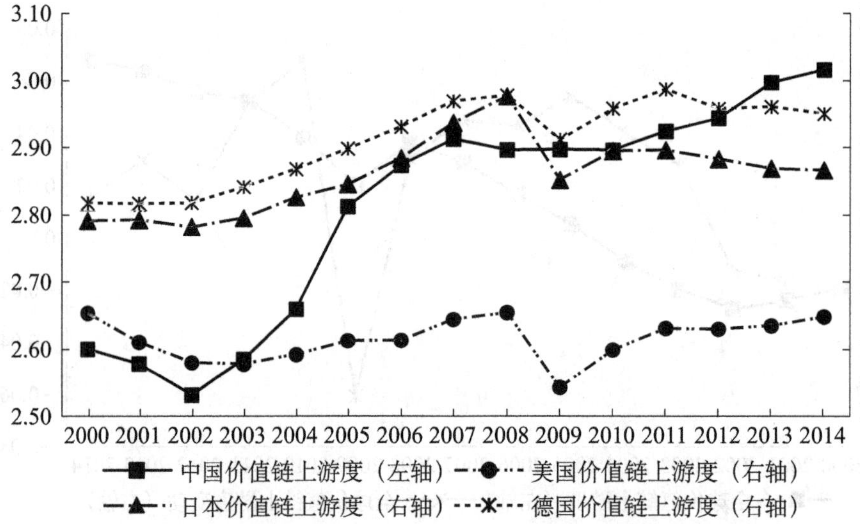

图 2-5　2000—2014 年中、美、日、德四国价值链上游度

资料来源：基于 WIOD 数据库并参考 Antràs 和 Chor（2018）计算而得.

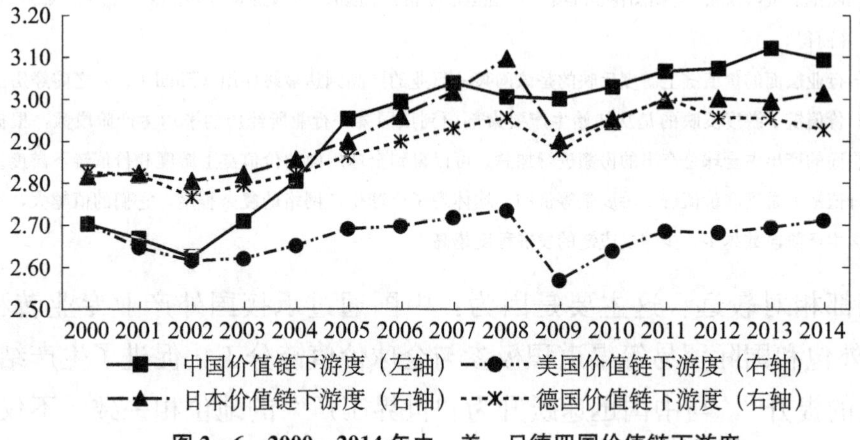

图 2-6　2000—2014 年中、美、日德四国价值链下游度

资料来源：基于 WIOD 数据库并参考 Antràs 和 Chor（2018）计算而得.

“逆全球化”现象频繁发生。人们惊讶地发现，主导经济全球化的发达国家由于产业空心化等原因纷纷陷入危机泥潭，与此同时，被动参与全球分工、接受发达国家国际产业转移且制造业发展态势良好的发展中国家却在危机期间表现良好，较早走出泥潭。

一方面，受经济危机期间各国经济表现的影响，以美国为首的发达国家开始重视制造业在抵御经济危机影响和就业等方面的重要作用，大力推动制造业回流以提振自身经济。另一方面，随着中国经济高速发展和竞争加剧，劳动力和要素价格水平不断提升，大量外资企业，尤其是制造业外资企业开始从中国市场转向越南、墨西哥等发展中国家。据统计，2014—2017年共有57 058家外资企业退出中国，其中制造业企业29 027家，占制造业企业存续总量的6.2%，占全部退出企业数的50.9%。[①] 全球供应链体系开始逐渐偏离原本的轨道。对中国来说，之前被动地完全嵌入全球供应链体系、依靠国外中间投入和世界消费市场"两头在外"的发展模式必定会面临严峻的挑战。与此同时，就全球而言，复杂价值链生产活动在2011—2015年间出现了下降，与其在2003—2008年间的快速增长形成了鲜明对比，而造成这一现象的主要原因之一便是跨境生产次数减少，即跨境生产活动减少。[②] 如图2-7所示，2011—2015年，全球各国生产的跨境次数均有所减少。

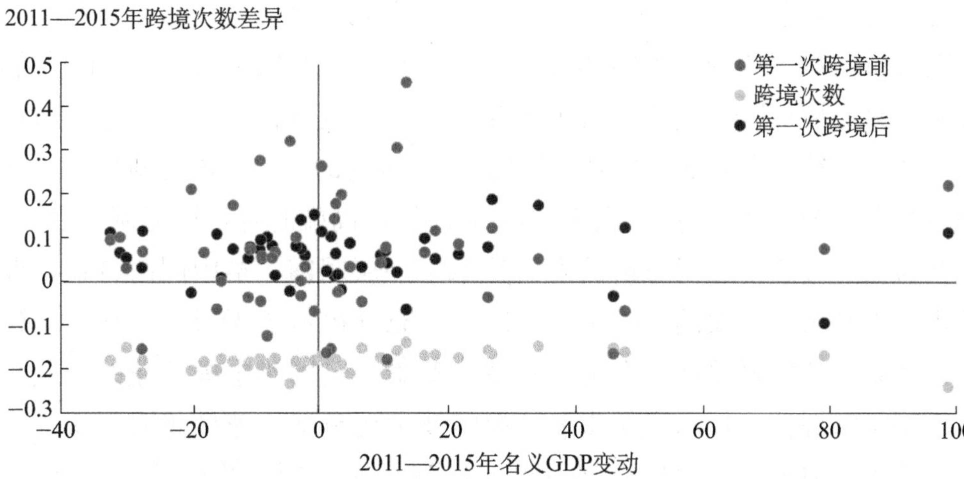

图2-7 2011—2015年间跨境次数较少导致全球价值链生产的长度下降

资料来源：世界银行、WTO、OECD等联合发布的《全球价值链发展报告2017：全球价值链对经济发展的影响：核算与分析》。

（四）全球供应链现状（2017年至今）

社会标准和环境标准日渐重要。为应对气候变化等挑战，社会标准和环境标准日渐重要是大势所趋，但各主要经济体供应链的社会标准和

---

① 葛顺奇，李川川，林乐．外资退出与中国价值链关联：基于外资来源地的研究．世界经济，2021，44（8）：179-202.

② 数据来源于世界银行、WTO、OECD等联合发布的《全球价值链发展报告2017：全球价值链对经济发展的影响：核算与分析》（*Global Value Chain Development Report 2017: Measuring and Analyzing the Impact of GVCs on Economic Development*）。

环境标准并不统一。欧盟于 2017 年首次通过供应链尽职调查法案，该法案适用于调查纺织、木材行业供应商的特定社会标准（例如劳动条件、最低工资等）和环境标准问题。德国则于 2021 年通过了一项关于供应链尽职调查的法令，即《德国供应链法》，该法也适用于供应商的特定社会标准（例如劳动条件、最低工资等）和环境标准问题。上述法案和法令均给中间投入品的全球供给和全球供应链发展带来了新的变数。

无形资产愈发重要。首先，迄今为止，发达经济体跨国公司的股本主要由知识产权（品牌、商标、专利、内部知识）组成，跨国公司对全球价值链的贡献主要由这些无形资产提供的服务组成。包括纺织业在内的几乎所有行业，尤其是医药、机械和电子等知识密集型行业，知识产权都变得愈发重要。[①] 以标准普尔 500 指数公司为例，大多数公司都参与了全球价值链，约 90%的市值来自知识产权。[②] 其次，从 2018 年开始，中美贸易摩擦加剧，直接冲击了全球贸易和供应链格局。美国先后对中国光伏、钢铁等产品加征报复性关税。[③] 最重要的是，美国还对中兴、华为等高科技公司展开制裁，限制其供应商提供高端芯片，以遏制其发展。这些做法无疑给全球供应链的发展笼罩了一层阴霾，给中国高科技企业的供应链带来了极大的不确定性，同时也充分揭示了无形资产在全球供应链体系中的重要属性。中美贸易摩擦背景下美国对中国企业的制裁再次说明了掌握核心技术至关重要，但在技术更新迭代速度越来越快的当下，几乎任何国家（地区）都不可能做到在所有领域均保持技术优势，只能追求在特定领域发展能够改变产业链供应链规则的技术。比如在俄乌冲突前，德国选择以数字化技术和低碳技术推动改变产业规则，以此作为提升全球产业链供应链韧性的重要手段。

美国政府强推中美科技脱钩。为了最大化自身的商业、经济与政治利益，美国政府不断从法律和监管等方面筹谋，试图逐渐实现中美“科

① 数据来源于 WTO、亚洲开发银行、对外经济贸易大学、亚洲经济研究所、中国发展研究基金会联合发布《全球价值链发展报告 2021：超越生产》（*Global Value Chain Development Report 2021：Beyond Production*）。

② Ocean Tomo. *Intangible Asset Market Value Study*. Chicago，IL：Ocean Tomo Intellectual Capital Equity，2020.

③ 美国彼得森国际经济研究所发布的报告指出，美国加征关税的中国商品中有约 95%为零配件和电子组件。

技割裂”。早在 2018 年 8 月，美国参众两院便通过了《出口管制改革法案》和《外国投资风险评估现代化法案》，这两个法案被分别用于控制美国对先进机器人和人工智能等新兴技术出口、加强审查外国企业在美投资。2020 年以来，美国政府接连采取多项单方面行动，以“威胁”美国国家安全为由，通过各种关税和非关税措施限制中美之间的技术产品贸易和技术交流。首当其冲的是中国科技公司华为，美国商务部于 2020 年 5 月 15 日率先发布针对华为的芯片贸易限制，限制华为购买和使用基于美国技术和软件制造的芯片。同年 5 月 29 日，时任美国总统特朗普发布公告，禁止与中国军方有牵连的中国公民持学生或学者签证进入美国大学攻读研究生或从事博士后研究工作。同年 6 月 30 日，美国联邦通信委员会（FCC）再次以国家安全为由，禁止美国企业利用政府资金购买华为和中兴的设备。这一套轮番操作下来，中美科技领域迅速脱钩，美国对华先进技术产品出口规模急剧收缩。出口规模由 2016 年的 334.03 亿美元上升至 2018 年的 391.41 亿美元后，于 2019 年大幅下降至 339.13 亿美元，退回到 2016 年的水平。

区域化是当前阶段全球供应链体系的重要特点。2008 年以前，全球经济与贸易以全球化分工为主要特征，而近年来，区域化特征越发显著。一方面表现为 WTO 在解决贸易争端中的作用不断下降，以 WTO 用于解决贸易争端的上诉机构为例，其于 2019 年年底停摆以来，已瘫痪多年，至今尚未恢复。另一方面表现为以“WTO-plus”和“WTO-extra”为主题的区域贸易协定蓬勃发展。前一类属于 WTO 当前授权的条款，其中，缔约方承担超出其在多边层面接受的双边承诺如关税的降低。而后一类包括那些处理当前 WTO 授权之外的问题的条款，如对劳工标准的承诺。2020 年新冠疫情暴发后，各国轮番陷入疫情泥沼，全球经济陷入停滞状态，全球主要经济体中的任何一个遭受新冠疫情冲击都会给其他国家的供应链带来极大的负面冲击，从而影响经济的整体运行。为此，欧盟委员会提出了一系列措施提升欧盟共同市场抵御供应链风险的能力。如建立稳定的核心矿产供应链，在该供应链体系之下，培育核心原材料全产业供应链、构建核心矿产材料产业生态系统，减少对欧盟以外国家的依赖。此外，中国贸促会 2023 年发布的《全球供应链促进报告》显示，欧洲、东亚和北美的供应链区域化特征最为明显，德国、中国和美国分别为三者的供应链中心。截至 2022 年 9 月，全球累计有 354 个有效的区域贸易协定，同时，区域内外部之间的增加值份额也在不断变化，主要表现为区域外份额普遍下降和区域内份额普遍上升，且区域内贸易联系的加强更多地源于国家内部。这意味着供应链向着区域化、本地化的方向发展，全球供应链体系面临着逐渐区域化的局面。对此，WTO 联合对外经济贸易大学和亚洲开发银行发布的《2023 年全球价值链发展报告》指出：相比于吸引对其具有竞争优势的生产任务或行业部门的投资，一个地区吸引或发展整个价值链会更为困难。区域价值链需要区域协调和有利的商业体系与条件。虽然向区域主义转变的政治势头正在增强，但预计不会立即实施。

东南亚和近岸采购需求强劲。启迈[①]发布的《2023 年第一季度行业报告》显示，将越南列为前三大采购来源国的受访者占比高达 1/3，全球买家对越南的检验和审核需求同比增长了 21.5%[②]，2022 年超过 1/4 的实现供应链多元化的受访者增加了对越南的采购份额。与此同时，马来西亚、菲律宾、柬埔寨和泰国的检验和审核需求数量也呈两位数增长。近岸采购方面，有 43%的美国和欧盟受访者表示存在将近岸采购作为其首要的采购战略之一，除首选近岸采购地墨西哥之外，美国对危地马拉和尼加拉瓜的检验和审核需求分别同比增长了 23%和 18%；欧盟对包括土耳其、约旦、摩洛哥和埃及在内的近岸地区也实现了较高的检验和审核需求，地中海国家/地区占欧盟国家采购的份额超过了孟加拉国、印度和越南等地。

供应链逆全球化进一步加剧。近年来，欧美各国加快推进立法活动，以促进制造业回流和“脱钩断链”。2022 年 8 月 9 日，脱胎于《美国创新与竞争法案》的《芯片和科学法案》经美国总统拜登签署正式成为法律。美国试图通过巨额产业补贴和遏制竞争的霸道条款，推动芯片制造“回流”本土。同年 8 月 16 日，美国总统拜登在白宫签署《通胀削减法案》，试图通过高额补贴推动电动汽车及其他绿色技术在美国本土生产和应用。

① 启迈（QIMA，www. qina. cn）是一个专注于管理、分析并改进客户供应链质量的企业，每季度会发布相关行业报告。

② 与此同时，需要注意的是，中国对越南的出口贸易大幅增长，2022 年中国对越南出口同比增长 6.8%，因此，越南采购需求增长可能源于中国的转口贸易，但这一结论尚缺乏直接证据验证。

与此同时，美国还疯狂“退群”，退出了包括《跨太平洋伙伴关系协定》（TPP）在内的多个国际协定，尤其是在2017年退出TPP这一以自由贸易为主要目的的协定使全球供应链进一步向着逆全球化的方向发展。

2.2.2 国际货币金融体系对全球供应链的影响

总体而言，二三十年来全球供应链体系飞速发展，为全球经济的快速发展奠定了基础，中国也随之成为全球发展最快的国家之一。以美元为代表的主要国际货币以及SWIFT等奠定了跨国交易所必要的货币基础和金融基础设施，有效地推动了供应链的全球化。但是高度依赖美元、SWIFT等的现行国际货币金融体系也对全球供应链体系的韧性与安全造成了极大的不确定性。中国正在构建的双循环新发展格局、更加开放的高质量金融体系，以及稳慎扎实推进的人民币国际化，都将形成维护全球供应链的重要力量，对于全球供应链的稳定和可持续发展无疑具有极强的现实意义。

1997年亚洲金融危机期间，由于金融市场不完善、外汇储备较少等原因，泰国泰铢、菲律宾比索、马来西亚林吉特、印度尼西亚卢比等多个东南亚国家货币相继大幅贬值，继而引发资本大量外逃、市场迅速萎缩，使东南亚以日本为“头雁”的“雁阵经济”供应链模式迅速陷入发展困境。此次危机后，中国和东盟国家开始加强包括建立财金多边对话机制、探索建立区域金融安全网、开展双边货币互换和本币结算合作、探索建设亚洲债券市场在内的地区金融合作①，以寻求维持金融市场稳定和供应链安全。

2022年俄乌冲突爆发后，以美国为首的北约开始对俄罗斯实施金融制裁，包括但不限于将俄罗斯主要银行踢出SWIFT系统。截至2023年6月，除少数负责俄欧能源交易的银行外，几乎所有能提供跨境支付服务的俄罗斯银行均被SWIFT系统除名②，极大地增加了俄罗斯的跨境支付和对外贸易成本。据统计，在TARGET2系统中，被制裁银行的支付业

① 张来明，赵昌文，蒋希蘅，等．携手应对危机 共享发展机遇——亚洲金融危机25年来中国—东盟经济金融合作的启示和未来重要方向．管理世界，2023，39（1）：1-14+40+15.

② 陈放，苗晶良．美国对俄罗斯跨境支付体系的制裁及其启示．当代美国评论，2023，7（4）：23-43+124.

务资金流减少了约78%①，说明被踢出SWIFT系统对俄罗斯的跨国交易影响巨大。由此可知，如果大型经济体遭遇类似事件，广泛的支付中断将导致全球供应链体系承受难以想象的沉重打击。

2.3 全球供应链的现实挑战

近年来，产业链供应链的不确定性、不稳定性不断上升。除了诸如新冠疫情等突发性灾害外，美国等部分国家以维护国家安全、增强供应链韧性的名义实施经济制裁等措施，成为导致当前产业链供应链不确定性、不稳定性的首要因素，而且将在较长时间内对全球产业链供应链稳定和安全造成重大影响。

2.3.1 全球产业链供应链面临的问题与挑战

（一）贸易保护主义行为导致供应链发展受限

贸易保护主义的抬头同样对全球产业链供应链运行造成阻碍，高涨的贸易保护主义措施，诸如出口补贴、许可证限制、外商直接投资限制、公共采购国内条款的增加等监管措施和非关税壁垒的出台，致使贸易扭曲总体激增，各国间贸易摩擦加剧，全球产业链供应链收缩，因此全球产业链供应链正经历前所未有的动态调整与重构阶段。

贸易战、经济制裁和政策变化可能导致供应链中断。美国推动供应链来源“小圈子化”使得脱钩风险显现。全球化生产使各国专注于比较优势领域，专业化分工带来的低成本红利促进了世界经济长期蓬勃发展。特别是电子信息领域产业链绵长，技术的复杂性意味着任何一个企业或国家均无法在所有环节都处于领先地位，协同合作符合各国的切实利益。但美国采取的一系列措施加速了全球供应链脱钩趋势。一方面，美国对其假想竞争对手采用加征关税、限制投资等非市场竞争手段进行打压；另一方面，由于担心被反制报复，美国不断利用“长臂管辖”等手段加速全球供应链脱钩的趋势。

① Drott C., Goldbach S., Nitsch V., “The Effects of Sanctions on Russian Banks in TARGET2 Transactions Data”, *Journal of Economic Behavior & Organization*, 2024 (219): 38-51.

（二）地缘政治风险导致供应链物流受阻

全球供应链关键资源进口对全球物流的关键节点较为依赖。作为许多行业原料来源的铁矿石和原油等绝大部分需要通过海运，但是通航水域的关键节点，诸如马六甲海峡、霍尔木兹海峡、龙目海峡、望加锡海峡等历来是全球军事与地缘斗争的焦点，一旦发生战事或遭受经济封锁，将对全球供应链关键资源的国际供应造成影响。例如，自2023年10月新一轮巴以冲突爆发以来，许多航班和海上航运被迫取消。以色列海军对于海运业务实施严格控制，从而使得石油等资源的运输受阻。2024年4月1日，伊朗外交馆舍遇袭，伊朗与以色列的关系骤然紧张；2024年4月10日，也门胡塞武装声称袭击了亚丁湾四艘以色列和美国船只。上述事件对于中东局势而言是雪上加霜，加大了霍尔木兹海峡等关键物流节点的地缘政治风险，进而对全球供应链的物流产生了不利影响。此外，俄乌冲突的持续对于全球粮食、能源等供应链产生了负面冲击。一方面，俄罗斯和乌克兰是粮食出口大国，俄乌冲突使得全球粮食供应链的物流受阻；另一方面，乌克兰拥有丰富的石油、天然气等关键能源，旷日持久的俄乌冲突也使得全球能源供应链面临中断风险，欧洲多国面临能源短缺危机。

（三）人工智能等技术导致供应链重塑风险

美国的全球产业链供应链战略聚焦关键产业链和创新链的自主可控性，一定程度上不再适用新古典经济学中比较优势原则下的国际分工，在成本最小化让位于国际竞争战略最优化的情况下，要素成本作为国际分工最基本因素的地位受到重大挑战。从美国视角来看，全球价值链条件下垂直分工的成本最优原则动态演进为区域价值链弹性、供应链成本最优原则，即在排除战略竞争对手条件下，基于伙伴国产业链创新链分工的最优化。在可预见的未来，美国企图在继续巩固创新链上游优势的基础上，不断夯实创新链中下游中试和应用层面的自主可控性。美国还力图进一步实施人工智能基础上的工业自动化，降低对发展中国家廉价劳动力成本的依赖度。总体上，以新一代信息技术、新能源等为代表的战略性新兴产业将更加依靠创新要素集聚，更加依靠创新链上下游整合能力。这也就意味着，发展中国家在供应链上的要素成本优势将逐步弱化，对全球供应链的稳定造成了实质性打击。

（四）全球分工格局导致发展中国家存在供应链脆弱性风险

发展中国家通常在先进技术的研发和应用方面落后于发达国家，这使得其在产业链高端环节，尤其是在高附加值产品的生产和研发方面竞争力较弱。从全球分工格局来看，大部分发展中国家处于产业链供应链的低附加值环节，主要是引进上游国家"半成品"，在产业链供应链中下游承担加工组装环节，再把"最终品"销往美国、欧盟及亚太等核心地区。从价值链位置来看，美国、欧盟、日本、韩国等经济大国和地区负责高增加值的开发与流通环节，以中国为代表的亚太地区各经济大国占据了原料、生产线、设备的中等增加值环节，而越南与部分东盟国家则大部分位于最低端。以越南为例，在"亚洲地区提供原材料和中间品，越南生产制造组装，欧美国家承担最终消费"的产业链供应链架构当中，这样的分工格局以及大量的外资注入一方面推动了越南经济与外贸出口的持续增长，另一方面也造成了越南在全球供应链上的主体性程度较低，很容易受到上中下游产业链供应链和国际资本的控制。

（五）融资难限制发展中国家供应链发展能力

许多发展中国家企业在供应链融资方面存在困难，缺乏有效的信用担保和金融服务支持，这限制了其扩张和发展能力。据亚洲开发银行统计，全球80%的贸易需要进行短期贸易融资，2023年全球贸易融资缺口高达2.5万亿美元。[①] 金融基础设施主要由发达国家掌控，跨境支付清算系统参与的币种仍然有限，缺少统一的全球支付系统。发展中国家企业获得贸易融资的难度更大，中小微企业和女性领导的企业获得融资的比例很小。WTO调查数据表明，全球范围内中小微企业贸易融资被拒绝概率达到45%，女性领导的中小企业更是高达70%。[②] 针对上述挑战，全球各大金融机构为保障全球供应链有序运转提供了关键的资金支持。例如，多边开发银行每年提供约350亿美元的资金支持，亚洲开发银行、世界银行、国际货币基金组织等国际金融机构为发展中国家的基础设施建设等提供资金支持，出口信用保险等手段也日趋成熟。尽管如此，但当前国际货币金融体系能够提供的资金供给仍远远不能满足发展中国家

① 亚行：去年全球贸易融资缺口达创纪录2.5万亿美元．新浪财经，2023-09-05.

② 世贸组织：融资难是阻碍发展中国家企业参与国际贸易的一大障碍．新浪新闻，2022-11-23.

的资金需求，更何况相当一部分融资支持计划还附加了一系列政治条件，对于全球供应链上广泛存在的生产性服务业、可数字交付的服务贸易、跨境电商等新型供应链贸易形态都未能有效覆盖。

2.3.2 中国产业链供应链面临的问题与挑战

产业链供应链安全是确保我国经济高质量发展的基础。我国产业体系虽较为完整，但在全球产业呈现多元化、分散化、本地化发展趋势的背景下，产业链供应链安全依然面临关键资源海外依存度高、贸易保护主义、国际物流、金融服务适配度、币种选择与汇率风险等多重问题与挑战。

（一）关键资源海外依存度高

基础产业所依赖的关键资源的对外依存度高，这对我国制造业全球产业链供应链安全和竞争力产生了一定影响。制造业尤其依赖铁制品、铝制品和石油化工产品。一旦出现供应短缺或价格上涨，负面影响将快速传导并波及下游产业。有关资料显示，2021 年中国钢铁产业和铝产业对上游关键原材料的海外依存度分别为 53.40％和 55.52％。[①] 钢材产品是建筑行业、机械行业、汽车行业、家电行业以及造船等产业的重要原料，铝加工材料又是建筑行业和交通运输行业的重要原料，它们的进口来源地高度集中于澳大利亚、巴西、印度尼西亚等国家。同时，原油是石油化工产业的关键原材料，而中国原油的对外依存度高达 72.1％。石油化工产品又是纺织、服装、轻工、化学、建材等重要产业的基本材料。进口原油受到地缘政治局势影响，价格波动较大。

（二）核心材料、高端装备与关键技术存在“短板”

电子信息产业作为我国高端产业，属于战略性新兴产业的重要发展行业，在全球供应链中的占比超过 30％，是我国参与全球产业链供应链体系程度最深、规模最大的产业，是带动中国制造业发展和消费升级的“火车头”，但其中一些关键环节的对外依存度较高，核心材料、高端装备与关键技术的国产替代不足，对美、日、德等国家的产品和供应链较为依赖。2015 年 5 月，国务院发布的《中国制造 2025》明确提出：“到 2025 年 70％

① 数据来源于北京交通大学国家经济安全研究院与社会科学文献出版社联合发布的《经济安全蓝皮书：中国产业链供应链安全发展报告（2022～2023）》。

的核心基础零部件、关键基础材料实现自主保障。”然而，国产芯片生产制造环节所需核心零部件、高端装备仍然主要依赖进口，2023 年中国芯片的自给率未能超过 30%。此外，一些国产核心元器件的质量和进口零部件依然存在较大差距，这成为相关产业发展的痛点，在一定程度上影响我国高端制造和智能制造的发展。因此，“缺芯”“少核”仍是突出问题。

（三）全球贸易争端与贸易保护主义不断加剧

中国纺织服装、轻工业、电工器材、电子元器件等产业存在出口优势。近年来，美国和欧盟等国家（地区）和国际组织频繁对我国产品进行反倾销调查，通过增加关税等方式削弱我国出口商品的成本优势。此外，部分西方国家以“环保”等名义对我国优势产业的出口产品进行打压，企图削弱我国优势产业供应链的全球竞争力。

（四）美国政府推动全球产业链供应链“去中国化”

美国的供应链霸权其实是全球产业链供应链韧性和安全的最大威胁。短期来看，美国依靠贸易伙伴构建“小院高墙”对全球产业链供应链造成了巨大冲击。长期来看，美国现阶段的全球产业链供应链战略试图通过“卡住”上游供给来极限打压中国在关键产业链上的发展能力，且不惜以全球范围的“脱钩断链”来扼杀中国经济。中国处于以美国为首的发达国家产业链下游生产制造环节。产业链上游关键资本品和中间品供给尚难以从“一带一路”共建国家等区域价值链得到有效补充，发展中国家供给能力普遍相对较弱，中国产业链供应链的部分环节在一段时间内将承受较大压力，经济高质量发展面临很大挑战。具体而言，从特朗普政府开始，美国在经济领域显著加强对华遏制，通过对华加征高额关税、制裁中国高科技企业、推动新贸易规则谈判等措施，推动全球产业链重组，在全球贸易和生产领域排斥中国，尤其是在 5G 核心零部件等高科技和关键产业领域，美国对参与相关产业生产的全球企业施加压力，对中国与相关国家的合作形成干扰，全力遏制并削弱有中国参与的全球供应链发展。由于中国早已位居全球贸易投资最重要国家的行列，所以上述打压中国的各种政策措施实际上会不可避免地导致全球供应链上大部分国家遭受福利损失，甚至严重威胁到一些发展中国家的供应链安全与可持续性。

（五）金融服务供给与产业链供应链多样化需求的匹配度不高

可持续全球供应链离不开有效金融服务的支持和保障。当前，全球产业链发展呈现出绿色低碳转型、数字智能化、轻资产运营等新趋势，对金融服务提出了新的更高要求：向智能化、生态化、服务化和可视化转型，为构建更加高效、包容、可持续的全球供应链创造有利条件。显然，传统金融服务在产品体系、业务运营、风险管理、技术保障等方面还不能很好地适应，针对性强、匹配度高的金融产品和服务供给存在缺口。这为当前以及未来的国际货币金融体系变革指明了方向。

（六）货币金融因素深刻影响供应链的财务稳定性

在当前国际货币金融体系下，广大发展中国家和新兴市场国家全都属于外围边缘经济体，不仅在全球价值链上普遍处于弱势地位，缺乏主体性和话语权，而且这些国家的产业链供应链发展事实上很难获得国际货币金融方面的支持和保障。更糟糕的是，供应链融资、汇率风险还往往成为它们融入全球供应链的巨大障碍。

一是供应链融资难题。供应链上的中小企业往往面临融资难、融资贵的问题，特别是在汇率波动时，银行和其他金融机构可能会因风险考虑收紧信贷条件，这进一步限制了企业的资金流动性。二是汇率波动问题。汇率风险影响跨国供应链的成本和竞争力。中国作为全球制造业中心，有众多企业参与国际分工，进出口贸易频繁。汇率波动直接影响到商品的国际价格竞争力。例如，人民币升值会增加出口成本，降低出口商品的价格竞争力，而贬值虽然有利于出口，但可能增加进口原材料的成本，影响那些依赖进口原料的产业链。全球贸易的紧张局势、贸易战以及各国政策的不确定性可能导致汇率短期内剧烈波动，增加企业进行国际贸易和投资的难度，影响供应链的稳定性。国际资本的快速流动可能加剧汇率波动，影响国内金融市场稳定，进而波及产业链中的融资成本和资金链安全。三是企业风险管理能力不足。部分企业，尤其是中小企业，可能缺乏有效的汇率风险管理机制和工具使用经验。它们可能没有充分利用外汇衍生品等金融工具来对冲汇率风险，导致在汇率变动时遭受意外损失。

2.4 保障全球供应链安全的对策建议

（一）加强对全球供应链薄弱环节的重点支持

一方面，中国要增强自主创新能力，破解核心技术“卡脖子”的困境。有必要加大对核心攻关技术的研发投入，强化核心攻关技术科研队伍建设，尤其要加强对本土科研人才的培养和本土研发企业的发展，更好发挥金融对重大科研攻关、关键成果转化等的服务与支持作用，同时加强营商环境和制度环境建设，吸引海外科研人才和国外著名科技创新企业进入中国。另一方面，中国要强化对供应链重点领域和薄弱环节的金融支持。具体而言，可通过应收账款融资、订单融资、预付款融资、存货与仓单质押融资等多种方式加大对供应链上下游中小微企业的资金支持力度，高效满足企业进行设备更新改造和科技创新的金融服务需求；加大进出口信贷支持和出口信用保险支持力度，降低供应链的财务不稳定性和不确定性。

（二）促进全球供应链关键产品和资源的来源替代

中国有必要增强关键资源的来源多样性，以分散来源集中度过高导致的全球供应链风险。一方面，要提高关键资源的国内替代程度，进一步挖掘国内的可替代资源，例如通过用煤炭液化替代进口石油、用煤炭气化和煤层气替代进口天然气等方式，实现关键资源的自主可控。另一方面，对于需要从国外进口的关键资源，要增强进口来源地理范围和物流渠道的多样性，逐步解决部分关键产品和资源高度集中于个别国家（地区）、高度依赖海上运输渠道等问题，降低地缘政治冲突等因素对全球供应链的冲击。为此，中国需扩大关键产品和资源的进口来源地，增加可替代供应商的数量，分散进口来源地过于集中导致的风险；进一步打造中欧班列等陆上国际物流线路，支持海外仓等外贸新业态模式的发展，降低对于霍尔木兹海峡、马六甲海峡等重要海上交通枢纽的依赖度。

（三）充分运用数字技术保障全球供应链安全

中国有必要加快工业互联网、人工智能、数据中心等新兴数字基础设施建设，充分发展数字技术和数字经济，并利用数字技术进一步保障全球供应链韧性与安全。一方面，要利用数字技术精准识别产业链供应链的薄弱环节，在“补链”“强链”方面做到有的放矢，推动产业链上企业的技术进步，提升中国在全球产业链供应链上的地位。另一方面，要充分利用数字金融、金融科技等工具，提升供应链上各企业的融资效率。可以通过区块链、云计算、大数据等现代信息技术手段，缩短金融机构与产业链主体的资金供求匹配时间，优化供应链金融资源配置结构，为供应链发展提供高效的金融支持，从而助力供应链韧性提升；通过线下主动走访、行业主管部门推送等方式，畅通银企对接渠道，提升企业融资效率。

（四）携手共建全球供应链合作网络

中国应当进一步加强与其他经济体的合作，利用“一带一路”倡议、RCEP协定等贸易政策工具实现国际贸易、国际投资等领域的互利共赢。应进一步深化贸易便利化改革，通过优化通关流程、降低进出口环节费用、提升口岸综合服务能力、畅通国际物流等方式促进贸易自由化和便利化水平的提升；同其他国家（地区）携手共建全球供应链合作网络，建立全球供应链应急管理机制和信息共享机制，共同维护全球产业链供应链安全稳定，缓解贸易摩擦、地缘政治冲突等因素造成的负面影响。

（五）构建和完善供应链金融生态体系

中国应推进重点领域供应链金融发展，培育供应链主企业，为供应链上的中小企业提供融资支持，强化对供应链核心企业的金融支持。同时，还应运用金融科技等技术手段构建供应链金融服务平台，提升供应链金融监管质效，从而提升企业融资可得性与便利性。

（六）稳步提升人民币在全球供应链中的作用和影响

为避免美元汇率波动以及结算受制于人带来的经济损失，增强制造业产业链抵御外部风险的能力，中国应积极主动推进人民币国际化进程，为产业链重构营造安全稳定的金融环境。在认识论层面，中国应当认识到人民币兼具国内公共产品和全球公共产品的双重属性，认识到人民币国际化的目的是向世界各国特别是发展中国家提供优质的全球公共产品，是方便世界及中国居民和企业使用、支持全球供应链可持续发展。当前，以美元为中心的国际货币体系助长了其将国际货币金融治理“私物化”倾向，加剧了汇率风险对全球供应链发展的不利冲击。人民币是中国为全球供应链伙伴提供的国际交易货币、国际安全资产的备选方案，人民币国际化是中国参与全球经济治理、构建人类命运共同体的重要体现，其作用在于弥补现有国际货币体系缺陷、关注全球南方国家的发展权益、稳定国际货币金融秩序。在方法论层面，中国要不断优化跨境人民币相关政策，扩大与“一带一路”共建国家等重点经济体贸易投资活动中的人民币使用，推动大宗商品贸易人民币计价结算，积极建设和推广人民币跨境支付系统，为全球供应链的可持续发展提供优质的金融服务与保障。

第3章 国际货币金融体系与全球供应链关系的理论分析

全球供应链体系要实现可持续发展必须具有包容性。这种包容性要求全球供应链上的变革不仅能提升核心国家的居民福利，而且能提升大多数国家的居民福利。可持续的全球供应链也需要有足够的韧性，能够经受各种冲击。本章从国际货币金融的视角出发，讨论金融体系如何支持全球供应链体系的可持续性、如何通过不同的金融支持保障功能来提升全球供应链上各国（地区）的福利水平，为探讨国际货币金融体系与可持续全球供应链的关系提供一个理论分析框架。我们认为，金融服务至少可以从融资、风险管理和支付三个方面为全球供应链上各国（地区）经济活动提供支持和保障，进而提升全球供应链的韧性，改善供应链上相关国家（地区）福利水平。

3.1 金融服务影响全球供应链的渠道

金融体系可以通过融资、风险管理和支付等多种功能服务全球供应链上的企业，提升居民福利，并在重大供应链冲击背景下，增强供应链的韧性，为全球经济安全提供保障。在全球供应链发展和变革过程中具有核心作用的经济体的金融体系功能的增强对全球福利和供应链韧性的影响更大。这些经济体货币的国际地位与其货币金融体系服务全球供应链的功能是相辅相成的。

首先，各国（地区）金融体系融资效率的提升可以有效缓解供应链上的企业面临的融资难、融资贵问题，进而降低企业生产成本，并通过全球供应链将此成本节约的效应反馈给全球消费者，进而提升全球居民的福利。不仅如此，金融体系完善的融资功能带来的成本优势还能够有效提升供应链上的企业抵御供应链冲击的能力，进而提升全球供应链的韧性。第 3.2 节通过量化分析进一步论证了金融体系融资效率改善对于提升全球供应链上各国（地区）福利水平的重要意义。融资效率改善的另一重要作用是解决供应链上关键行业的融资问题，推动技术创新，提升一国（地区）应对地缘政治冲击所产生的“卡脖子”问题的能力。[①] 在全球供应链上具有核心作用的国家（地区）金融体系融资功能的增强能够通过全球供应链的辐射作用，让更多国家和地区分享融资成本降低带来的更多好处。因此，其应该在全球货币金融改革中发挥更加积极的作用。

其次，各国（地区）金融体系风险管理能力的提升可以缓释供应链冲击产生的全球经济波动，进而提升供应链的稳定性。出口信用保险可以通过缓释出口贸易中面临的各种风险促进贸易，通过比较优势提升全球供应链上各国（地区）的福利水平。巨灾保险和各类金融衍生工具可以有效缓解因自然灾害等原因产生的局部冲击通过全球供应链传染到世界各国（地区）所造成的负面影响。全球金融治理的完善可以通过提升政策协调水平、削弱各国国内政策负外部性的方式，降低供应链上企业面临的宏观风险。第 3.3 节通过量化分析进一步论证了金融体系风险管理能力的提升对于改善全球供应链上各国（地区）福利水平的重要意义。在全球供应链上具有核心作用的国家（地区）金融体系风险管理功能的增强能够通过全球供应链的辐射作用，更大限度地提升全球供应链的韧性并改善全球居民福利。因此，其应该在全球货币金融改革中发挥更加积极的作用。

---

① 鉴于数据可得性，第 3.2 节的量化分析未纳入融资效率改善通过技术进步解决“卡脖子”问题的效应。因此，本章估算的融资效率改善对本国（地区）的福利效应可以理解为其真实福利效应的下界。

最后，全球支付体系效率的提升可以通过成本节约效应直接提升供应链上各国（地区）的福利水平。在全球供应链上具有核心作用的国家（地区）货币的国际化，可以通过支付效率提升改善全球福利，增强供应链的包容性。不仅如此，供应链冲击往往还会加剧供应链上各国（地区）的汇率波动。而支付结算货币的多元化在一定条件下可以有效降低供应链冲击引发的汇率风险。第 3.4 节进一步论证了支付体系多元化的这一作用。

总之，全球供应链的可持续发展需要提升其包容性和韧性。而全球货币金融体系服务供应链的功能（包括融资、风险管理、支付等）越强，越有利于增强全球供应链的包容性和韧性。其中，在全球供应链发展与改革过程中作用越大的经济体，其金融体系服务供应链发展和安全的能力越强，越能通过全球供应链的辐射作用改善全球居民福利，增强全球供应链的包容性和韧性，因而越应该在国际货币金融改革中发挥更加积极的作用。其在国际货币金融改革中和全球供应链发展过程中发挥的积极作用自然而然地会促进其金融部门在国际金融体系中的地位的提升，进而促进其货币国际化。而这些经济体货币的国际地位的提升又自然形成了支付结算货币体系的多元化格局，从而可以通过更好地服务全球供应链进一步支持全球供应链的可持续性。

3.2 全球供应链、融资效率与居民福利

全球供应链是由产品与服务、数据、信息及资金在全球范围内的交流互动而形成的联系紧密的全球化网络。核心产品和服务是全球供应链的中心，而企业的研发、设计、生产、运输与销售、消费活动分散在不同国家（地区）是其主要特征。为从理论上分析全球供应链，特别是金融保障对全球供应链的支持作用，需要构建多国、多产业的国际贸易模型，聚焦企业间、产业间的相互联系，并将金融支持纳入分析框架。为此，本节以经典的李嘉图贸易模型为基础，引入多个异质性产业部门，进而通过中间品贸易来构建全球供应链分析框架。在此框架的基础上，通过引入融资效率来分析金融支持对全球供应链上各国（地区）居民福利的支持保障作用。

3.2.1 模型与机制

尽管全球供应链的内涵包括产品、服务、数据、信息、资金等多种生产要素在全球范围内的交流互动，但受限于数据可得性，也为了模型和分析框架的简明，我们的理论模型聚焦于产品和服务的全球贸易网络。为体现全球供应链和产业链紧密联系、牵一发而动全身的特点，我们在经典的贸易模型中引入产业链、中间品贸易来模拟企业及行业间的上下游关系，并通过引入融资利率的方式探讨融资效率对提升供应链安全、韧性和稳定性的作用，以及金融保障如何在全球供应链的背景下提升一国乃至全球的福利水平。

具体而言，模型借鉴 Caliendo 和 Parro 的框架，在假设完全竞争市场和规模收益不变的基础上，考虑 N 个国家和 J 个不同行业。[①] 这些行业既包括参与国际贸易的可贸易行业，也包括不直接参与国际贸易的非贸易行业。非贸易行业中的企业虽然不直接参与国际市场，但其可能通过供应链与贸易行业中的企业产生联系，从而间接参与全球贸易。模型假设生产效率随国家、产业、企业的不同而不同。这种生产效率的不同不仅能够产生效率上的绝对优势，而且能够让一国在生产某种产品方面具备比较优势，从而内生地产生国际贸易需求，这也是经典的李嘉图模型的核心思想。为方便理解，我们使用汽车行业作为实例。在模型中，一些国家可能更适合生产轮胎，而另外一些国家更适合生产发动机。

（1）国际贸易与全球供应链。

我们用模型来模拟国际贸易和全球供应链。假定每个行业生产一种最终产品。例如，汽车行业的最终产品是汽车。为生产该产品，制造商从全球供应链中采购一系列中间产品作为中间品投入。中间产品制造商和最终产品制造商构成了整个行业。对于每一种中间产品，最终产品制造商将进行全球比价，并从价格最低的国家进行采购。行业的最终产品制造商进行比价时，将综合考虑运输成本、货物损耗、关税成本等可能的贸易摩擦，从而最终选定中间品供应商。仍然以汽车行业为例，汽车生产商采购零件时，会在全球市场比价并选择成本最低的供货方案。企

① Caliendo, L., and Parro, F., "Estimates of the Trade and Welfare Effects of NAFTA," *The Review of Economic Studies*, 2015, 82 (1 (290)): 1-44.

业生产的最终产品一部分用于消费，一部分则用于生产各种中间产品。

对于中间产品的生产，模型假定对于相同投入，不同企业的生产效率不同。企业采购国内生产的行业最终产品，并雇用工人进行生产。例如，汽车零件生产商也需要采购汽车用于运输。通过不同行业之间、中间产品制造商与最终产品制造商之间的互相采购，模型中的所有生产单位被集成在统一、互相联系、互相交织的供应链体系（见图 3-1）中，从而提供了理论分析全球供应链的框架。

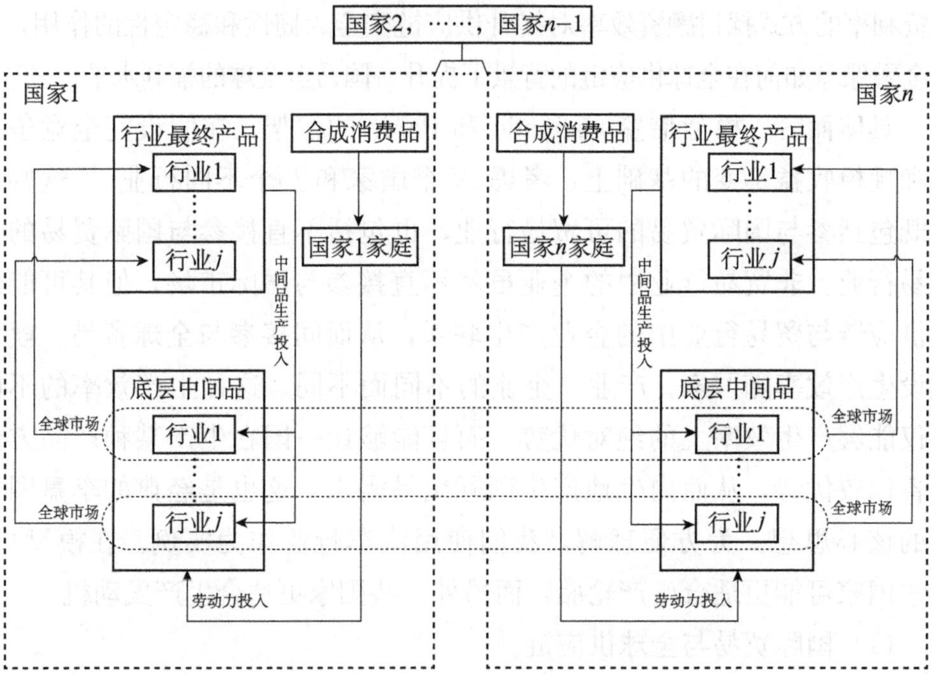

图 3-1　国际贸易与供应链体系

（2）融资效率与供应链的关系。

在完成全球供应链建模的基础上，我们引入利率来考虑金融支持因素。假定中间品生产商在生产时，需要融资来发放工资和购买设备，n 国 j 行业的融资成本为 r_n^j，融资成本随国家和行业的不同而变化。我们使用降低 r_n^j 的方式来模拟金融支持，r_n^j 是企业在经营过程中所有金融成本的总和，包括利率、使用金融服务的时间成本、人力成本等多个方面。降低 r_n^j 可以直观地理解为降低企业融资利率，也可以理解为进一步发展与完善金融体系融资功能。金融体系的发展和完善能够减少市场的金融摩擦，降低企业的外部融资成本，进而促进对外部融资依赖较强的生产部门的发展。[①] 值得注意的是，我们讨论的金融支持为广义的融资可获得性提高，这既可以表现为获取融资的金钱成本降低，也可以表现为获取融资的时间成本降低，如金融创新与金融科技不断发展带来的企业融资申请程序日趋简化。

3.2.2 数据来源与模型校准

在模型构建完成后，我们使用投入产出、双边贸易、双边关税及利率数据对模型进行校准。为避免2008年全球金融危机以及2015年以来中美贸易战、新冠疫情、俄乌冲突等事件的影响，我们选定2014年为基期校准模型。

我们的样本涵盖世界30个国家（地区），包括阿根廷、澳大利亚、奥地利、巴西、加拿大、智利、中国、丹麦、芬兰、法国、德国、希腊、匈牙利、印度、印度尼西亚、爱尔兰、意大利、日本、韩国、墨西哥、荷兰、新西兰、挪威、葡萄牙、南非、西班牙、瑞典、土耳其、英国、美国。我们将其他国家（地区）汇总为世界其他地区（Rest of World，ROW）。各国间双边贸易数据来自CEPII BACI数据库，用于校准双边贸易份额。双边关税数据来自联合国贸发会议（UNCTAD）TRAINS数据库。[②]

行业层面，我们的样本共涵盖37个行业，其中包括19个贸易行业和18个非贸易行业（详见表3－1）。各国行业层面总产出、中间品投入份额以及劳动份额依据OECD跨国投入产出表（OECD-ICIO）数据计算得到。

表3－1 行业分类与描述

产品分类系统：国际标准工业分类（ISIC）第3版			
序号	行业	行业描述	ISIC第3版
1	农业	农、林、牧、渔	1～5
2	采矿业	采矿和采石	10～14
3	食品加工	食品、饮料和烟草	15～16

① Rajan R. G.，Zingales L.，"Financial Dependence and Growth," *The American Economic Review*, 1998，88（3）：559－586.

② 当没有2014年关税数据时，我们使用2013年、2015年的均值补充；当2013年、2015年均没有关税数据时，我们使用最惠国关税税率补充。世界其他地区关税使用中位数。为得到各行业的双边关税税率，我们利用HS6位商品与ISIC/Rev. 3行业分类的对应表以及ISIC/Rev. 3－2位数行业分类与OECD行业的对应表，以双边进口额为权重对关税进行加权平均。

续表

序号	行业	行业描述	ISIC 第 3 版
4	纺织品	纺织品、纺织制品、皮革和鞋类	17～19
5	木制品	木材以及木材和软木制品	20
6	造纸	纸浆、纸张、纸制品、印刷和出版	21～22
7	石油	焦炭精炼石油和核燃料	23
8	化学品	化学品	24
9	塑料	橡塑制品	25
10	矿物质	其他非金属矿产品	26
11	金属冶炼	基本金属	27
12	金属制品	金属制品，机械和设备除外	28
13	机械制造	机械和未分类设备	29
14	电气	电气机械和设备	31
15	通讯设备	广播、电视及通讯设备	32
16	精密仪器	医疗、精密和光学仪器、钟表	33
17	汽车	机动车辆拖车和半拖车	34
18	其他交通	其他运输设备	351～359
19	其他制造业	其他制造、回收、办公、会计和计算机机械	30，36～37
20	电	电力、燃气和供水	40～41
21	建筑业	建造	45
22	零售	批发零售贸易维修	50～52
23	住宿和餐饮业	酒店和餐馆	55
24	陆路运输	陆路运输管道运输	60
25	水路运输	水运	61
26	航空运输	航空运输	62
27	辅助运输	辅助运输、旅游活动	63
28	邮政	邮政、快递	64
29	金融	金融中介	65～67
30	房地产	房地产活动	70
31	计算机	计算机及相关活动	72
32	研发	研究与开发	73
33	其他业务	其他商业活动	74
34	公共事业	公共管理、国防、强制性社会保障	75
35	教育	教育	80
36	健康	健康和社会工作	85
37	其他服务	其他社区社会和个人服务	71，90～93

利率数据来自 Bloomberg Corporate Bonds、CSMAR 等数据库。本报告选取每个国家 2010—2014 年的发债数据，分国家、分行业计算到期收益率均值，以此作为一国某行业的融资利率。对于数据缺失的国家，我们使用该国的平均利率进行补充。我们使用 30 个国家的行业平均利率表示 ROW 的融资利率。

3.2.3 典型事实分析

（1）典型全球供应链示例。

图 3-2～图 3-4 分别以石油行业、电气设备行业和汽车行业为例，展示了各国（地区）间的贸易联系。

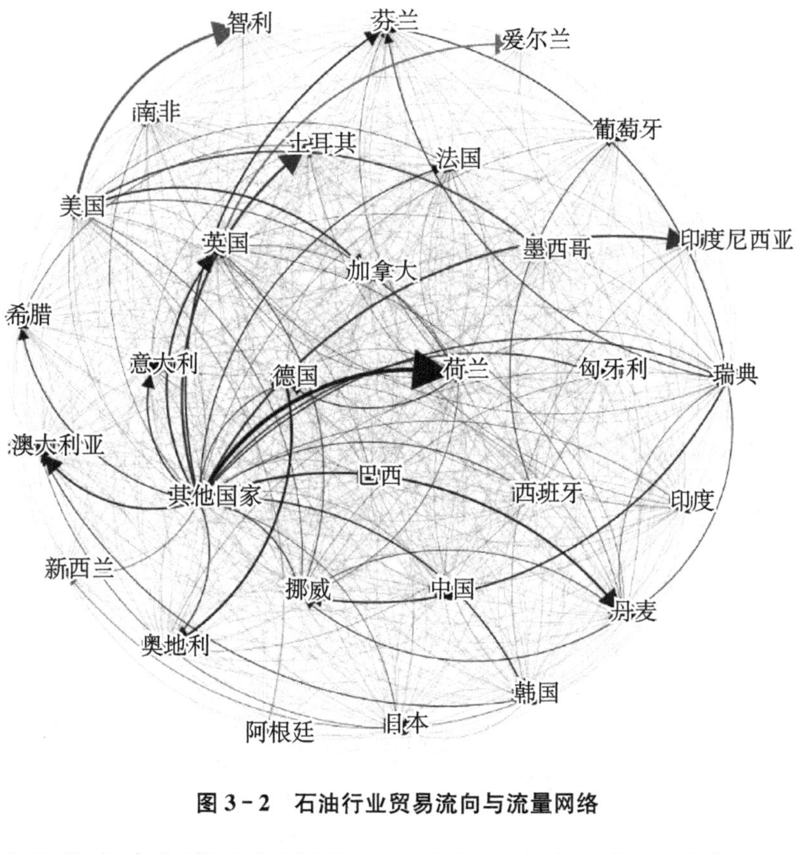

图 3-2　石油行业贸易流向与流量网络

图中的节点代表模型中的国家（地区），有向边代表国家（地区）之间的贸易联系，箭头表示贸易流向，边的粗细代表贸易份额的大小。图 3-2～图 3-4 生动展示了全球供应链紧密联系、错综复杂、你中有我、我中有你的特点。对于每一个行业而言，都有若干核心国家。例如，石油行业

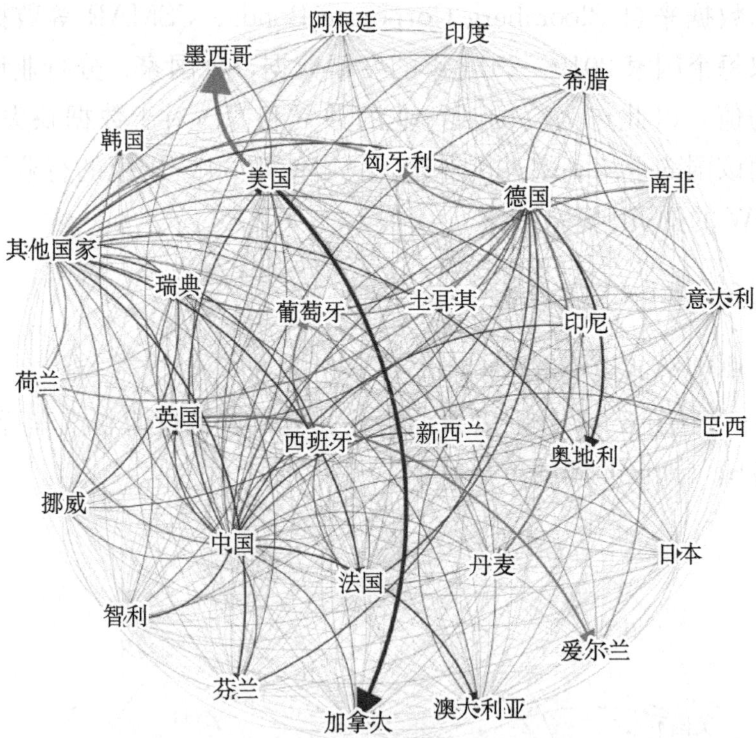

图 3-3　电气设备行业贸易流向与流量网络

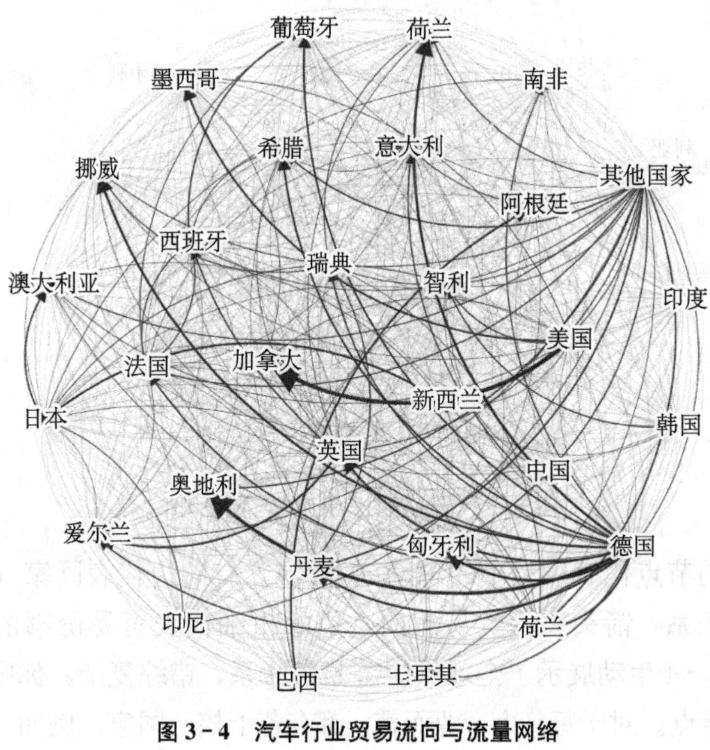

图 3-4　汽车行业贸易流向与流量网络

中的世界其他地区（ROW）占据中心，因为世界主要产油国均被归入其中；美国、中国、德国等在电气设备行业占据中心地位；而美国、德国等在汽车行业重要性较高。除核心国家（地区）外，对于每一个行业而言，国家（地区）间均有千丝万缕的联系，体现出全球供应链的复杂性和系统性。

（2）利率水平的全球分布。

利率方面，如图 3 - 5 所示，黑色柱表示中等收入国家，样本中不同国家之间的利率有较大差距。相对而言，中等收入国家的利率显著高于高收入国家。这一方面体现了国家间经济发展水平与经济增长潜力等基本面的差距，另一方面表明各国金融系统发展水平和金融保障水平不同。提升金融保障水平，促进金融体系高质量发展，可以在一定程度上降低企业面临的融资利率。

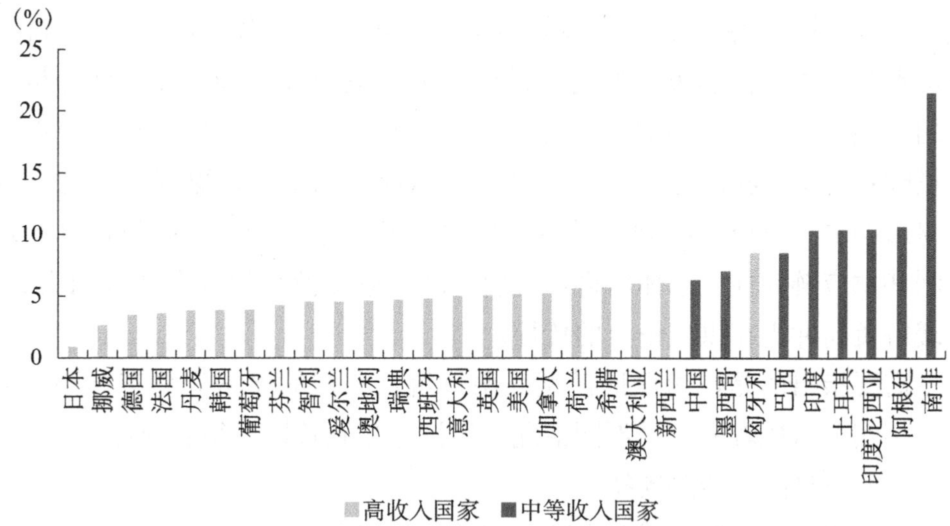

图 3 - 5　不同收入水平国家的利率水平

图 3 - 6 展示了不同收入水平国家不同行业的利率水平，具体到每个行业，中等收入国家的利率都显著高于高收入国家，不同行业间的利率水平也存在一定差距。

3.2.4　金融支持对全球供应链上各国（地区）福利的影响

为量化分析金融保障和金融支持（在模型中表现为更低的利率）对全球供应链的影响，我们基于近年来供应链面临的各种冲击与挑战考虑如下反事实分析：首先，我们考虑中美贸易战对全球供应链和福利的影

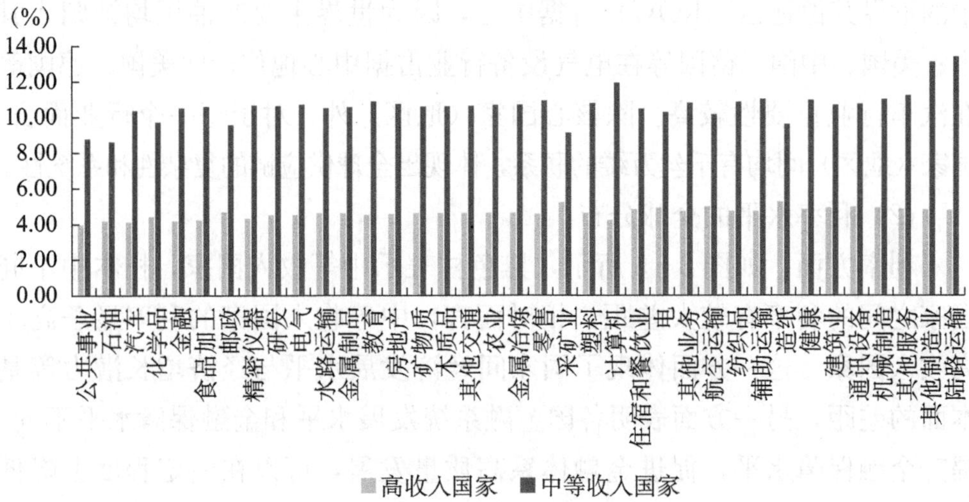

图3-6　不同收入水平国家不同行业的利率水平

响，以及中国更好的金融支持如何影响本国及全球各国的福利；其次，我们考虑假想的自然灾害如何通过供应链影响全球福利，并分别分析本国的金融支持和第三国的金融支持如何更好地抵御巨灾风险和供应链传染风险；再次，我们考虑当一国面临国际社会制裁时，更好的金融支持如何影响本国及全球福利；最后，我们考虑全球金融合作如何提升全球福利和供应链韧性。总体而言，我们发现金融支持将提升全球各国福利，并缓解负向冲击在供应链上的传导。

需要指出的是，为保证模型简明可解，我们的模型为静态模型，因此反事实分析比较的都是不同情况下经济体达到长期均衡后的福利。

（1）贸易战与金融支持。

我们考虑中美贸易战对全球福利的影响以及金融支持在其中的作用。具体而言，我们根据中美双方公布的加征关税清单，以中美两国间贸易进口额为权重，计算出中美双边加征的平均关税税率约为16%。[①] 因此，本章用中美双方所有行业的贸易关税均提高16%来模拟中美贸易战。

为模拟金融支持，我们将中国所有行业利率设为现实利率水平的80%，将低利率环境视为“融资效率提升”，并据此进行反事实分析，将其与现实利率水平进行对比，即通过比较贸易战前后中美以及世界各国

① 段玉婉，陆毅，蔡龙飞．全球价值链与贸易的福利效应：基于量化贸易模型的研究．世界经济，2022(6)：3-31.

福利在两种金融市场背景下（有/无金融支持）受到的影响，我们可以得出中国更好的金融市场环境在贸易战情形下对中国和世界其他国家福利的影响。这里的利率降低既可以理解为企业贸易融资成本的下降，也可以理解为融资的时间、人力等成本的下降。

为保持论述简明，在本小节中，我们只考虑受到负向冲击（贸易战）的国家（即中国）中更好的金融支持如何缓解该冲击对本国的影响，并通过供应链缓解全球受到的冲击。在后面的小节中，我们将考虑一国更好的金融支持如何缓解其他国家风险通过供应链的外溢，以及更好的全球金融合作如何提升全球福利和供应链的安全与韧性。

图 3-7 展示了在没有金融支持和有金融支持两种环境下，相同贸易战冲击对世界各国的福利影响。可以看到，贸易战在两种情况下（有/无金融支持）对中美两国的福利都造成了负面影响，并通过全球供应链影响到其他国家。一些国家如墨西哥由于在供应链中提供与中国类似的产品受益，也有一些国家因此受损。

虽然贸易战在有无金融支持的情况下都会对全球各国（地区）福利产生较大影响，但相较而言，当面临贸易战冲击时，中国更好的金融支持（更低的金融摩擦）对全球大部分国家的福利均有改善。图 3-7 中，除德国与葡萄牙外，在有金融支持的情况下各国的福利变化均位于在没有金融支持的情况下的福利变化上方，表明在有金融支持的情况下，样本中因贸易战受益的国家受益更多，受损的国家受损更少。以中国为例，金融支持可以将贸易战对中国的负面影响降低 7%。

为更好地对比两种情况下（有/无金融支持）贸易战带来的福利变化情况，我们计算了两种情况下福利变化的差异。图 3-8 展示的是相对于不实施金融支持，中国实施金融支持后各国福利变化改善的百分比，即（中国金融支持+贸易战下的福利变化−贸易战下的福利变化）/贸易战下的福利变化。由图 3-8 可知，除个别国家（德国与葡萄牙）在有中国金融支持的情况下福利受损更多外，绝大部分样本国家的福利都有所改善，而且改善的幅度往往高于中国。全球总福利受到的负面影响（根据人口加权）降低了 15.9%。这表明中国更好的金融支持不但可以惠及本国，还可以通过全球供应链改善全球多数国家（地区）在受到贸易战冲击时的福利表现。

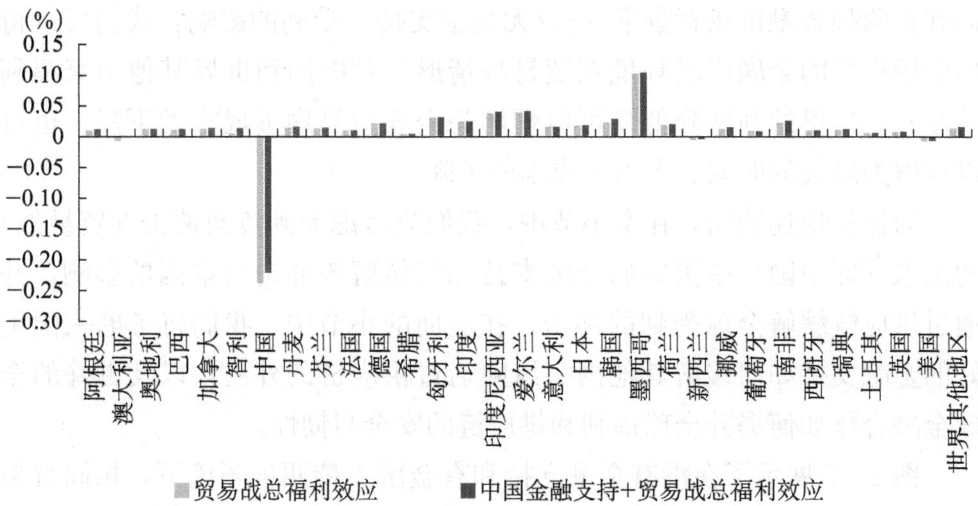

图 3－7　贸易战的福利变化与中国金融支持的改善作用

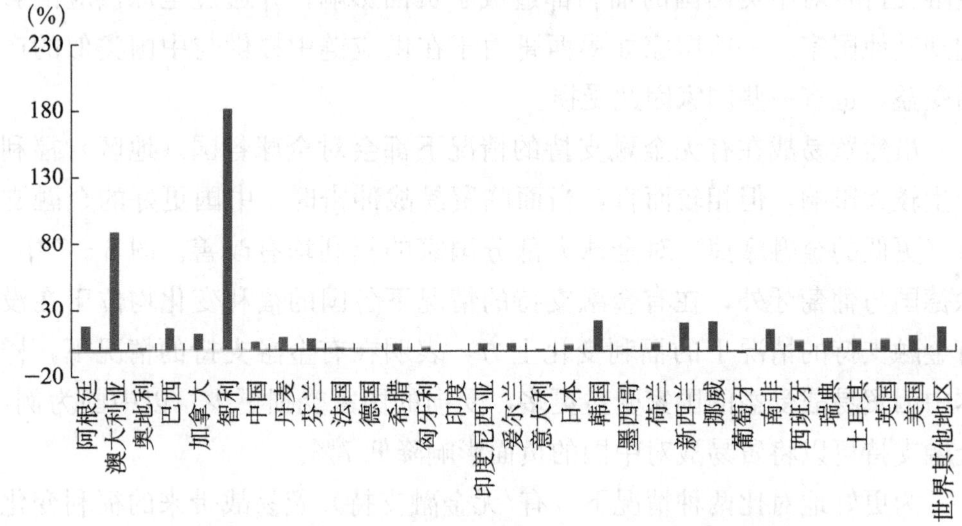

图 3－8　贸易战下中国有/无金融支持时各国的福利变化差异

（2）自然灾害与金融支持。

当一国发生重大灾害（例如自然灾害、战争等）时，不但其本国福利会受到重大影响，灾害造成的负面冲击也会通过供应链传导到其他国家。因此，我们用降低一国的生产率来模拟重大自然灾害，分析这种情况下供应链受到的影响以及金融支持的作用。具体而言，鉴于日本出现地震等自然灾害的概率较高，我们将日本的生产效率降低 10%。与对中美贸易战的分析相比，本节的反事实分析一方面考虑了不同的负向冲击，另一方面也将该冲击放在高收入国家，以此模拟供应链的不同环节遭受不同冲击时全球福利的变化。

图 3-9 展示了在有/无金融支持情况下日本受到重大自然灾害时全球各国的福利变化情况。首先，日本的福利下降非常显著，日本本国较好的金融支持可以降低其受到的影响，但是效果有限（负向冲击减轻了 0.12%）；其次，日本受到的冲击会通过供应链传导到世界各国；最后，日本本国较好的金融支持也会外溢到其他国家，改善其他国家的福利。

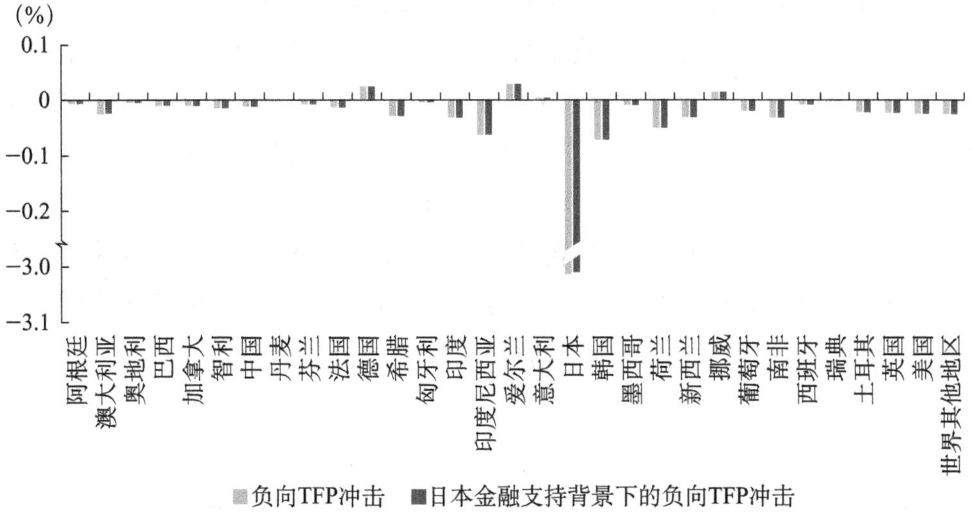

图 3-9　日本受到负向 TFP 冲击的情况下各国的福利变化与日本金融支持对各国福利的改善作用

计算两种情况下各国的福利变化，得到图 3-10。

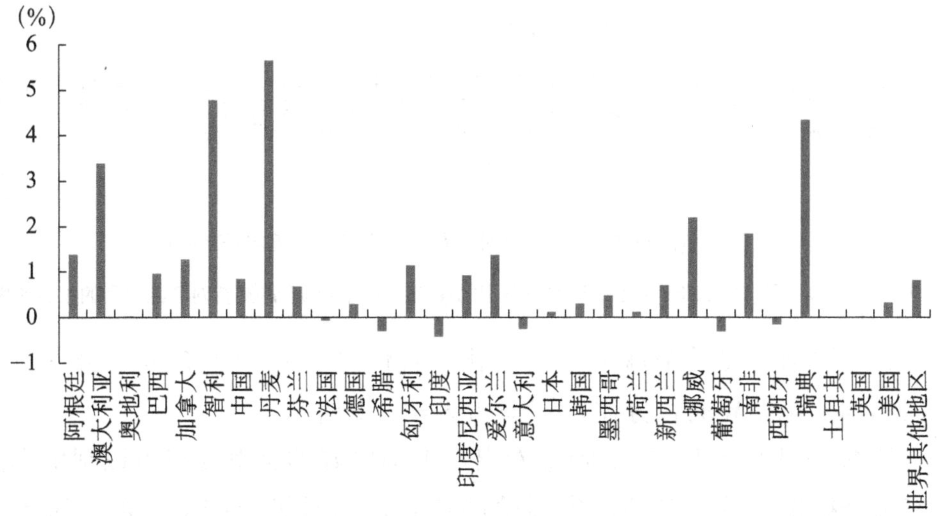

图 3-10　日本受到负向 TFP 冲击的情况下日本有/无金融支持时各国的福利变化差异

从图 3－10 中可见，日本更好的金融支持对全球大部分国家的福利均有改善，但改善幅度较小；全球总福利受到的总影响约减轻 0.35%。鉴于日本是一个发达国家，其金融体系较为健全，企业融资成本较低，因此进一步减少金融摩擦的效果有限，但仍能缓解自然灾害对本国及全球供应链的负向冲击。

为模拟一国更好的金融支持是否能缓解通过供应链传导过来的他国负向冲击，我们在假定日本遭受自然灾害的基础上进一步考虑中国更好的金融支持能否改善中国以及世界福利。具体而言，我们仍然假定日本的生产率降低 10%，但是比较中国有/无金融支持的情况下全球福利的变化，结果如图 3－11 所示。首先，中国受到的负向冲击大幅减少了 63%；其次，中国更好的金融支持也将缓解日本遭受自然灾害对全球供应链造成的冲击。鉴于全球供应链紧密联系的特征，一国受到的负向冲击将传导到全球，但是其他国家若能提供更好的金融支持，则不但能够增强本国抵御供应链风险的能力，还将加强全球供应链的韧性。

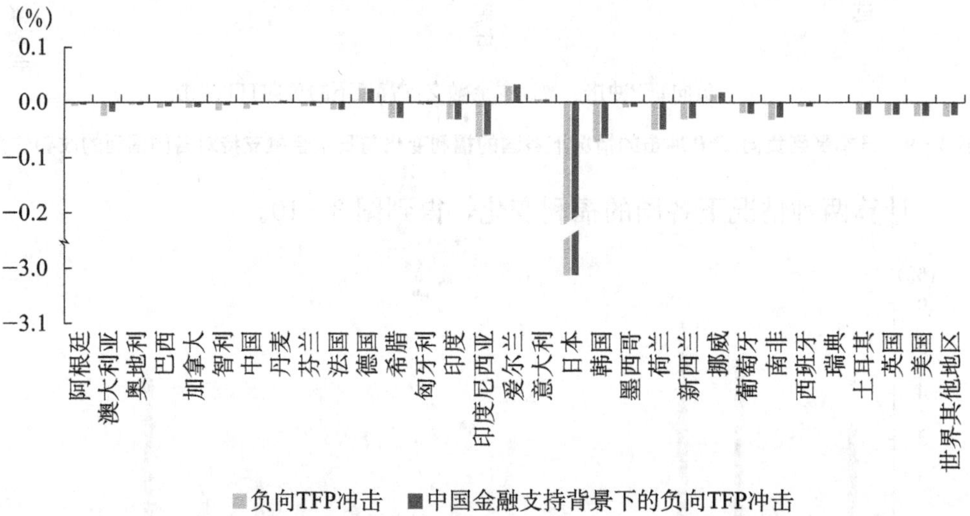

图 3－11　日本受到负向 TFP 冲击的情况下各国的福利变化与中国金融支持对各国福利的改善作用

为更清晰地展示全球福利的变化，我们计算在中国有无金融支持时各国福利变化差异的百分比，结果如图 3－12 所示。

从图 3－12 中可以更清晰地看出，中国更好的金融支持可以帮助本国更好地抵御供应链上其他国家风险的传导，同时供应链上大部分国家也因此受益。全球总福利受到的影响将减轻约 4.22%。

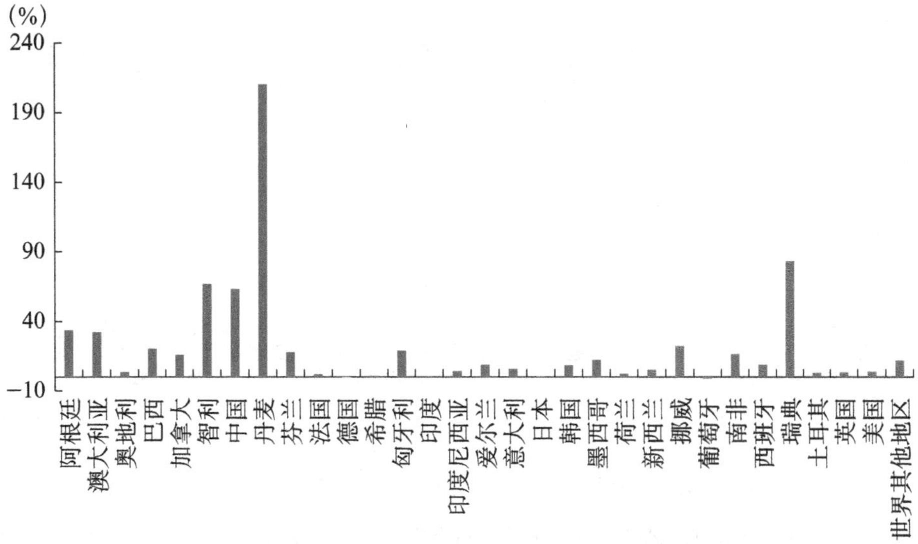

图 3-12 日本受到负向 TFP 冲击的情况下中国有/无金融支持时各国的福利变化差异

(3) 制裁与金融支持。

近年来，全球政治经济环境动荡加剧，一些国家因种种原因受到各种形式的经济和金融制裁。为探究经济制裁对全球供应链的影响及金融支持在其中的作用，本节我们考虑将土耳其的贸易摩擦（即冰山成本）提升到基准值的两倍来模拟其受到经济制裁的情形。[①] 有无金融支持两种情况下全球各国福利的变化如图 3-13 所示。

首先，受到制裁的土耳其福利大幅下降，但是更好的金融支持可以缓解其受到的负面影响（减轻 0.82%）；其次，由于土耳其在全球供应链中并不处于核心地位，所以其受到制裁对其他国家的福利影响有限，但仍有一定的外溢作用；最后，土耳其更好的金融支持对于减轻其受到制裁时对全球供应链的影响也有一定作用。为更清晰地展示金融支持对福利变化的影响，图 3-14 展示了有无金融支持两种情况下各国福利变化的差别。

---

① 2019 年 10 月 14 日，为了应对叙利亚东北部不断升级的军事冲突，美国政府颁布了编号为 13894 的针对土耳其实施制裁的行政命令。在该行政命令所附的总统声明中，特朗普还宣布美国政府将对土耳其的钢铁征收 50%的关税（2019 年 5 月，美国曾降低从土耳其进口钢铁的关税税率）。该声明还表示，美国与土耳其正在进行的贸易谈判将被搁置。同日，美国财政部外国资产控制办公室（OFAC）宣布将土耳其能源和自然资源部，土耳其国防部，土耳其国防部长、内政部长及能源和自然资源部部长加入特别指定国民（SDN）清单，正式冻结该等土耳其主体受美国管辖的财产和财产权益。2023 年 11 月 2 日，美国财政部宣布将 7 家土耳其企业、1 个土耳其个人列入制裁黑名单，原因是这些企业和个人向俄罗斯提供了受制裁的产品。从现在开始，被制裁企业和个人在美国的所有财产都被冻结，美国公民和法人实体被禁止与他们进行任何交易。

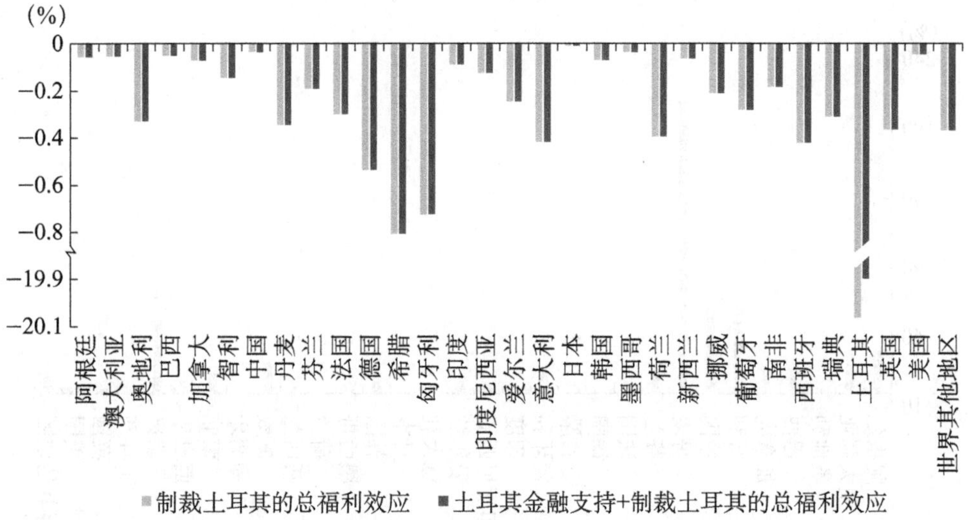

图 3-13　土耳其受到制裁的情况下各国的福利变化与土耳其金融支持对各国福利的改善作用

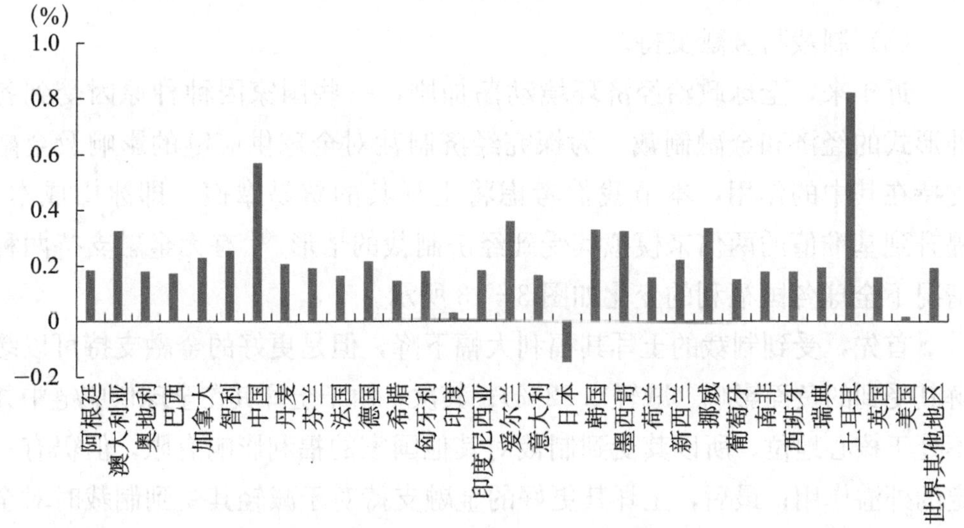

图 3-14　土耳其受到制裁的情况下土耳其有/无金融支持时各国的福利变化差异

由图 3-14 可见，土耳其更好的金融支持可以缓解经济制裁对其福利影响，并能减轻供应链上其他国家受到的冲击。总体而言，全球福利损失在有金融支持的情况下会减少 0.51%。

（4）全球金融体系变革与全球合作。

对于以上三种情况，我们均通过反事实分析探讨了贸易战、自然灾害、经济制裁等如何对一国福利造成负面影响，并通过全球供应链传导到其他国家。我们发现，一国更好的金融支持对于缓解这些负面冲击

（无论是直接冲击还是通过供应链传导的间接冲击）均有积极作用，并将通过全球供应链惠及全球。本节我们考虑更好的全球金融合作、全球金融治理体系改革等将如何影响全球福利和全球供应链韧性。

具体而言，我们考虑将全球所有国家的金融摩擦同步减少（利率降低为实际值的80％）来模拟更好的国际合作。在这种情况下，全球大部分国家的福利都将有所改善，其中金融摩擦较多的中等收入国家尤甚（见图3－15）。

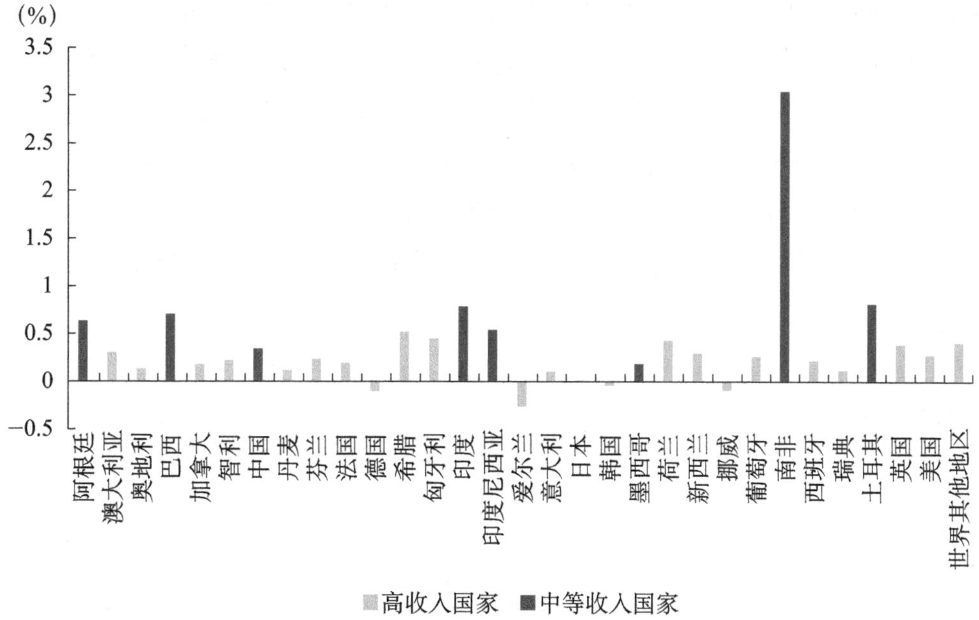

图3－15　全球金融支持下各国的福利变化

因为一些国家在供应链中存在竞争关系，所以个别国家的福利略有降低，但全球大部分国家的福利均改善明显，体现了减少金融摩擦、促进全球金融体系进一步发展、改革全球金融治理体系的必要性。前面中国、日本、土耳其三个案例研究的另一启示是：一国在全球供应链上的作用越大，其金融功能增强越能通过全球供应链的辐射作用让更多国家享受正外部性，进而提升全球供应链的包容性和韧性。

3.3　供应链冲击、金融风险管理与居民福利

各国（地区）金融体系风险管理能力的提升可以缓释供应链冲击产

生的全球经济波动，进而提升供应链的稳定性。例如，出口信用保险可以缓释出口贸易中面临的各种风险，进而促进贸易，提升全球供应链上各国（地区）的福利水平。为探究金融风险管理（保险等）对供应链韧性和安全的积极作用，我们在 3.2 节中模型的基础上考虑如下反事实分析：在模型中，一国出口的货物在运输中会有一定的损耗，即贸易模型中常用的"冰山成本"。冰山成本反映的是贸易摩擦的总和，其重要因素之一就是货物运输过程中可能遇到的风险，例如意外等造成的损失。保险的本质在于集中所有投保人的资源，提升每个个体的风险承担能力，降低其风险损失。为此，为模拟更好的金融风险管理，我们考虑降低模型中的冰山成本，降低的成本由模型中的所有主体共同承担。即，通过保险，模型中的每个企业在贸易中将面临更小的损耗风险。

具体而言，我们将所有国家间贸易的冰山成本调低 25%来模拟更好的金融风险管理。图 3－16 展示了更好的金融风险管理导致的各国福利的变化。

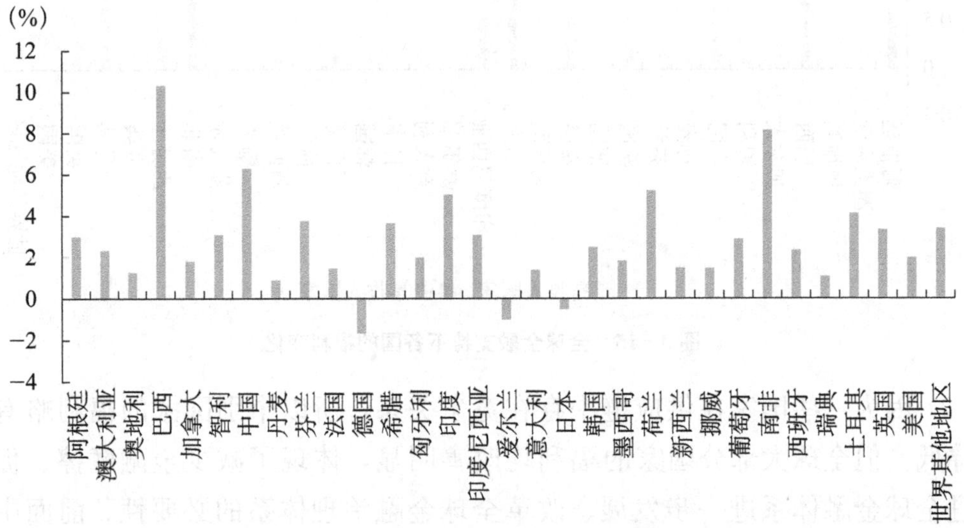

图 3－16　金融风险管理能力提升的福利效应

由图 3－16 可见，更好的金融风险管理能力将大幅改善全球大部分国家的福利。具体而言，全球福利上升约 3.88%。虽然模型中冰山成本的降低在宏观上最终仍由模型中主体承担，但是从每个企业的角度而言，其应对风险的能力上升将鼓励其进行更多生产，进而有效提升全球供应链上各个国家、各个产业、各个企业的生产效率，最终大幅提升全球福利。当然，由于供应链中错综复杂的竞争关系，个别国家的福利有小幅下降。但从整体而言，更好的金融风险管理有利于提升全球供应链效率，进而改善全球整体福利。

3.4 供应链冲击、支付结算体系与汇率风险

近年来，中美贸易战、新冠疫情、俄乌冲突等导致全球供应链严重受阻，汇率波动加剧。在此背景下，如何应对国际贸易中的汇率风险并以此提升供应链的安全和韧性成为重要的研究课题。本部分将从理论的角度分析结算货币的选择对汇率风险的影响机制，并为全球供应链的重构提供理论支持。

3.4.1 供应链冲击与汇率风险

全球供应链冲击往往伴随着剧烈的汇率波动。在一个理想的高度全球化的世界里，国际贸易将不存在任何壁垒，商品可以在任一国家生产，并在没有成本和摩擦的情况下运输到另一个国家。在这个理想世界中，一价定律成立，实际汇率几乎不存在任何波动。但现实中，贸易保护主义、全球疫情冲击、地缘政治风险等导致全球供应链物流受阻，全球分工格局重塑。这使得各国的经济实力和国际收支发生大幅变化，进而引起实际利率的剧烈波动。在国际市场的跌宕起伏中，各国纷纷采用财政政策、货币政策和外汇市场干预措施加以应对，这使得各国的通货膨胀和利率水平发生变化，在市场不确定性和恐慌情绪蔓延的加持下，投机资本大进大出引起名义汇率剧烈震荡。这导致国际支付的汇率风险上升，跨境贸易受阻，全球供应链进一步承压。

本小节将以中美贸易战、新冠疫情冲击和俄乌冲突三个典型的供应链冲击为例，阐释供应链冲击对汇率波动的影响。

（1）中美贸易战与汇率波动。

2018 年 6 月 15 日，美国政府发布了加征关税的商品清单，宣布将对从中国进口的约 500 亿美元商品加征 25％的关税。我国国务院关税税则委员会于 6 月 16 日凌晨决定，对原产于美国的 659 项约 500 亿美元进口商品加征 25％的关税。自此，中美贸易战正式开启。关税升高使得跨境贸易摩擦加剧，汇率波动明显增大（见图 3－17）。

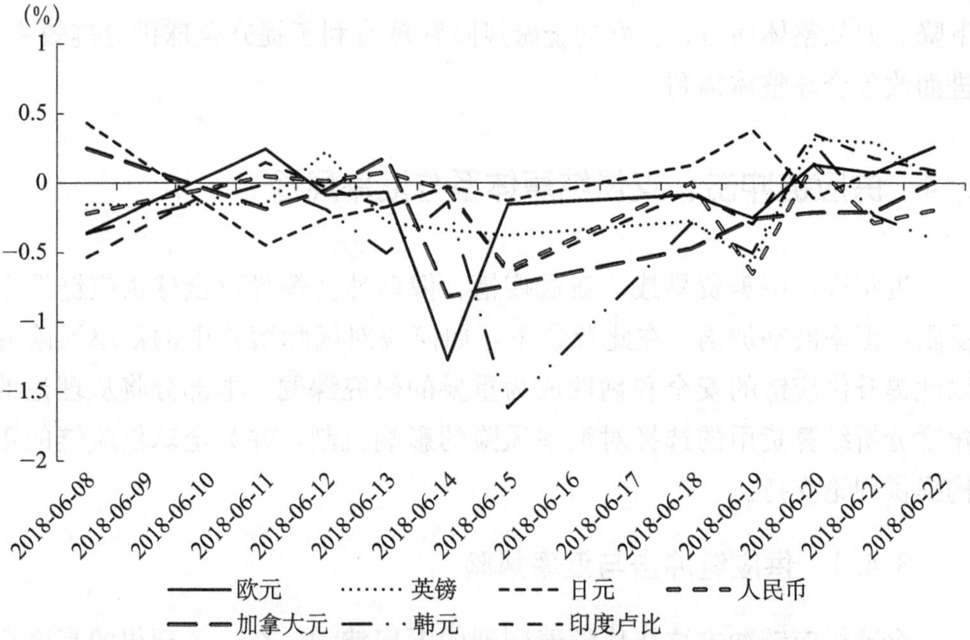

图 3-17　贸易战开启前后 5 个交易日主要货币兑美元汇率波动

(2) 新冠疫情冲击与汇率波动。

2020 年初，新冠疫情在多国暴发。世界卫生组织于 2020 年 3 月 11 日将新冠疾病定性为“全球大流行”（pandemic）。疫情导致全球恐慌情绪蔓延，多国股市触发熔断机制暂停交易，进入“技术性熊市”。3 月 13 日，美国进入国家紧急状态。美联储多次紧急降息，以应对新冠疫情对经济造成的负面影响。

新冠疫情的暴发导致劳动力短缺、物流受阻，给全球供应链造成了极大的冲击。此外，金融市场的动荡与货币政策的迅速变化也进一步增加了市场不确定性。在多方面因素的共同影响下，2020 年 3 月各主要货币兑美元的汇率波动幅度明显上升（见图 3-18）。

(3) 俄乌冲突与汇率波动。

2022 年 2 月 24 日，俄乌冲突升级为正式军事交锋。俄罗斯和乌克兰是全球能源、工业原材料和农产品的重要供给国和连接欧亚大陆的重要运输通道，是全球供应链的重要参与者。冲突爆发使得供应链遭到阻断，各主要货币兑美元汇率大幅波动（见图 3-19）。

3.4.2　双边本币结算下的汇率风险

考虑 A、B 两个国家。假设货币 A 兑美元汇率和货币 B 兑美元汇率

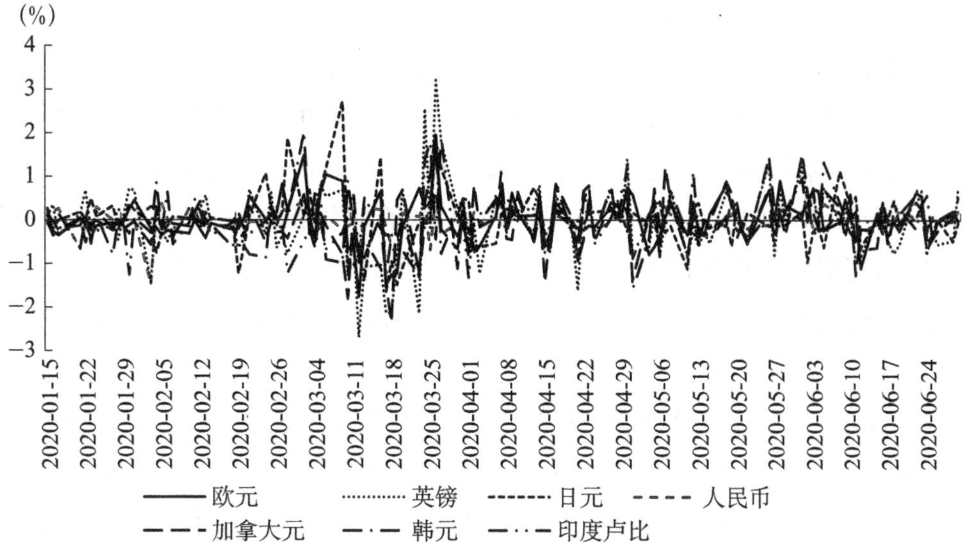

图 3－18　新冠疫情期间主要货币兑美元汇率波动

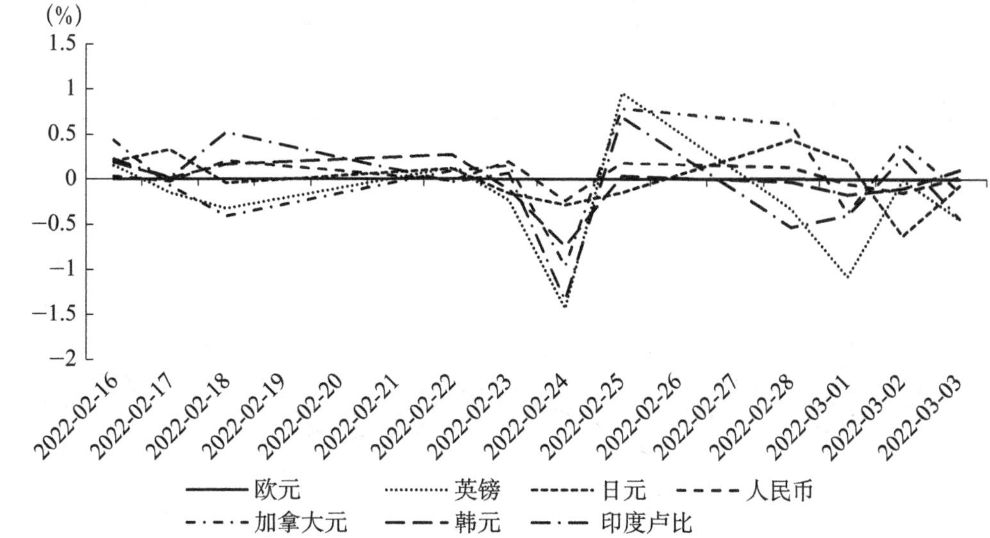

图 3－19　俄乌冲突爆发前后 5 个交易日主要货币兑美元汇率波动

均服从对数正态分布：$e_{A/\$}=\exp(\mu_A+\sigma_A Z_A)$，$e_{B/\$}=\exp(\mu_B+\sigma_B Z_B)$。其中，$Z_A$ 和Z_B 服从标准正态分布，假设它们的相关系数为 ρ_{AB}。在美元结算模式下，σ_A 反映了 A 国承担的汇率风险，σ_B 反映了 B 国承担的汇率风险。若两国选择使用货币 A 进行结算，则 A 国承担的汇率风险降为零，B 国承担的汇率风险反映为货币 A 兑货币 B 的汇率 $e_{A/B}$ 的波动性。$e_{A/B}=\exp(\mu_A-\mu_B+\sigma_A Z_A-\sigma_B Z_B)$ 同样服从对数正态分布，其中 $\sigma_A Z_A-\sigma_B Z_B\sim$

$N(0, \sigma_A^2 + \sigma_B^2 - 2\rho_{AB}\sigma_A\sigma_B)$。

当 $\rho_{AB} > \sigma_A/2\sigma_B$ 时，$\sigma_A^2 + \sigma_B^2 - 2\rho_{AB}\sigma_A\sigma_B < \sigma_B^2$，此时B国承担的汇率风险在使用货币A结算的情形下更低，即使用货币A结算使得两国所承担的汇率风险都降低。当 $\rho_{AB} < \sigma_A/2\sigma_B$ 时，$\sigma_A^2 + \sigma_B^2 - 2\rho_{AB}\sigma_A\sigma_B > \sigma_B^2$，此时B国所承担的汇率风险在使用货币A结算的情形下更高，即使用货币A结算虽然降低了A国承担的汇率风险，但提高了B国承担的汇率风险。因此，当两国货币兑美元汇率高度正相关时，使用双边本币结算对两国都有益。若货币A和货币B相互锚定，此时 $\sigma_A = \sigma_B$，$\rho_{AB} = 1$，则使用双边本币结算可使两国承担的汇率风险都降为零（见表3-2）。受美元货币政策周期的影响，全球主要货币兑美元汇率呈现同频共振的现象（见图3-20），各主要币种兑美元汇率高度相关，为双边本币结算奠定了基础。

表3-2 双边本币结算模式下的汇率风险

结算货币	美元	货币A	货币B
A国承担的汇率风险	σ_A^2	0	$\sigma_A^2 + \sigma_B^2 - 2\rho_{AB}\sigma_A\sigma_B$
B国承担的汇率风险	σ_B^2	$\sigma_A^2 + \sigma_B^2 - 2\rho_{AB}\sigma_A\sigma_B$	0

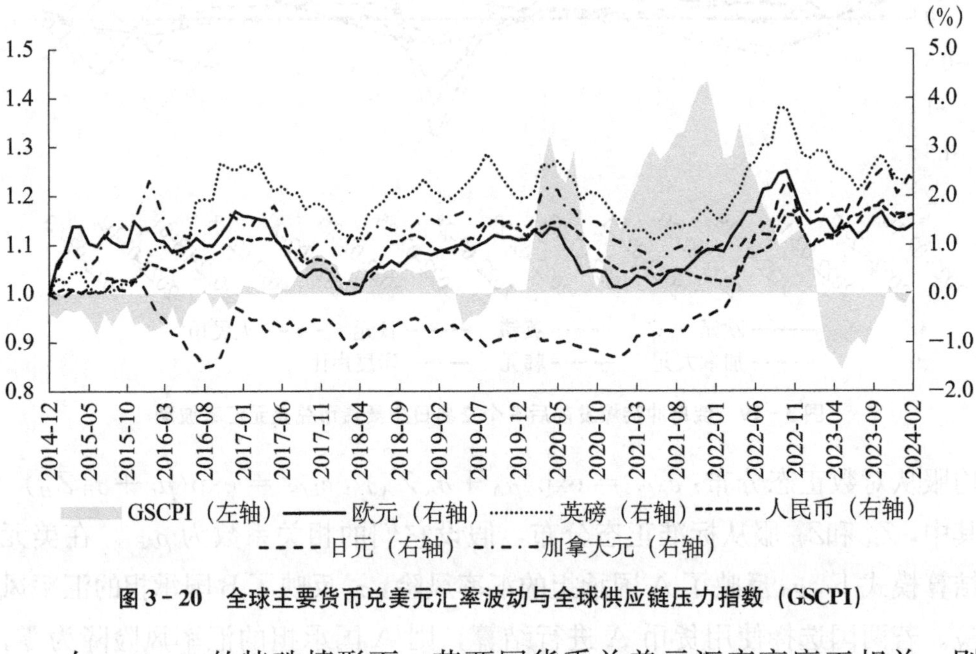

图3-20 全球主要货币兑美元汇率波动与全球供应链压力指数（GSCPI）

在 $\sigma_A \gg \sigma_B$ 的特殊情形下，若两国货币兑美元汇率高度正相关，则 $\sigma_B/2\sigma_A < \rho_{AB} \leqslant 1 < \sigma_A/2\sigma_B$。此时，使用货币B结算可以同时降低两国承

担的汇率风险，但使用货币A结算会增加B国承担的汇率风险。因此，应使用兑美元汇率更为稳定的货币B进行计价结算。近年来，人民币在“一带一路”共建国家的货币锚效应显著增强并且区域范围逐渐扩大。与“一带一路”共建国家货币兑美元汇率相比，人民币兑美元汇率波动性更低（见图3-21）。因此，在与这些国家进行双边贸易时使用人民币结算能够同时降低双方承担的汇率风险，起到互利互惠的作用。

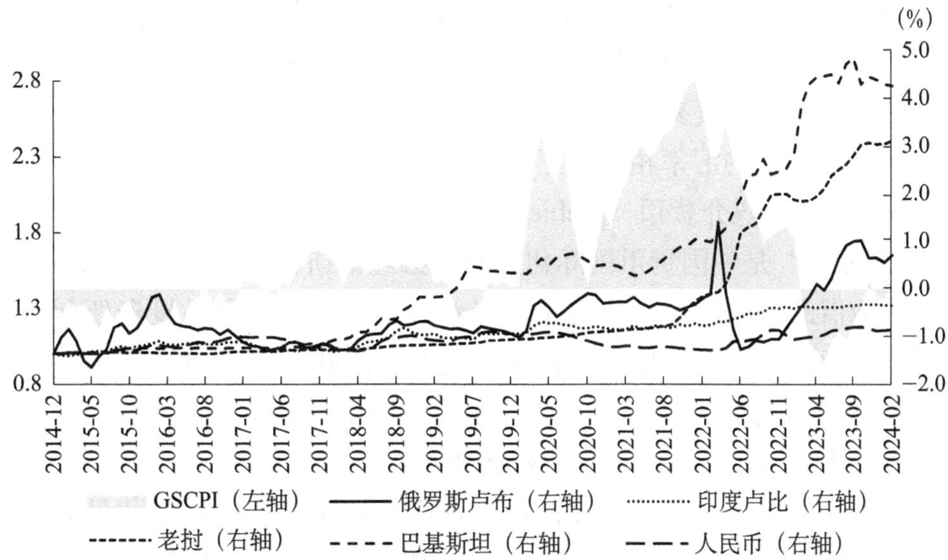

图3-21 部分“一带一路”共建国家货币兑美元汇率波动与GSCPI

3.4.3 区域货币结算下的汇率风险

在双边本币结算模式下，一方完全承担两国间的汇率风险，而另一方不承担任何风险。这种风险分担上的不对等在一定程度上导致本币结算在双边贸易中的使用并不广泛。而区域货币结算模式在降低两国汇率风险的效果上更加对等。

假设A国和B国同处于C国的周边区域，与C国贸易往来密切。货币C兑美元汇率服从对数正态分布：$e_{C/\$}=\exp(\mu_C+\sigma_C Z_C)$，其中$Z_A$、$Z_B$、$Z_C$的相关系数分别记为$\rho_{AB}$、$\rho_{AC}$、$\rho_{BC}$。此时，$e_{A/C}=\exp(\mu_A-\mu_C+\sigma_A Z_A-\sigma_C Z_C)$和$e_{B/C}=\exp(\mu_B-\mu_C+\sigma_B Z_B-\sigma_C Z_C)$也服从对数正态分布，其中$\sigma_A Z_A-\sigma_C Z_C\sim N(0,\ \sigma_A^2+\sigma_C^2-2\rho_{AC}\sigma_A\sigma_C)$，$\sigma_B Z_B-\sigma_C Z_C\sim N(0,\ \sigma_B^2+\sigma_C^2-2\rho_{BC}\sigma_B\sigma_C)$。

表 3-3 区域货币结算模式下的汇率风险

	结算货币为美元	结算货币为货币 C
A 国承担的汇率风险	σ_A^2	$\sigma_A^2+\sigma_C^2-2\rho_{AC}\sigma_A\sigma_C$
B 国承担的汇率风险	σ_B^2	$\sigma_B^2+\sigma_C^2-2\rho_{BC}\sigma_B\sigma_C$

若$e_{A/\$}$和$e_{B/\$}$均与$e_{C/\$}$高度正相关，即$\rho_{AC}>\sigma_C/2\sigma_A$，$\rho_{BC}>\sigma_C/2\sigma_B$，则在 A 国和 B 国的贸易中使用区域货币 C 结算能够同时降低两国承担的汇率风险。A 国与 B 国所承担的汇率风险的降低幅度分别为 $2\rho_{AC}\sigma_A\sigma_C-\sigma_C^2$ 和$2\rho_{BC}\sigma_B\sigma_C-\sigma_C^2$。相较于美元结算模式，使用区域货币 C 结算所引起的汇率风险降低幅度与贸易国货币兑美元汇率的波动性正相关，与贸易国货币和区域货币 C 的汇率相关性正相关。在此模式下，货币 C 成为 A 国和 B 国贸易结算的媒介货币（Vehicle Currency）。

“区域化”是一国货币国际化过程中必经的阶段。德国马克的国际化便成功地借助了区域合作的力量，将着眼点放在促进贸易投资便利化和欧洲经济货币一体化目标上。德国马克的区域化使用有效地隔离了历次“美元危机”带来的汇率风险，维护了欧洲经济的稳定。当前的全球供应链重构也为人民币国际化提供了机遇和空间。

受贸易保护主义及地缘政治博弈加剧等因素的影响，全球供应链重构呈现区域化特征。其中，欧洲、东亚和北美的供应链区域化特征最为显著，德国、中国、美国分别为区域供应链的中心①，欧元、人民币，美元分别为区域货币。在各供应链区域内使用相应的区域货币，能够降低供应链的整体汇率风险，提升其韧性和安全性，避免因某一环节受到汇率变化影响而引发整条供应链受阻。

IMF 和欧央行的研究报告②显示，欧元和美元是当前国际贸易结算的两大媒介货币。美元是全球贸易的媒介货币，欧元则主要在欧洲和部分非洲国家充当区域性媒介货币。结算货币的选择与全球供应链中的投入产出关系密切相关。③ 一方面，选择同种结算货币进行中间产品的进口和

① 中国国际贸易促进委员会．全球供应链促进报告，2023.

② Boz，E.，Casas，C.，Georgiadis，G.，Gopinath，G.，Le Mezo，H.，Mehl，A.，and Nguyen，T.，“Patterns of Invoicing Currency in Global Trade：New Evidence，” *Journal of International Economics*，2022，136，103604.

③ Mukhin，D.，“An Equilibrium Model of the International Price System，” *American Economic Review*，2022，112 (2)：650-688.

出口可以帮助厂商规避供应链上下游的汇率风险；另一方面，若其他国家的出口商均选择同一种货币进行结算，那么使用同种结算货币可使得本国出口品在国际市场上具备相应的竞争力。这两点原因使得全球供应链中媒介货币的使用范围不断扩大。近年来，人民币在许多非洲国家之间的贸易结算中也开始扮演媒介货币的角色。

3.5 结论

金融体系可以通过融资、风险管理和支付等多种功能服务全球供应链上的企业，提升供应链运行效率，增强供应链的韧性，维护全球经济安全，进而改善全球居民福利。

金融体系融资效率的提升可以通过缓解供应链上的企业面临的融资难、融资贵问题，提升全球居民的福利。融资效率的提升不仅可以通过更好地服务科技创新，提升一国（地区）应对关键技术领域供应链冲击的能力，还可以增强供应链上企业成本优势，进一步增强其面临各类供应链冲击时的韧性。企业融资成本的持续降低还可以通过全球供应链反馈给全球消费者，提升其福利水平。

为了对金融体系服务全球供应链的功能进行量化分析，本章构造了一个涵盖世界30个国家和由其他剩余国家（地区）构成的世界其他地区的一般均衡模型，以全球供应链面临大型冲击较少的2014年为基期校准模型关键参数，模拟了全球金融合作推动各国融资效率普遍提升的福利效应；分析了典型供应链冲击（贸易战、自然灾害、经济制裁）＋一国金融体系不同融资效率下，其本身受到供应链冲击所引起的福利损害的差异，以及其金融功能的改善在供应链冲击的背景下对全球的溢出影响；探讨了金融体系风险管理功能改善对各国福利的影响。

我们的模型分析显示，如果全球金融体系融资效率的提升可以将各国利率水平降低至基准水平的80%，那么全球大部分国家的福利都将有所改善，其中金融摩擦多于发达国家的中等收入国家受益最大。

关于融资效率与供应链韧性的关系，我们做了三项模拟。其基本结论如下：

第一，在中美贸易战对全球供应链的冲击下，如果更高的金融发展水平或金融政策能够将中国利率水平降低至基准水平的 80%，则可以减少中国福利损失 7%，减少全球总福利损失 15.9%。

第二，一个足以将日本全要素生产率降低 10%的自然灾害冲击，在日本更高的融资效率下，对日本和世界各国的福利损害会更小。将日本利率水平降低至基准水平的 80%，可以减少日本福利损失 0.12%，减少全球总福利损失 0.35%。鉴于日本是一个发达国家，其金融体系较为健全，企业融资成本较低，因此进一步减少金融摩擦的效果有限，但仍能缓解自然灾害对本国及全球供应链的负向冲击。与此同时，中国更好的融资体系可以大幅缓解日本供应链冲击对中国的影响，供应链上的其他经济体也会因此受益。将中国利率水平降低至基准水平的 80%，则可以降低中国福利损失 63%，降低全球总福利损失 4.22%。

第三，更好的金融支持可以缓解土耳其在面临经济制裁时受到的负面影响，土耳其更好的金融支持对于减轻其受到制裁时对全球供应链上经济体的福利损失也有一定的积极作用。在经济制裁导致土耳其贸易成本提升至基准水平 2 倍的背景下，将土耳其利率水平降低至基准水平的 80%，可以降低土耳其福利损失 0.82%，对全球总福利损失也有一定缓解作用，能降低全球福利损失 0.51%。

各国（地区）金融体系风险管理能力的提升可以缓释供应链冲击产生的全球经济波动，进而提升供应链的稳定性。出口信用保险可以缓释出口贸易中面临的各种风险，进而促进贸易，通过比较优势提升全球供应链上各国（地区）的福利水平。巨灾保险和各类金融衍生工具可以有效缓解因自然灾害等原因产生的局部冲击通过全球供应链传染到世界各国（地区）所造成的负面影响。为模拟金融风险管理能力提升的作用，我们假设各国（地区）居民通过购买金融风险管理工具（保险、衍生品等）降低国家间贸易中的冰山成本。模型分析显示，通过更好的金融风险管理工具减少国际贸易中的损失可以有效提升各国福利水平。具体而言，各国（地区）居民通过支付风险管理工具费用换取国家间贸易冰山成本调低 25%，将全面提升各国（地区）居民福利，并提升全球总福利约 3.88%。

支付体系的完善不仅可以通过交易成本节约效应直接提升供应链上各经济体的福利水平，还可以通过降低汇率风险改善各国福利水平。供应链冲击（贸易战、疫情冲击、地缘政治冲突等）往往伴随着大幅度的汇率波动。支付结算货币的多元化有利于降低各国汇率风险，进而改善其福利水平。

根据本章的分析，货币国际化与一国金融体系对供应链的支持保障功能有关。一方面，一国金融体系强大的融资功能、风险管理功能能够增强该国对全球供应链的稳定器作用，提升其在全球供应链上的地位，进而促进其货币在供应链上各经济体中的使用。另一方面，国际货币体系的多元化在一定条件下可以缓解全球供应链冲击给各国带来的汇率风险，提升全球福利水平。这又会反过来推动在多元货币体系中发挥重要作用的货币在全球支付体系中的使用。

附录：基准模型

1. 家庭部门

家庭部门选择消费品 C_n^j 以实现效用最大化：

$$u(C_n)=\prod_{j=1}^{J}C_n^{j\,\alpha_n^j}$$

其中，$\sum_{j=1}^{J}\alpha_n^j=1$，$\sum_{j=1}^{J}P_n^jC_n^j\leqslant I_n$。

我们用 α_n^j 表示 n 国 j 行业消费品占总消费品的比例，用 P_n^j 表示 n 国 j 行业消费品的价格，用 I_n 表示家庭收入，它一部分来自提供劳动力所获取的工资收入，另一部分来自转移支付。

2. 底层中间品生产

j 行业生产底层中间产品 $\omega_j\in[0,1]$，生产过程需要两种投入：劳动力和复合中间品。各国底层中间品生产商的生产效率不同，用 $z_n^j(\omega_j)$ 表示 n 国 j 行业生产中间品 ω_j 的效率。n 国 j 行业生产函数为柯布-道格拉斯函数：

$$y_n^j(\omega_j)=z_n^j(\omega_j)\,[l_n^j(\omega_j)]^{\gamma_n^j}\prod_{k=1}^{J}[m_n^{k,j}(\omega_j)]^{\gamma_n^{k,j}}$$

其中，$l_n^j(\omega_j)$ 表示劳动力投入，$m_n^{k,j}(\omega_j)$ 表示来自 k 行业的复合中间品投入，γ_n^j 表示劳动力份额，$\gamma_n^{k,j}$ 表示来自 k 行业的复合中间品份额，$\gamma_n^j+\sum_{k=1}^{J}$

$\gamma_n^{k,j}=1$，且 $\gamma_n^j \geqslant 0$，$\gamma_n^{k,j} \geqslant 0$。

假定生产商需要垫付工资与中间品投入成本，因此需要通过融资来支付工资和购买中间品投入。我们用 r_n^j 表示 n 国 j 行业的融资成本，j 行业生产商的生产总成本 TC_n^j 表示如下：

$$TC_n^j=\left(w_n l_n^j+\sum_{k=1}^{J} P_n^k m_n^{k,j}\right)(1+r_n^j)$$

其中，w_n 和 P_n^k 分别表示劳动力工资与 k 行业的复合中间品价格。生产商的利息支出将以转移支付的方式成为本国居民收入的一部分。在完全竞争市场与规模报酬不变的假设下，单位投入组合的实际成本为：

$$c_n^j=(1+r_n^j)\left(\frac{w_n}{\gamma_n^j}\right)^{\gamma_n^j}\prod_{k=1}^{J}\left(\frac{P_n^{k,j}}{\gamma_n^{k,j}}\right)^{\gamma_n^{k,j}}$$

3. 复合中间品

n 国 j 行业生产商在世界范围内选择最低成本的底层中间品，底层中间品的需求满足 Dixit 和 Stiglitz（1977）中的关系[①]：

$$Q_n^j=\left[\int q_n^j(\omega_j)^{1-\frac{1}{\sigma^j}} d\,\omega_j\right]^{\frac{\sigma^j}{\sigma^j-1}}$$

其中，$\sigma^j>0$ 表示 j 行业中间品的替代弹性，$q_n^j(\omega_j)$ 是最低价格下生产商对底层中间品 ω_j 的需求。求解上式可得：

$$q_n^j(\omega_j)=\left[\frac{p_n^j(\omega_j)}{P_n^j}\right]^{-\sigma^j} Q_n^j$$

$$P_n^j=\left[\int p_n^j(\omega_j)^{1-\sigma^j}\, d\omega_j\right]^{\frac{1}{1-\sigma^j}}$$

其中，P_n^j 为复合中间品的单价，$p_n^j(\omega_j)$ 表示底层中间品 ω_j 在所有国家中的最低价格。

4. 国际贸易成本和价格

我们假定国际贸易存在两种类型的成本：冰山成本（d_{ni}^j）和从价关税（τ_{ni}^j）。$d_{ni}^j \geqslant 1$ 表示将 1 单位价值的 j 行业产品从 i 国运往 n 国的成本，$d_{nn}^j=1$；$\tau_{ni}^j \geqslant 0$ 表示 n 国从 i 国进口 1 单位价值的 j 行业产品所需支付的进口关税。国际贸易成本为 $\kappa_{ni}^j=(1+\tau_{ni}^j)\,d_{ni}^j$，并且满足 $\kappa_{nh}^j\kappa_{hi}^j \geqslant \kappa_{ni}^j$。

① Dixit, A. K., and Stiglitz, J. E., "Monopolistic Competition and Optimum Product Diversity," *The American Economic Review*, 1977, 67 (3): 297－308.

在考虑了贸易成本后，底层中间品的最低成本为 $p_n^j(\omega_j)=\min_i\left[\frac{c_i^j\kappa_{ni}^j}{z_i^j(\omega_j)}\right]$。对于非贸易行业，$\kappa_{ni}^j=\infty$，$p_n^j(\omega_j)=\frac{c_n^j}{z_n^j(\omega_j)}$，$q_n^j(\omega_j)=y_n^j(\omega_j)$。

假设 n 国 j 行业的生产效率 z_n^j 服从 Fréchet 分布，$F_n^j(z)=\mathrm{e}^{-\lambda_n^j z^{-\theta^j}}$，参数 λ_n^j 衡量绝对优势，λ_n^j 越大表示 n 国 j 行业的平均生产率越高，参数 θ^j 表示 j 行业产品的贸易弹性，是比较优势的概念。我们假设生产效率分布在不同的产品、行业和国家之间是独立的，并且 $1+\theta^j>\sigma^j$。n 国从 i 国购买 j 行业底层中间品的成本 $p_{ni}^j=\frac{c_i^j\kappa_{ni}^j}{z_i^j}$ 服从 Fréchet 分布：

$$Pr(p_{ni}^j\leqslant p)=1-\mathrm{e}^{-\lambda_i^j(c_i^j\kappa_{ni}^j)^{-\theta^j}p^{\theta^j}}$$

n 国购买底层中间品 ω_j 的最低价格 $p_n^j(\omega_j)$ 满足：

$$Pr(p_n^j\leqslant p)=1-\prod_{i=1}^{N}Pr(p_{ni}^j\geqslant p)=1-\mathrm{e}^{-\Phi_n^j p^{\theta^j}}$$

其中，$\Phi_n^j=\sum_{i=1}^{N}\lambda_i^j(c_i^j\kappa_{ni}^j)^{-\theta^j}$

进一步计算 n 国 j 行业复合中间品的价格：

$$P_n^j=A^j\left[\sum_{i=1}^{N}\lambda_i^j(c_i^j\kappa_{ni}^j)^{-\theta^j}\right]^{-\frac{1}{\theta^j}}$$

其中，A^j 为常数。在柯布一道格拉斯偏好下，可以得出 n 国的消费价格为：

$$P_n=\prod_{j=1}^{J}\left(\frac{P_n^j}{\alpha_n^j}\right)^{\alpha_n^j}$$

5. 行业总支出

记 n 国在 j 行业产品上的总支出为 $X_n^j=P_n^jQ_n^j$，记 n 国进口 i 国 j 行业产品的支出为 X_{ni}^j，占总支出的比例为 $\pi_{ni}^j=\frac{X_{ni}^j}{X_n^j}=\frac{\lambda_i^j(c_i^j\kappa_{ni}^j)^{-\theta^j}}{\sum_{h=1}^{N}\lambda_h^j(c_h^j\kappa_{nh}^j)^{-\theta^j}}$。

6. 国际贸易平衡

n 国在产品 j 上的总支出是中间品耗费和家庭直接消费的总和：

$$X_n^j=\sum_{k=1}^{J}\frac{\gamma_n^{j,k}}{1+r_n^k}\sum_{i=1}^{N}X_i^k\frac{\pi_{in}^k}{1+\tau_{in}^k}+\alpha_n^jI_n$$

其中，家庭收入 I_n 可以表示为劳动收入（w_nL_n）、关税收入（R_n）、贸易逆差（D_n）以及利息收入（B_n）之和：

$$I_n = w_n L_n + R_n + D_n + B_n$$

其中，$R_n = \sum_{j=1}^{J} \sum_{i=1}^{N} \tau_{ni}^j M_{ni}^j$，$M_{ni}^j = X_n^j \frac{\pi_{ni}^j}{1+\tau_{ni}^j}$ 表示n国从i国j行业的进口；n国j行业的贸易逆差为$D_n^j = \sum_{i=1}^{N} M_{ni}^j - \sum_{i=1}^{N} E_{ni}^j$，$E_{ni}^j = X_i^j \frac{\pi_{in}^j}{1+\tau_{in}^j}$ 表示n国j行业对i国的出口。在均衡时，

$$D_n = \sum_{j=1}^{J} \sum_{i=1}^{N} X_n^j \frac{\pi_{ni}^j}{1+\tau_{ni}^j} - \sum_{j=1}^{J} \sum_{i=1}^{N} X_i^j \frac{\pi_{in}^j}{1+\tau_{in}^j}$$

n国的利息收入为$B_n = \sum_{j=1}^{J} \sum_{i=1}^{N} \frac{r_n^j}{1+r_n^j} X_i^j \frac{\pi_{in}^j}{1+\tau_{in}^j}$。

7. 基准均衡

给定L_n，D_n，λ_n^j和d_{ni}^j，对于任意关税τ与利率r，均衡状态下的工资向量$w \in R_{++}^N$和价格$\{P_n^j\}_{j=1,n=1}^{J,N}$使所有国家与行业均满足均衡条件：

最低生产成本：$c_n^j = (1+r_n^j)\left(\frac{w_n}{\gamma_n^j}\right)^{\gamma_n^j} \prod_{k=1}^{J} \left(\frac{P_n^{k,j}}{\gamma_n^{k,j}}\right)^{\gamma_n^{k,j}}$

最优价格：$P_n^j = A^j \left[\sum_{i=1}^{N} \lambda_i^j (c_i^j \kappa_{ni}^j)^{-\theta}\right]^{-\frac{1}{\theta}}$

最优贸易结构：$\pi_{ni}^j = \frac{X_{ni}^j}{X_n^j} = \frac{\lambda_i^j (c_i^j \kappa_{ni}^j)^{-\theta}}{\sum_{h=1}^{N} \lambda_h^j (c_h^j \kappa_{nh}^j)^{-\theta}}$

最优支出结构：$X_n^j = \sum_{k=1}^{J} \frac{\gamma_n^{j,k}}{1+r_n^k} \sum_{i=1}^{N} X_i^k \frac{\pi_{in}^k}{1+\tau_{in}^k} + \alpha_n^j I_n$

贸易平衡：$D_n = \sum_{j=1}^{J} \sum_{i=1}^{N} X_n^j \frac{\pi_{ni}^j}{1+\tau_{ni}^j} - \sum_{j=1}^{J} \sum_{i=1}^{N} X_i^j \frac{\pi_{in}^j}{1+\tau_{in}^j}$

我们使用x'表示冲击后的变量，用$\hat{x} = \frac{x'}{x}$表示变量的变化程度。在关税调整的冲击下，得到以下相对均衡条件：

生产成本：$\hat{c}_n^j = \hat{w}_n^{\gamma_n^j} \prod_{k=1}^{J} \hat{P}_n^{k\gamma_n^{k,j}}$

价格指数：$\hat{P}_n^j = \left[\sum_{i=1}^{N} \pi_{ni}^j (\hat{c}_i^j \hat{\kappa}_{ni}^j)^{-\theta}\right]^{-\frac{1}{\theta}}$

双边贸易份额：$\hat{\pi}_{ni}^j = \left(\frac{\hat{c}_i^j \hat{\kappa}_{ni}^j}{\hat{P}_n^j}\right)^{-\theta}$

n 国 j 行业的总支出：$X_n^{j'} = \sum_{k=1}^{J} \frac{\gamma_n^{j,k}}{1+r_n^k} \sum_{i=1}^{N} \frac{\pi_{in}^{k'}}{1+\tau_{in}^{k'}} X_i^{k'} + \alpha_n^j I'_n$

贸易平衡：$\sum_{j=1}^{J} \sum_{i=1}^{N} \frac{\pi_{ni}^{j'}}{1+\tau_{ni}^{j'}} X_n^{j'} - D_n = \sum_{j=1}^{J} \sum_{i=1}^{N} \frac{\pi_{in}^{j'}}{1+\tau_{in}^{j'}} X_i^{j'}$

其中，

$$I'_n = \hat{w}_n w_n L_n + \sum_{j=1}^{J} \sum_{i=1}^{N} \tau_{ni}^{j'} X_n^{j'} \frac{\pi_{ni}^{j'}}{1+\tau_{ni}^{j'}} + D_n + \sum_{j=1}^{J} \frac{r_n^j}{1+r_n^j} \sum_{i=1}^{N} X_i^{j'} \frac{\pi_{in}^{j'}}{1+\tau_{in}^{j'}}$$

$$\hat{\kappa}_{ni}^j = \frac{1+\tau_{ni}^{j'}}{1+\tau_{ni}^j}$$

我们用 $W_n = \frac{I_n}{P_n}$ 表示 n 国 福利，使用 $\mathrm{dln}\, W_n$ 表示福利的变化幅度。在基准模型中，我们将福利的变化拆分成贸易条件效应、进口贸易量效应以及出口贸易量效应：

$$\begin{aligned}
\mathrm{dln} W_n = & \frac{1}{I_n} \sum_{j=1}^{J} \sum_{i=1}^{N} (E_{ni}^j\, \mathrm{dln}\, c_n^j - M_{ni}^j\, \mathrm{dln}\, c_i^j) \text{ 贸易条件效应} \\
& + \frac{1}{I_n} \sum_{j=1}^{J} \sum_{i=1}^{N} \tau_{ni}^j M_{ni}^j (\mathrm{dln}\, M_{ni}^j - \mathrm{dln}\, c_i^j) \text{ 进口贸易量效应} \\
& + \frac{1}{I_n} \sum_{j=1}^{J} \sum_{i=1}^{N} \frac{r_n^j}{1+r_n^j} E_{ni}^j (\mathrm{dln}\, E_{ni}^j - \mathrm{dln}\, c_n^j) \text{ 出口贸易量效应}
\end{aligned}$$

8. 拓展研究

（1）自然灾害与金融支持。

我们允许 λ_n^j 发生变动，用以模拟国家的生产力发生变动。相对均衡条件为：

生产成本：$\hat{c}_n^j = \hat{w}_n^{\gamma_n^j} \prod_{k=1}^{J} \hat{P}_n^{k\,\gamma_n^{k,j}}$

价格指数：$\hat{P}_n^j = \left[\sum_{i=1}^{N} \pi_{ni}^j \hat{\lambda}_i^j (\hat{c}_i^j)^{-\theta}\right]^{-\frac{1}{\theta}}$

双边贸易份额：$\hat{\pi}_{ni}^j = \hat{\lambda}_i^j \left(\frac{\hat{c}_i^j}{\hat{P}_n^j}\right)^{-\theta}$

n 国 j 行业的总支出：$X_n^{j'} = \sum_{k=1}^{J} \frac{\gamma_n^{j,k}}{1+r_n^k} \sum_{i=1}^{N} \frac{\pi_{in}^{k'}}{1+\tau_{in}^k} X_i^{k'} + \alpha_n^j I'_n$

贸易平衡：$\sum_{j=1}^{J}\sum_{i=1}^{N}\frac{\pi_{ni}^{j'}}{1+\tau_{ni}^{j}}X_{n}^{j'}-D_{n}=\sum_{j=1}^{J}\sum_{i=1}^{N}\frac{\pi_{in}^{j'}}{1+\tau_{in}^{j}}X_{i}^{j'}$

其中，

$$I'_{n}=\hat{w}_{n}w_{n}L_{n}+\sum_{j=1}^{J}\sum_{i=1}^{N}\tau_{ni}^{j}X_{n}^{j'}\frac{\pi_{ni}^{j'}}{1+\tau_{ni}^{j}}+D_{n}$$
$$+\sum_{j=1}^{J}\frac{r_{n}^{j}}{1+r_{n}^{j}}\sum_{i=1}^{N}X_{i}^{j'}\frac{\pi_{in}^{j'}}{1+\tau_{in}^{j}}$$

$$\hat{\lambda}_{i}^{j}=\frac{\lambda_{i}^{j'}}{\lambda_{i}^{j}}$$

生产力冲击下的福利变化为：

$$\mathrm{d}\ln W_{n}=\frac{1}{I_{n}}\sum_{j=1}^{J}\sum_{i=1}^{N}(E_{ni}^{j}\mathrm{d}\ln c_{n}^{j}-M_{ni}^{j}\mathrm{d}\ln c_{i}^{j})\text{ 贸易条件效应}$$
$$+\frac{1}{I_{n}}\sum_{j=1}^{J}\sum_{i=1}^{N}\tau_{ni}^{j}M_{ni}^{j}(\mathrm{d}\ln M_{ni}^{j}-\mathrm{d}\ln c_{i}^{j})\text{ 进口贸易量效应}$$
$$+\frac{1}{I_{n}}\sum_{j=1}^{J}\sum_{i=1}^{N}\frac{r_{n}^{j}}{1+r_{n}^{j}}E_{ni}^{j}(\mathrm{d}\ln E_{ni}^{j}-\mathrm{d}\ln c_{n}^{j})\text{ 出口贸易量效应}$$
$$+\frac{1}{I_{n}}\sum_{j=1}^{J}\frac{1}{\theta^{j}}\sum_{i=1}^{N}(1+\tau_{ni}^{j})M_{ni}^{j}\mathrm{d}\ln\lambda_{i}^{j}\text{ 生产力冲击效应}$$

（2）制裁与金融支持。

在基准模型中，我们通过调整关税来模拟贸易战，通过调整冰山成本来模拟非关税制裁。相对均衡条件为：

生产成本：$\hat{c}_{n}^{j}=\hat{w}_{n}^{\gamma_{n}^{j}}\prod_{k=1}^{J}\hat{P}_{n}^{k\,\gamma_{n}^{k,j}}$

价格指数：$\hat{P}_{n}^{j}=\left[\sum_{i=1}^{N}\pi_{ni}^{j}\ (\hat{c}_{i}^{j}\hat{\kappa}_{ni}^{j})^{-\theta^{j}}\right]^{-\frac{1}{\theta}}$

双边贸易份额：$\hat{\pi}_{ni}^{j}=\left(\frac{\hat{c}_{i}^{j}\hat{\kappa}_{ni}^{j}}{\hat{P}_{n}^{j}}\right)^{-\theta^{j}}$

n 国 j 行业的总支出：$X_{n}^{j'}=\sum_{k=1}^{J}\frac{\gamma_{n}^{j,k}}{1+r_{n}^{k}}\sum_{i=1}^{N}\frac{\pi_{in}^{k'}}{1+\tau_{in}^{k}}X_{i}^{k'}+\alpha_{n}^{j}I'_{n}$

贸易平衡：$\sum_{j=1}^{J}\sum_{i=1}^{N}\frac{\pi_{ni}^{j'}}{1+\tau_{ni}^{j}}X_{n}^{j'}-D_{n}=\sum_{j=1}^{J}\sum_{i=1}^{N}\frac{\pi_{in}^{j'}}{1+\tau_{in}^{j}}X_{i}^{j'}$

其中，

$$I'_{n}=\hat{w}_{n}w_{n}L_{n}+\sum_{j=1}^{J}\sum_{i=1}^{N}\tau_{ni}^{j}X_{n}^{j'}\frac{\pi_{ni}^{j'}}{1+\tau_{ni}^{j}}+D_{n}$$

$$+\sum_{j=1}^{J}\frac{r_n^j}{1+r_n^j}\sum_{i=1}^{N}X_i^{j'}\frac{\pi_{in}^{j'}}{1+\tau_{in}^j}$$

$$\hat{\kappa}_{ni}^j=\frac{d_{ni}^{j'}}{d_{ni}^j}$$

非关税制裁下的福利变化为：

$$\mathrm{dln}W_n=\frac{1}{I_n}\sum_{j=1}^{J}\sum_{i=1}^{N}(E_{ni}^j\,\mathrm{dln}c_n^j-M_{ni}^j\,\mathrm{dln}c_i^j)\text{ 贸易条件效应}$$

$$+\frac{1}{I_n}\sum_{j=1}^{J}\sum_{i=1}^{N}\tau_{ni}^j M_{ni}^j(\mathrm{dln}M_{ni}^j-\mathrm{dln}c_i^j)\text{ 进口贸易量效应}$$

$$+\frac{1}{I_n}\sum_{j=1}^{J}\sum_{i=1}^{N}\frac{r_n^j}{1+r_n^j}E_{ni}^j(\mathrm{dln}E_{ni}^j-\mathrm{dln}c_n^j)\text{ 出口贸易量效应}$$

$$-\frac{1}{I_n}\sum_{j=1}^{J}\sum_{i=1}^{N}(1+\tau_{ni}^j)M_{ni}^j\,\mathrm{dln}d_{ni}^j\text{ 非关税制裁效应}$$

（3）全球金融体系变革与全球合作。

进一步地，我们通过调整全球所有国家利率水平来模拟金融支持的福利效应。相对均衡条件为：

生产成本：$\hat{c}_n^j=\hat{R}_n^j\hat{w}_n^{\gamma_n^j}\prod_{k=1}^{J}\hat{P}_n^{k\gamma_n^{k,j}}$

价格指数：$\hat{P}_n^j=\left[\sum_{i=1}^{N}\pi_{ni}^j(\hat{c}_i^j)^{-\theta^j}\right]^{-\frac{1}{\theta^j}}$

双边贸易份额：$\hat{\pi}_{ni}^j=\left(\frac{\hat{c}_i^j}{\hat{P}_n^j}\right)^{-\theta^j}$

n 国 j 行业的总支出：$X_n^{j'}=\sum_{k=1}^{J}\frac{\gamma_n^{j,k}}{1+r_n^{k'}}\sum_{i=1}^{N}\frac{\pi_{in}^{k'}}{1+\tau_{in}^k}X_i^{k'}+\alpha_n^j I'_n$

贸易平衡：$\sum_{j=1}^{J}\sum_{i=1}^{N}\frac{\pi_{ni}^{j'}}{1+\tau_{ni}^j}X_n^{j'}-D_n=\sum_{j=1}^{J}\sum_{i=1}^{N}\frac{\pi_{in}^{j'}}{1+\tau_{in}^j}X_i^{j'}$

其中，

$$I'_n=\hat{w}_n w_n L_n+\sum_{j=1}^{J}\sum_{i=1}^{N}\tau_{ni}^j X_n^{j'}\frac{\pi_{ni}^{j'}}{1+\tau_{ni}^j}+D_n$$

$$+\sum_{j=1}^{J}\frac{r_n^{j'}}{1+r_n^{j'}}\sum_{i=1}^{N}X_i^{j'}\frac{\pi_{in}^{j'}}{1+\tau_{in}^j}$$

$$\hat{R}_n^j=\frac{1+r_n^{j'}}{1+r_n^j}$$

金融支持下的福利变化为：

$$\text{dln}W_n = \frac{1}{I_n}\sum_{j=1}^{J}\sum_{i=1}^{N}(E_{ni}^j \, \text{dln}c_n^j - M_{ni}^j \, \text{dln}c_i^j) \text{ 贸易条件效应}$$

$$+\frac{1}{I_n}\sum_{j=1}^{J}\sum_{i=1}^{N} \tau_{ni}^j M_{ni}^j (\text{dln}M_{ni}^j - \text{dln}c_i^j) \text{ 进口贸易量效应}$$

$$+\frac{1}{I_n}\sum_{j=1}^{J}\sum_{i=1}^{N} \frac{r_n^j}{1+r_n^j} E_{ni}^j (\text{dln}E_{ni}^j - \text{dln}c_n^j) \text{ 出口贸易量效应}$$

（4）金融风险管理。

一方面，从微观主体层面而言，保险使微观主体所受损失减轻，等价于冰山成本降低；另一方面，从宏观层面而言，保险并不能无中生有，因此冰山成本的降低在一般均衡中仍由家庭承担。鉴于在本模型中国际贸易成本为$\kappa_{ni}^j=(1+\tau_{ni}^j)d_{ni}^j$，因此从企业视角来看，关税与冰山成本等价，而从宏观上看，关税也会最终返还给家庭，因此可以用关税降低来模拟保险。

具体来说，为了考察所有国家间贸易的冰山成本降低 25%所带来的福利效应，设定对于所有贸易品行业都有$\hat{\kappa}_{ni}^j=\frac{1+\tau_{ni}^{j'}}{1+\tau_{ni}^j}=\frac{(1+\tau_{ni}^j)\times 0.75}{1+\tau_{ni}^j}$，其他均衡条件和基准均衡条件相同。

第 4 章

资金融通与全球供应链

本章从资金融通对全球供应链韧性的影响切入，引出其作用路径及具体方法实践，并为金融体系支持全球供应链稳定发展提出建议。全球供应链的安全稳定离不开国际货币金融因素的有效支持：一方面，金融体系通过降低融资成本、缓解融资约束为全球供应链提供必要的资金保障和流动性支持；另一方面，融资约束缓解有助于提高生产效率，促进产业升级与创新，降低“卡脖”“断链”风险，从而提升供应链的风险抵御能力，提高全球供应链韧性。金融助力提升全球供应链韧性的具体实践主要体现在以下四个方面：(1) 供应链金融能够有效帮助小微企业缓解融资困境，提升全球供应链参与度；(2) 跨境贷款是弥补发展中国家融资缺口的重要资金来源；(3) 贸易融资可以帮助全球中小企业解决资金短缺问题，助力中小企业融入全球供应链；(4) 跨境投资有助于国际资金间的互联互通。从长远来看，我国应坚持金融服务实体经济，以金融创新更好地服务科技创新，推进金融高水平开放，助力提高全球供应链韧性。

4.1 金融体系与全球供应链韧性

4.1.1 全球供应链韧性及其影响因素

(一) 全球供应链韧性面临的主要挑战

全球供应链作为一种复杂的经济网络，它的稳定性主要受到三种因素的影响，即供应链关键节点的稳定性、供应链网络本身的结构韧性以及供应链网络处理安全和发展关系的能力。目前全球供应链韧性面临的主要挑战包括以下两点。

(1) 供应链卡点、断点、堵点风险提高。由于国际地缘冲突爆发等一系列因素，近年来全球产业链遭遇持续冲击，造成需求收缩、价格上涨，某些供应链的关键节点中断，对全球经济繁荣造成冲击。对于大多数发展中国家而言，由于核心技术及生产的关键环节都掌握在发达国家的核心企业手中，部分生产要素或产品高度依赖进口，一旦出口国实施出口禁运政策就会造成整个供应链无法正常循环，带来巨大的发展风险及隐患。

(2) 全球供应链治理赤字持续增长。全球供应链体系的"同盟化"导致逆全球化及供应链快速收缩的风险急剧上升。部分发达国家通过对产业链运行和发展的关键技术与核心环节进行控制来达到主导、塑造全球产业分工的目的，使得部分发展中国家难以参与到全球分工合作中来，传统的以比较优势为基础的产业链供应链合作基础受到冲击。

（二）提高供应链韧性的可行途径

(1) 深化开放合作，实现全球供应链布局多元化。供应链布局选择会增强或削弱遭受冲击的全球供应链的韧性。供应链布局过于集中、从单一供应商处采购、依靠定制材料却很少有替代品等做法都会加剧外部环境冲击给供应链带来的破坏，并延长公司的恢复时间。供应网络的地理集中度可能成为影响供应链韧性的一个薄弱点。麦肯锡的数据显示，在全球范围内，约有180种交易产品（2018年价值约为1 340亿美元）由单个国家占据绝大部分出口。

通过深化国际合作进行全球供应链的多元化布局将有助于减少对单一国家或单一企业的产品、技术的依赖，从而增强全球供应链的韧性和稳定性。然而，由于资金、技术受到限制，产业竞争力不强等原因，发展中国家的全球供应链参与度受限。通过对比GDP前5名的发达国家和发展中国家的商品和服务出口额占全球的比重（见图4-1）可知，除中国凭借自身优势广泛参与全球供应链外，其余发展中国家的全球供应链参与度并不高。因此，促进全球供应链布局多元化的途径之一是提高发展中国家在全球供应链中的竞争力，提升其参与度。

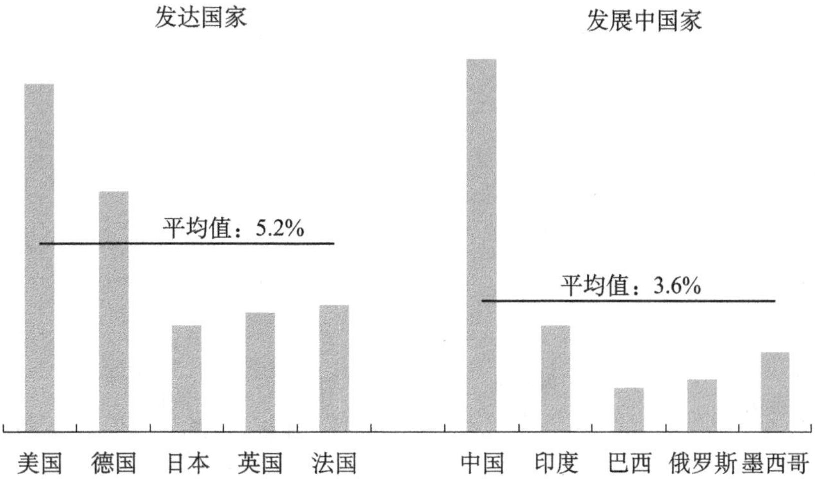

图 4-1　发达国家与发展中国家商品和服务出口额占全球的比重对比

资料来源：OECD.

(2) 补齐“短板”，实现核心技术领域创新突破。在供应链上，产业基础能力（具体体现为关键基础材料、核心基础零部件、先进技术工艺等）直接决定了供应链的韧性。供应链的这些关键环节和关键因素一旦受到外来因素冲击，最易引发供应链断裂。因此，加强供应链韧性必须实现核心技术领域的创新突破，增强自给保障能力。

然而，发展中国家长期处于全球供应链的低端环节，由于缺乏核心技术，长期以来受到“低端锁定”的困局影响。根据 2014 年世界贸易组织发展报告，所谓“低端锁定”是指，在全球供应链发展的过程中发达国家长期掌握核心技术，并利用其核心技术压制发展中国家的知识创造和企业核心竞争力的提升，从而使发展中国家企业丧失竞争力，被限制在全球价值链的低端环节。通过对比发达国家与发展中国家出口产品国内附加值（见图 4-2），发达国家出口产品的国内附加值普遍高于发展中国家，发展中国家在全球供应链参与中缺乏核心技术及竞争优势。

由于增值最多的两个环节——核心技术与品牌销售优势掌握在发达国家的核心企业手中，发展中国家企业在供应链中处于配合的地位，专门从事增值最少的劳动密集型加工装配活动。这不利于发展中国家进行技术开发与创新，导致发展中国家对发达国家的依赖程度提高，不能获得产业的核心竞争优势，在全球供应链中受制于国际市场，存在重要供应链上下游断链风险。

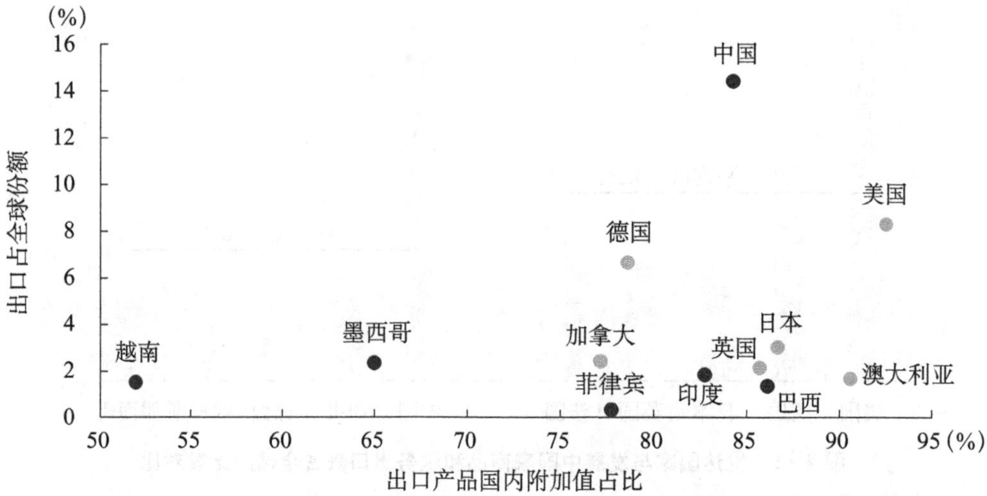

图 4－2　代表性发达国家与代表性发展中国家出口产品国内附加值占比

资料来源：WTO、OECD.

（3）增强全球供应链的抗风险能力。全球产业布局的变化、产业结构的演变、国内外突发因素等都会影响全球供应链的稳定性，因此供应链自身需要有良好的经济韧性和抗风险能力，即维持自身稳定、自我修复、自我完善、防止断裂的能力。增强供应链的抗风险能力可以采取多种措施，包括加强风险管理和提高透明度、通过数字化手段管理供应商和运输网络、增强跨工厂的灵活生产能力、提高应对冲击并从中迅速恢复的财务和运营能力等。

供应链的韧性反映了一国经济抵抗风险的能力的大小，决定了一国经济的安全性。然而大多数发展中国家由于自身技术水平、资金能力欠缺，缺乏抵抗和管理风险的能力，难以在供应链风险来临时做出及时、准确的应对，从而加剧了全球供应链的不稳定性。

4.1.2　金融体系如何提高全球供应链韧性

（一）供应链的安全稳定离不开资金融通

中国是全球供应链稳定的坚定维护者和参与者，我国始终坚持以推动高质量发展为主题，着力提升产业链、供应链韧性和安全水平，维护产业链、供应链安全稳定，提高产业链、供应链韧性和自主可控能力。

而保证供应链的安全稳定离不开金融体系的有效支持，企业通过参与国际贸易的形式参与全球供应链的过程依赖于外部资本，良好发展的金融机构和金融市场是企业进行全球商品和服务交换的必要支持。有效的金融服务有助于及时疏通供应链资金流中的堵点、断点，推动全球供应链协同有序发展。金融市场与产业部门、贸易部门更加高效的协同有助于供应链上下游有效衔接，推动供应链升级发展，有效提高供应链的全球竞争力。

（二）降低融资成本和缓解融资约束是关键

融资效率提升有助于缓解融资难、融资贵问题，并通过全球供应链使此成本节约效应惠及全球消费者。企业的融资约束会阻碍其在全球供应链中的参与程度。[①] 在参与全球供应链的过程中，技术较为落后的发展中国家企业往往依托国外高技术、高资本密集度的中间投入品进口来实现自身技术水平的提升、生产效率的改进和产品质量的提高。然而，进口高技术的中间投入品往往需要大量的前期成本投入，导致企业需要有强大的外部融资能力才能实现对前期成本的垫付。从这一角度来看，面临较严格的融资约束的企业在开展国际业务的过程中往往无法满足前期成本垫付的需要，导致企业参与全球供应链分工的能力和条件不足，从而影响其在全球供应链中的竞争力和地位跃升。较少的融资约束是促进企业全球供应链嵌入的一种比较优势。[②]

金融体系通过降低融资成本、缓解融资约束，不仅为资金周转困难的环节提供必要的短期流动性支持，而且为供应链优化调整提供稳定的中长期资金保障，有助于促进发展中国家企业深入参与全球供应链，促进开放合作，推动全球供应链布局多元化，从而助力提升供应链稳定性。由于资金成本节约效应和全球供应链市场竞争的存在，全球消费者能够依托全球供应链享受到物美价廉的商品，共享金融发展红利。

缓解融资约束有助于提高生产效率，提升供应链的风险抵御能力。全球供应链稳定与企业的生产效率之间有着密切的联系，生产效率的提高对于提升一个国家在全球供应链中的参与度具有正向促进作用。企业

① 吕越，罗伟，刘斌．融资约束与制造业的全球价值链跃升．金融研究，2016（6）：81-96．

② 马述忠，张洪胜，王笑笑．融资约束与全球价值链地位提升——来自中国加工贸易企业的理论与证据．中国社会科学，2017（1）：83-107．

效率与全球供应链的关系是双向的：一方面，企业可以通过参与全球供应链，学习世界上其他国家的先进技术和工艺，改进自身工作效率；另一方面，企业技术进步所带来的生产效率提升又将成为企业参与全球供应链的一大优势。

目前，发展中国家企业在新型全球供应链分工中仍面临"低端锁定"、核心技术受制于人、企业生产效率不够高及竞争力不够强等困境（吕越，罗伟，2016）。因此，为提高企业在全球供应链中的参与程度，促进供应链韧性提升，需要转变生产方式和生产结构，全面提高企业的生产效率和全球竞争力，使企业在全球供应链中获得更大话语权。在这个过程中，金融市场通过缓解企业融资约束、降低融资成本为企业发展提供所需的资金支持，促进产业转型升级，从而有利于企业生产效率提高，全球供应链参与能力以及风险管理能力增强。而完善的融资功能所带来的成本优势也将进一步提升抵御供应链冲击的能力，进而提升全球供应链韧性。

缓解融资约束有助于促进产业升级与创新，帮助企业掌握核心技术。发展中国家企业在全球供应链中长期面临"低端锁定"问题，而摆脱"低端锁定"这一困境的关键在于创新。发展中国家的产品模块供应商应结合自身资源禀赋的比较优势进行生产，以此切入全球供应链的国际分工，并不断提升自己的科技创新能力，掌握核心技术，提高在全球供应链中的地位，摆脱"低端锁定"这一困境①，从而实现核心技术领域的创新突破，增强自给能力，提高全球供应链韧性。

产品生产可以大致分为实物生产和知识生产，而知识生产（也就是创新）往往占据高附加值的生产环节。根据吕越提出的全球供应链分工中发展中国家创新模式发展阶段（见图 4-3），发展中国家最初是随发达国家跨国企业的全球化布局而被动融入全球供应链的。② 在参与由发达国家主导的全球供应链的过程中，发展中国家由于技术吸收能力不足、对低附加值环节过度依赖以及发达国家为维护自身垄断地位阻碍其创新能

---

① 杨水利，易正广，李韬奋．基于再集成的"低端锁定"突破路径研究．中国工业经济，2014（6）：122-134.

② 吕越，张昊天．中国制造业企业沿价值链创新模式研究：测度、演化特征与驱动机制．四川大学学报（哲学社会科学版），2023（5）：43-63+191-192.

力提升，陷入了核心技术缺失的“低端锁定”困境。

如今，在全球供应链结构重建之时，企业利用金融市场的资金和技术服务，针对价值链中的关键环节进行创新，从而疏通供应链中的技术“难点”“堵点”，提升应对地缘政治冲击所产生的“卡脖子”等问题的能力，维护供应链安全稳定。金融市场为更多企业通过技术合作与自主创新融入全球供应链提供了金融解决方案。

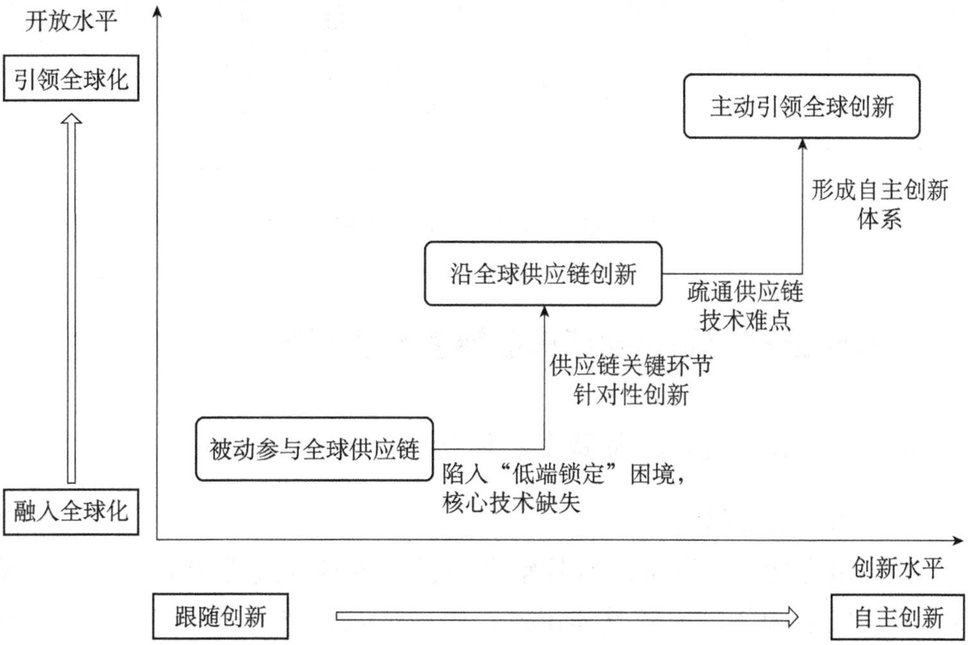

图 4-3　全球供应链分工中发展中国家创新模式发展阶段

（三）金融体系增强全球供应链韧性的主要路径

金融是实体经济的血脉，是畅通供应链、产业链的源头活水。优化并丰富金融供给，为全球供应链注入活力，增强全球供应链韧性是保障全球供应链安全稳定的重要工具。

供应链金融能够有效帮助小微企业缓解融资困境，提升小微企业供应链参与度；跨境贷款是弥补发展中国家融资缺口的重要资金来源；贸易融资则帮助全球中小企业解决资金短缺问题，帮助中小企业融入全球供应链；跨境投资有助于国际资金间的互联互通（见图 4-4）。四条路径都是金融市场增强供应链韧性的有效方式，它们能够降低企业融资成本、缓解融资约束，为企业发展提供资金支持，从而助力企业提升效率、提升全球竞争力以及增强科技创新能力。通过上述途径，企业可以提升实现全球供应链参与度提升、企业核心技术领域创新突破以及供应链抗风险能力增强，最终实现全球供应链的稳定、安全发展。

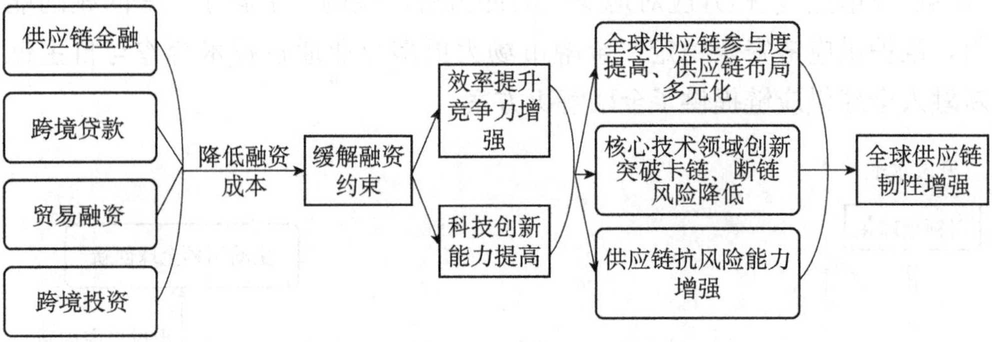

图 4-4　金融体系增强全球供应链韧性的路径

4.2　供应链金融助力全球供应链参与度提升

4.2.1　供应链金融及其发展现状

（一）供应链金融概述

供应链金融是将资金流有效整合到供应链管理过程中的新型融资模式。供应链金融从供应链整体出发，运用金融科技手段，整合物流、现金流、信息流等信息，在真实的交易背景下，建立供应链核心企业与其上下游企业一体化的金融供给体系和风险评估体系，提供系统性的金融解决方案，以迅速响应供应链上企业的融资、结算等需求，降低企业融资成本，提升供应链价值和效率。

供应链金融以核心企业为依托，以真实贸易背景为前提，服务于供应链企业节点间贸易并提供综合服务方案，既为供应链各环节企业提供贸易资金服务，又为供应链弱势企业提供新型贷款融资服务。相较于传统金融模式，供应链金融的主要特点和优势在于其更加专注于供应链中的各方，特别是中小企业的融资需求。供应链金融通过整合供应链上下游的信息，降低了交易的不确定性和信用风险，从而能够为链上的企业提供成本更低、更灵活的融资解决方案。此外，供应链金融利用实时的供应链数据，能更准确地评估企业的经营状况和风险水平，提高资金使用的效率和安全性。

单个企业流动资金占用主要有应收账款、存货和预付账款三种模式，而金融机构按照担保措施的不同，从风险控制和解决方案的角度出发，将供应链金融的基础产品分为应收款融资、存货融资和预付款融资三大类。商业银行是供应链金融业务的主要机构参与者，在供应链金融服务中发挥着关键作用。商业银行针对各企业实际情况，依托上述三类基础产品，为各企业提供针对性综合融资服务，实现了资金流、物流、信息流等多方面的统一。图 4－5 展示了供应链金融的架构。

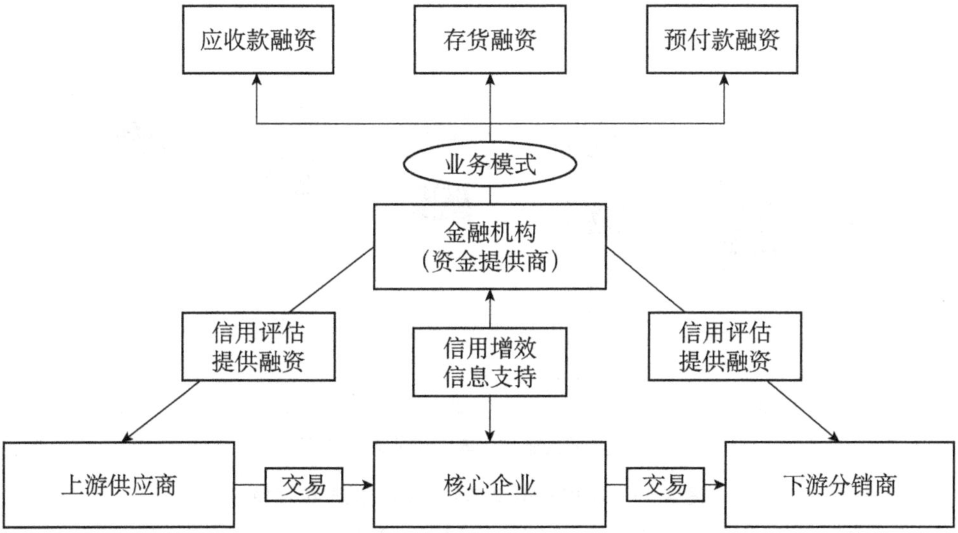

图 4－5　供应链金融的架构

(二) 全球供应链金融蓬勃发展

全球供应链金融呈现快速发展的趋势，潜力巨大。2020 年，全球供应链金融市场规模达到 1.31 万亿美元，同比增长 35%，预计未来 3～5 年将以 17.1%的复合增长率继续高速增长，有望在 2025 年突破 3 万亿美元。[①] 标普全球旗下研究公司 Coalition 的数据显示，2021 年上半年，全球供应链金融收入同比增长约 71%，全球供应链金融蓬勃发展。

中国是全球最大且增长最快的供应链金融市场之一。在不断扩大的贸易活动、较高的融资渗透率和有利监管政策的推动下，中国供应链金融市

① 英国出版公司．2021 年世界供应链金融报告，2021.

场近年来迅速增长。有利的监管风向加上不断扩张的企业融资需求推动中国成为全球最大且增长最快的供应链金融市场之一。千际投行发布的《2023 年中国供应链金融研究报告》显示，截至 2022 年中国供应链金融市场规模已达 32.3 万亿元（见图 4－6），2018—2022 年的复合增长率为 12.5%，供应链金融发展迅速。随着强劲增长势头的持续，企业正越来越多地利用供应链资产来优化运营资金和获得融资，预计中国供应链金融市场仍将进一步发展。

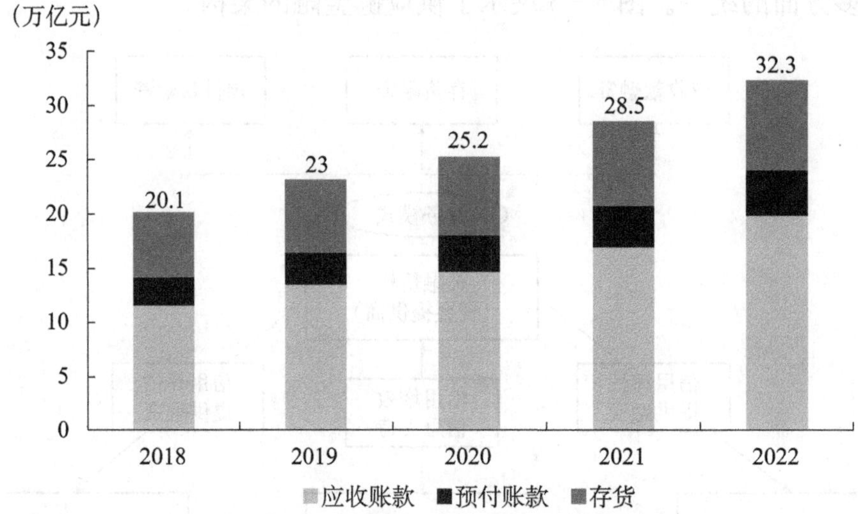

图 4－6　2018—2022 年供应链金融市场规模

资料来源：千际投行．2023 年中国供应链金融研究报告，2023.

4.2.2　供应链金融助力全球供应链韧性增强

（一）中小微企业融资痛点分析

中小微企业在中国经济市场中占有重要地位，近年来融资需求快速增长。中国银行业协会数据显示，2018—2022 年中国银行业金融机构发放给小微企业的贷款余额的年复合增长率接近 16%（见图 4－7）。但是，现存银行信贷体系难以满足中小微企业日益增长的融资需求。中小微企业的经济贡献和地位与其从金融系统获得的信贷支持有较大差距：2022 年末，尽管中小微企业群体贡献了超过 60%的中国经济总量，但其获得的资金量仅占中国社会融资总规模的约 30%。

与此同时，中小微企业还面临着融资渠道单一、银行审批放款批准

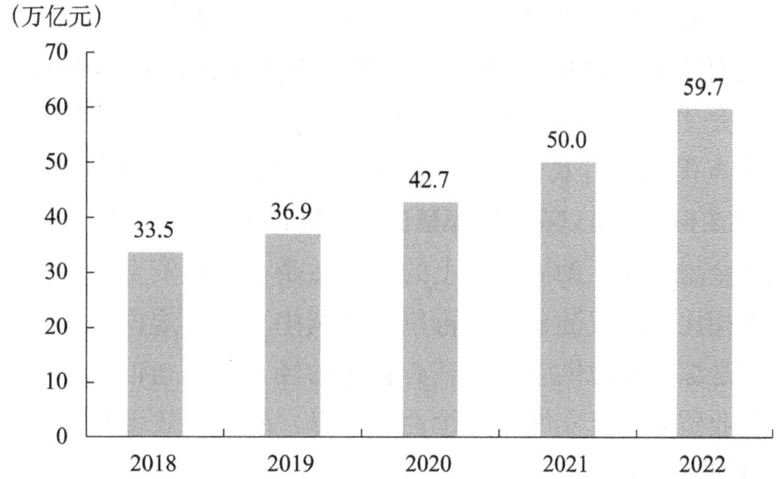

图 4－7　2018—2022 年中国银行业金融机构发放给小微企业的贷款余额

资料来源：中国银行业协会．

难、融资成本高企等痛点。一方面，由于“规模歧视”现象的存在，中小微企业偿还贷款能力差、贷款风险较高，导致其在银行机构的融资成功率不高，造成了“融资难”问题。另一方面，不同融资渠道平均资金成本不同（见图 4－8），不同企业的融资成本也存在一定差异，民营企业、中小企业的贷款利率通常高于大型企业，且有较多需采用抵押、质押等方式进行贷款，造成了“融资贵”问题。金融机构传统的信贷体系难以解决中小微企业现存痛点。

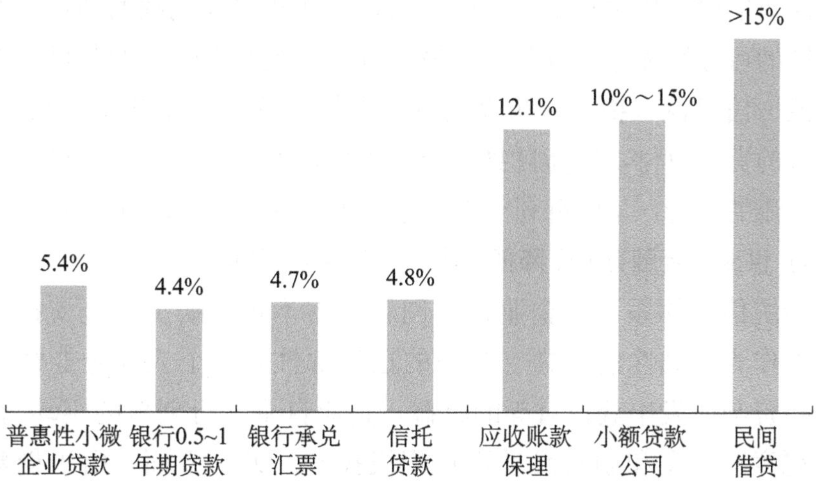

图 4－8　2022 年不同融资渠道平均资金成本

资料来源：灼识咨询．

虽然全球各大金融机构为保障全球供应链有序运转提供了关键的资金支持，但对广大发展中国家的中小微经济体来说，获得参与全球供应链的融资仍是阻碍其提高全球供应链参与度的最大痛点。而供应链金融为解决此痛点提供了有效帮助，有助于提升全球供应链参与度。

（二）供应链金融可以有效缓解融资约束和供应链失衡问题

供应链金融能够帮助供应链上的中小微企业解决资金梗阻问题。与传统银行业务相比，供应链金融不再单纯强调中小企业规模、固定资产价值等信息，而是综合考虑供应链上核心企业的经营规模与信用实力、核心企业与中小企业贸易的真实性和连续性等信息，能够有效缓解中小企业融资难题。银行将交易过程中的应收款项、存货、预付款项等作为质抵押品，有效促进了中小企业信用增级。而供应链上中小企业资产价值的实现取决于核心企业的信用水平，金融产品的风险与核心企业授信风险相近，有助于提高中小企业授信额度。供应链金融为中小企业提供配套融资服务，围绕全球供应链上的大型核心企业，银行将资金有效注入相对弱势的上下游配套的中小企业中，缓解了企业融资约束，解决了中小企业的融资难题以及因此面临的供应链中断风险，提高了中小企业资金的流动性，为其更好地参与全球供应链，进而维护全球供应链韧性与稳定提供了有力的资金支持。

（三）供应链金融可以提高供应链体系的流动性和稳定性

一方面供应链金融可以将银行信用融入上下游企业的购销行为中，增强企业商业信用，从而有助于供应链上各企业建立长期战略协同关系，提升供应链的可控性和综合竞争力。另一方面，企业在银行的帮助下能够整合资金流、信息流、物流，在收到对方支付的款项后能够及时跟进物流，实现高效的资金收付，提高自身的全要素生产率水平，加速供应链整体物流和资金流的运转，从而有利于供应链整体价值和竞争力的提升。

（四）供应链金融有助于降低“卡脖”“断链”风险

在传统信贷体系下，企业自主创新动力不足，缺少资金支持。一方面，创新作为基础性活动具有较强的正外部性，而个人和企业往往难以从创新投资与研发中获得对等的收益，企业自主进行创新的驱动力不足，从而不愿意对研发和创新活动进行积极投资。另一方面，由于创新型企业的规模一般较小且创新过程充满不确定性，所以其难以得到银行等的信贷资金支持。根据国家知识产权局发布的《2019 年中国专利调查报告》，90.2%的企业研发费用来自自有资金。初创企业往往资金规模小，没有能力进行创新性研究和开发，而从成功率来看，初创企业的平均存活期仅为2.5年，初创企业较短的存活期拉低了创新的整体质量，难以有效发挥创新对经济的拉动作用，也难以通过创新实现核心关键领域的技术突破，维护供应链的安全稳定。

供应链金融为企业创新提供了重要的资金来源，有利于企业通过技术创新突破核心技术瓶颈，增强供应链自给保障能力，从而降低"卡链、堵链、断链"风险，维护供应链的安全稳定。与此同时，通过对创新型企业的重视与关注，引导资金投入企业的技术创新之中，促进企业产品附加值的提高，也有助于提高企业生产效率，帮助发展中国家摆脱"低端锁定"的困境。

4.2.3 中国鼓励发展供应链金融成效显著

供应链金融对于稳定全球供应链，提高全球供应链韧性，解决中小微企业融资难题具有极其重要的意义。中国高度重视供应链金融的发展，2021年的政府工作报告中首次提及要创新供应链金融服务模式，体现了国家层面对供应链金融的重视。2021年12月发布的《"十四五"国内贸易发展规划》指出："稳步推进供应链金融发展，丰富供应链金融服务产品，规范发展供应链存货、仓单和订单融资，开展供应链金融资产证券化，提高中小微企业应收账款融资效率。"在相关政策的鼓励和引领下，我国供应链金融发展迅速，取得了显著成果。

（一）商业银行供应链金融快速成长

商业银行是中国供应链金融的最初探索者。2006年，平安银行首次提出发展供应链业务，并于2009年首次提供线上供应链金融服务，为粮食、汽车、有色、钢铁等多个行业的供应链企业提供一揽子金融解决方案，有效覆盖了"供-产-销"整条供应链，为供应链上的单个企业及上下游企业解决融资问题。自此，越来越多的商业银行加入供应链金融的实践中，例如，中国银行的线上融资产品"中银智链·融易信"，为产业链上游多级供应商提供全流程线上化、纯信用的融资保理服务。截至2022年，中国银行累计为供应链核心企业和上下游企业分别提供了2.5万亿元流动性支持和2.2万亿元表内外贸易融资支持。除中国银行以外，中国工商银行也利用创新性金融工具“工银 e 信”，发挥区块链去中心、防篡改、可追溯的技术优势，不仅可以使供应链核心企业付款承诺数字化、标准化、可拆分、可融资，解决了供应链核心企业信用难以沿产业链跨级传递的难题，精准匹配各级客户融资需求，还能够满足企业在上游签约、备货、发货以及下游分销、零售等环节的融资需求。截至 2022 年末，中国工商银行普惠贷款余额突破 1.5 万亿元，普惠型小微企业贷款户突破 100 万户。

（二）政策性银行供应链金融发展成效显现

在相关政策引导下，中国政策性银行纷纷发力供应链金融，为中小企业参与全球供应链提供强有力的资金支持。其中，国家开发银行建立了与各级地方工信部门、地方商业银行、政策性担保机构的多层级合作机制，加大对“专精特新”中小企业的融资支持。2022 年，国家开发银行共发放本币贷款和小微企业转贷款超过 3 万亿元，人民币贷款余额新增 1.06 万亿元。中国进出口银行着眼高端制造业链条上的中小企业，通过特色产品，集中金融资源，推动制造业强龙头、壮集群，发挥保理 E 贷在保障供应链顺畅运转中的作用，推动核心企业信用向上下游中小微企业传导。截至 2023 年 3 月末，中国进出口银行普惠小微贷款余额超过1 700 亿元，累计服务小微企业近 32 万户。中国农业发展银行积极搭建“线上＋线下”协同格局，开发了农发微众快贷、小微智贷等信贷系统，创新“产业链＋供应链”服务模式，重点支持供应链生态场景中的小微企业协同发展，助力涉农供应链稳定循环。截至 2023 年 4 月底，中国农业发展银行线上小微贷款累计发放额达 1 016.83 亿元，惠及小微企业 6 万余户。

4.3　境外贷款助力缓解全球供应链融资缺口

4.3.1　中国境外贷款发展现状

（一）境外贷款及其特点

境外贷款是指具备国际结算业务能力的境内银行在经批准的经营范围内直接向境外企业发放本外币贷款，或者通过向境外银行融出资金等方式间接向境外企业发放一年期以上本外币贷款的行为。

中国境外贷款主要有以下典型特征：

（1）主要通过国有银行发放。中国的境外贷款以官方形式为主，主要通过国有政策性银行发放。世界银行《国际债务统计》（IDS）数据表明，2000—2021年，中国对中低收入国家贷款中官方贷款的年平均占比为87.01%，而同期世界对中低收入国家贷款中官方贷款的年平均占比仅为21.34%，中国境外贷款的官方性较强，对外贷款主要通过政府、国有政策性银行、国有商业银行提供。

（2）利率优惠明显。2001—2021年中国对中低收入发展中国家的平均贷款年利率为2.88%，而世界同期贷款年利率水平为3.81%。中国境外贷款的利率成本较低，利率优惠明显。与此同时，从优惠贷款的比例来看，中国对中低收入国家优惠贷款比例维持在较高水平，2005年之前这一比例甚至维持在30%以上，远高于同期世界其他国家水平。

（3）主要用途为支持基础设施建设及能源开发。中国境外贷款多投向于能带动当地经济和产业发展的基础设施及能源领域。波士顿大学全球发展政策中心旗下的中国海外发展金融（China's Overseas Development Finance，CODF）数据库的数据显示，2008—2021年中国对外贷款承诺用于开采和管道、交通及运输、电力部门的比重分别为25.7%、23.09%和17.37%，高于世界平均水平。中国境外贷款有力地支持了发展中国家的经济建设，为其参与全球供应链、促进全球供应链稳定发展提供了重要帮助。

（二）中国境外贷款发展现状

随着中国经济的崛起，中国不仅成为世界上最大的贸易出口国，也成为很多国家重要的融资资金来源国。伴随着"一带一路"倡议的启动，中国金融机构不断"走出去"为"一带一路"共建国家提供资金支持，这有力地推动了中国境外贷款的增长。近年来，中国境外贷款额不断攀升。根据中国人民银行的数据，截至2023年12月，中国金融机构境外贷款金额超过4.2万亿元（见图4-9）。

从图4-10可以看出，近年来，中国境外贷款占GDP的比重保持相对稳定，表明境外贷款额增速与GDP增速基本相当；而境外贷款占中国对外投资总额的比重则有所提升，反映了中国境外贷款蓬勃发展，成为我国"走出去"的重要抓手之一。

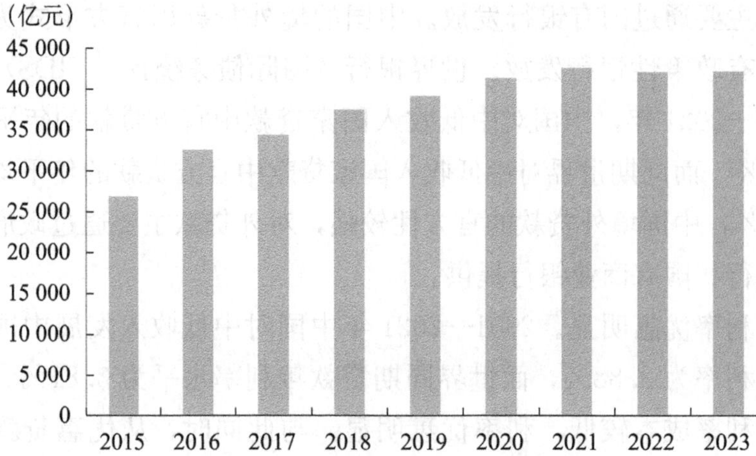

图 4－9　中国金融机构境外贷款金额

资料来源：中国人民银行．

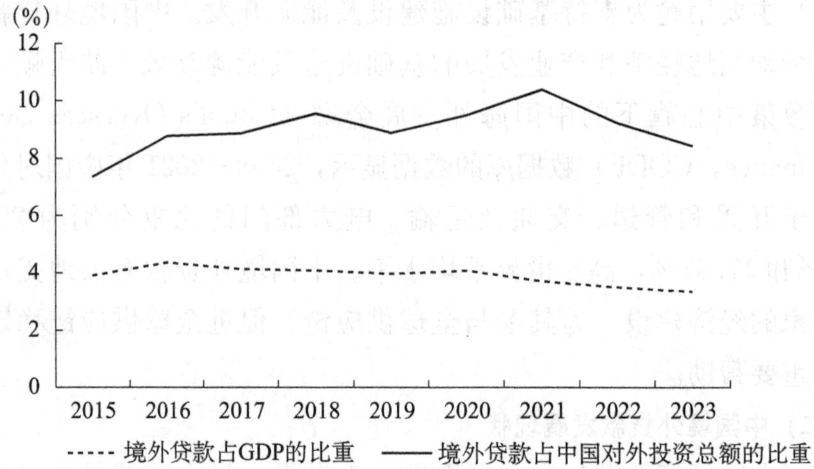

图 4－10　境外贷款占 GDP 和中国对外投资总额的比重变化

资料来源：国家外汇管理局、国家统计局．

4.3.2　境外贷款有助于提高全球供应链的稳定性

（一）主权借贷更能满足发展中国家的融资需求

发展中国家存在巨大的发展资金缺口。OECD 的研究表明，仅在基础设施建设领域，发展中国家的资金缺口便高达 1 万亿～1.5 万亿美元，造成巨大资金缺口的原因主要是基建项目普遍建设周期较长、资金需求量大、回报周期长。巨大的资金缺口以及基础设施的不完善成为阻碍发展中国家参与全球供应链的关键因素，而境外贷款能够有效弥补资金缺口，因而成为发展中国家参与全球供应链的重要资金来源。

发展中国家能够获得的资金支持主要来自外商直接投资、国际组织官方发展援助以及主权借贷，但不同的外部融资方式适应不同发展阶段的要求。现如今，大部分发展中国家由于投资环境较差，国内市场容量较小，难以有效吸收外部直接投资，有限的资金投入也多服务于私人利益而非国家公共利益。因此，与外商直接投资和官方捐赠相比，主权借贷更能满足发展中国家的融资需求，以国家主权信用作为担保方式的借贷能够有效降低融资成本，同时在资金的使用方面也可以由政府统一规划，从而更好地实现自身产业链、供应链的均衡发展。

（二）境外贷款有助于缓解融资约束

从融资角度来看，融资约束是制约一国供应链发展、影响全球供应链稳定性的重要因素，而外部资金是缓解这一约束的重要手段。中国的境外贷款作为一种外部融资来源可以直接弥补发展中国家在供应链、产业链发展中所面临的融资缺口，助力发展中国家提高生产力并优化产业结构，提高发展中国家在全球供应链中的竞争力和参与度，从而有助于保持全球供应链的韧性。

从投资角度来看，外部主权借款是发展中国家为公共投资提供资金的重要方式，基于外部借贷的公共投资能够对一国经济发展起到促进作用。中国的境外贷款能够形成生产性投资，有助于提高债务国生产力，提高发展中国家的全要素生产率，推动产业、供应链不断完善，有助于全球供应链的稳定、高效发展。

对中国企业而言，境外贷款业务的发展有助于企业更好地“走出去”，参与全球广阔的市场竞争。近年来，随着国外发展机遇增加，中国企业“走出去”的步伐大幅度加快，有的加大了海外销售力度，有的通过海外设厂、并购等多种方式积极拓展海外市场，这一国际化布局过程往往离不开大量的融资支持。境外贷款成为中国企业“走出去”获得境外低成本资金支持的主要融资模式。因此，除支持发展中国家产业发展外，中国金融机构的境外贷款也有效满足了在海外发展的中资企业的融资需求，助力其更好地应用全球生产要素的比较优势，参与全球供应链，维护供应链安全稳定。

专栏 4-1

中资银行境外贷款

在中国企业"走出去"的步伐加快、对外投资并购日趋活跃的背景下，工行、建行、中行等中资银行顺势调整经营策略，高度重视跨境金融业务，国际化步伐大幅度加快，境外贷款不断增长，为供应链发展提供了极大的助力。

案例一：中国银行跨境银团项目

2024 年 3 月 29 日，中国银行上海跨境银团中心成立并发布中国银行跨境银团项目，旨在汇聚中国银行跨境信贷融资专业力量，打造服务"走出去""引进来"企业、助力实体经济发展的平台枢纽，进一步推进高水平制度开发，推动人民币国际化。

近年来，中国银行积极打造上海跨境银团中心，以多元化的方式支持对外开放及"一带一路"建设，通过银团贷款、出口信贷、跨境并购等产品，为一大批产能合作重点项目提供综合金融服务，如支持秘鲁钱凯港码头筹组 9.75 亿美元国际银团；为中资企业出海建设南美洲港口提供融资，以金融力量为南美与中国贸易注入新活力；成功联合牵头筹组 9 亿美元乌兹别克斯坦巴什风电和赞克尔迪风电姐妹项目，以金融活水助力中亚地区单体规模最大的陆上风电项目落地；参与牵头筹组总金额 38.97 亿美元全球最大通信绿地项目，有力带动了中国高技术、高附加值产品出口……通过跨境金融服务，有力支持了供应链高水平发展，助力全球供应链稳定。

案例二：中国工商银行跨境人民币商业贷款

2023 年 10 月，中国工商银行北京分行、巴拿马分行与中国工商银行（巴西）有限公司内外联动，携手交通银行成功发放巴西市场首笔跨境人民币商业贷款，标志着跨境人民币贷款业务的里程碑式突破。此项再融资项目主要用于向国家电投集团子公司中国电力下属的圣西芒电站项目发放 17 亿元人民币贷款，以助力项目建设发展。

此笔跨境人民币商业贷款旨在服务中资出海企业。发放人民币贷款能够帮助企业降低融资成本，缓解融资约束，规避汇率风险，同时也有助于后续为巴西各类市场主体提供更多的资金来源与比重选择。此项跨境贷款有力地推动了人民币国际化进程，同时支持了全球供应链企业发展，提高了全球供应链的韧性。

4.4 贸易融资促进供应链包容发展

4.4.1 贸易融资及其发展现状

（一）贸易融资概述

贸易融资是商业银行的业务之一，主要服务于国际国内经济贸易的短期资金融通，旨在促进国与国、企业与企业间的进出口业务。贸易融资主要基于商品交易中的存货、预付款、应收账款等资产，核心在于向进口商或出口商提供与进出口贸易结算相关的短期融资或信用便利。贸易融资主要有以下特点：

（1）自偿性。融资款项的还款来源主要为贸易项下的销售收入或其他相关资金，这种自偿性特征使得银行能够通过控制相关物流和资金流，有效降低贷款风险。

（2）真实性。贸易融资业务必须以真实的贸易为背景，在进行贸易融资前后，企业需向金融机构提供金额不低于融资金额的增值税发票、货物物流或进出口单据等。

（3）封闭性。贸易融资资金需做到专款专用，并在贸易链闭环中流通，严禁转作其他用途。

（4）短期性。贸易融资主要服务于短期资金融通，期限通常与贸易周期相匹配，期限一般不超过 180 天。

（5）灵活性。贸易融资业务形式多样，可以根据企业的实际需求和贸易背景进行定制，例如，企业可以根据不同的贸易方式和结算方式选择适合的融资产品，如进口押汇、出口押汇、信用证等，同时，贸易融资还可以和其他融资方式结合，实现结构性融资。

（二）中国贸易融资发展现状

中国进出口贸易保持稳健增长，贸易融资业务保持良好发展态势。根据世贸组织最新发布的 2023 年全球货物贸易数据，2023 年，中国进出口贸易规模达 5.94 万亿美元，其中，出口 3.38 万亿美元，占国际市场的份额为 14.2%，与 2022 年持平，连续 15 年保持全球第一；进口 2.56 万亿美元，占国际市场的份额为 10.6%，较 2022 年微增，连续 15 年保持全球第二。我国银行业贸易金融业务也实现了结算业务逐年增长、融资业务稳定增长的良好发展态势。2023 年 7 月中国银行业协会发布的《中国贸易金融行业发展报告（2022—2023）》显示，据不完全统计，2022 年我国主要商业银行国际结算业务总量为 10.60 万亿美元，较 2021 年增加 0.51 万亿美元，总体增幅为 5.05%；各主要商业银行国际贸易融资业务量涨跌互现，国际贸易融资业务总量小幅增长 5.69%，同时呈现出表内贸易融资业务占比小幅回落、进口贸易融资业务占比大幅回落等特点；我国主要银行国内信用证结算总量 1.99 万亿元人民币，同比涨幅达 33.16%，增长较快；我国商业银行保理业务持续发展，国内保理业务依旧为主要增长点，占比达 92.71%。

商业银行方面，国内各银行均推出了贸易融资业务，贸易融资产品体系日趋完善。经过多年的发展，商业银行已经发展出了涵盖各个环节、多种贸易结算方式的融资产品，产品体系已基本完善，能够满足不同类型企业、不同业务阶段的融资需求。在企业进出口业务的全流程中，几乎都能看到银行贸易融资产品的身影，以光大银行为例，其凭借丰富的国际业务经营和雄厚的资金实力，致力于为企业提供进出口贸易结算相关的短期融资或信用便利，让企业更有效地管理营运资金和贸易风险，将业务拓展至世界各地。光大银行为进口贸易提供一般跟单信用证、背对背信用证、循环信用证、备用信用证、单据托收、银行保函等产品，为出口贸易提供信用证通知、信用证保兑、信用证转让、单据买单等产品，产品形式多元，为全球供应链下的企业发展提供了有力支持。年报显示，2023 年光大银行表内外贸易融资余额达 4 539.52 亿元。

4.4.2 贸易融资促进全球供应链包容度的提高

（一）全球贸易融资缺口扩大

根据亚投行 2023 年 9 月发布的报告，近年来，全球贸易融资缺口一直在扩大。2022 年全球贸易融资缺口达到了创纪录的 2.5 万亿美元，占全球商品贸易的 10%（见图 4-11）。这一缺口较 2018 年的 1.5 万亿美元大幅扩大，增幅达 66.67%。一方面，2021 年、2022 年全球贸易总额分别同比增长 25%、10%，贸易融资需求增长；另一方面，受地缘政治紧张局势、市场不确定性等因素影响，贸易融资成本增加、商业银行风险偏好下降。贸易融资需求增长、供给减少导致全球贸易融资缺口进一步增长。

融资困难是中小企业参与全球供应链面临的主要问题。首先，由于规模较小，中小企业往往难以提供足够的抵押或担保，使得金融机构在评估其信用风险时偏向谨慎，同时，中小企业的经营和财务状况透明度、稳定性相对不足，进一步增加了其融资难度；其次，中小企业在国际贸易中往往面临着更为复杂的法律、规则和程序要求，加之信息不对称和缺乏专业的贸易融资知识，所以面临的融资问题更加突出。

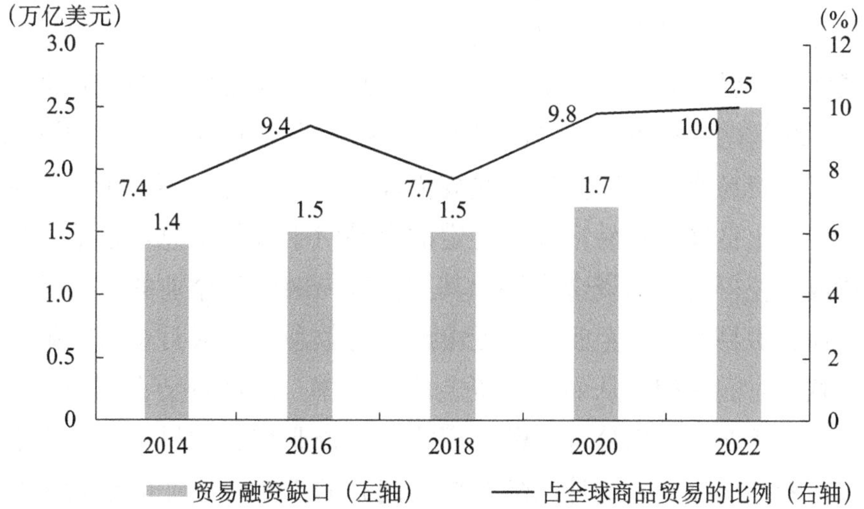

图 4-11 全球贸易融资缺口发展趋势

资料来源：亚投行.

（二）贸易融资支持中小企业融入全球供应链

贸易融资在支持中小企业融入全球供应链中发挥着重要作用。一方面，正如上文中所提到的，中小企业在全球供应链中往往面临着融资困境，贸易融资通过提供灵活的融资方式，如信用证、保理、代付等，能够帮助中小企业获得所需的资金，确保其生产经营活动的正常进行。另一方面，由于贸易融资以真实贸易为背景且融资周期相对较短，融资成本较低，所以通过贸易融资，中小企业能够获得成本更低的资金，优化资源配置，增强在全球供应链中的竞争力。此外，参与贸易融资活动有助于企业了解国际市场的需求和规则，从而支持其实现与全球供应链的深度融合。

2009年，亚洲开发银行推出贸易与供应链融资计划，旨在支持亚洲地区贸易活动和供应链发展，促进经济增长和区域合作。该计划专注于通过贸易融资促进供应链可持续发展。截至2022年，贸易与供应链融资计划在5 745笔交易中支持了510美元的供应链贸易，其中，60%与中小企业相关，有力地促进了中小企业融入全球供应链。

（三）贸易融资缓解企业融资约束

贸易融资具有自偿性、真实性、封闭性、短期性、灵活性等特征，能有效降低企业融资成本，缓解企业融资约束，保障企业在供应链中的资金需求，从而提高企业在面对外部冲击时生产经营的稳定性和连续性，有助于提高供应链韧性。其一，贸易融资为企业提供了信用证、押汇等多样化的融资方式，且贸易融资可以和其他融资方式相结合，企业可以根据自身情况灵活选择融资方式和融资工具组合，从而优化融资结构，降低企业融资成本、缓解融资约束。其二，与传统的融资方式相比，贸易融资往往更注重真实的贸易背景，即使是一些规模较小且信用记录不完善的企业，只要能够展示出良好的贸易记录和稳定的交易对手方等信息，也能够以较低的融资成本获得所需的资金支持。其三，贸易融资与企业的贸易活动息息相关，通过贸易融资，企业可以更快地支付款项、完成订单等，缩短从订单到收款的时间周期，从而提高资金使用效率，降低资金占用成本，缓解融资压力。其四，在部分贸易融资模式下，企业与金融机构、保险公司或其他参与者共担风险，这种风险共担机制有助于减轻企业的经营风险和融资压力，并通过分散风险来降低融资成本、提高融资便利性。对整个供应链而言，贸易融资使供应链上下游企业的资金需求得到满足，有助于提升整个供应链的竞争力，降低“断链”风险，提高供应链韧性。

（四）贸易融资有助于促进科技创新

许多科技创新公司需要进口先进设备、技术或出口自己的高科技产品，贸易融资可以为企业提供资金，支持企业购买设备和原材料或将产品销售至其他市场，从而降低资金压力，鼓励企业投入更多精力到科技创新领域。此外，贸易融资便利了企业与全球合作伙伴之间的交易，如采购先进设备、出口技术产品、与国外高科技企业合作等，不仅支持了商品的交换，还促进了技术、知识和经验的交流，有助于企业学习国际先进经验，提高科技创新能力。因此，贸易融资通过提供资金支持、促进全球合作等方式，有效支持了企业科技创新，有利于提高企业科技创新能力，增强供应链自给能力，从而维护供应链安全稳定，支持全球供应链发展。

专栏 4-2

金融机构促进贸易融资

多边国际金融机构：亚投行

国际金融机构在支持发展中国家、中小企业参与并融入全球供应链方面发挥着重要作用。我国于 2015 年发起设立了亚投行，2023 年 9 月，萨尔瓦多、所罗门群岛、坦桑尼亚加入亚投行，至此，亚投行成员数量增至 109 个，覆盖世界人口的 81%和全球 GDP 的 65%，成立不到 10 年，亚投行已发展成为全球第二大国际多边机构。

截至 2024 年 3 月，亚投行已批准了 260 个项目，批准融资总额超过 510 亿美元，动员超 1 600 亿美元资本到基础设施建设中，惠及 37 个亚洲域内与域外成员。2023 年，亚投行与世界银行达成 10 亿美元主权担保贷款协议。目前，亚投行是世界银行和亚洲开发银行最大的联合融资伙伴。在促进贸易融资方面，亚投行通过提供贷款和融资支持，帮助成员解决贸易融资难题；致力于推动贸易便利化，通过简化融资流程、提高融资效率，为成员提供更加便捷、高效的贸易融资服务；亚投行还支持成员发展高技术、高附加值的产品和服务，推动产业结构的调整和升级，提高出口商品的质量和竞争力。

政策性银行：中国进出口银行

中国进出口银行（以下简称进出口银行）是由国家出资设立、直属国务院领导、支持中国对外经济贸易投资发展与国际经济合作、具有独立法人地位的国有政策性银行。依托国家信用支持，积极发挥在稳增长、调结构、支持外贸发展、实施“走出去”战略等方面的重要作用，加大对重点领域和薄弱环节的支持力度，促进经济社会持续健康发展。

2022 年，进出口银行发布“易惠全球十”金融服务方案。该方案以进口为核心交易场景，通过科技、产品、客群、渠道四个方面同步发力，为境内进口商、境外出口商、参展商等提供信贷、贸金、普惠、资金等一揽子金融服务，贯穿国内国际两个市场和跨境供应链全流程。同时，进出口银行专门设立2 000亿元支持从RCEP成员国进口专项额度，将聚焦外贸、制造业等重点领域，扩大从RCEP成员国进口等相关业务，推动区域经贸合作再上新台阶。此外，对于长三角、京津冀、珠三角、成渝地区等重点区域，中国进出口银行制定了专项政策，以支持这些地区发挥稳外贸的“压舱石”作用。通过将信贷资源配置与地方外贸发展情况挂钩，以及给予外贸大省优先保障与倾斜，确保资金能够流向最需要的地方。

4.5 对外投资提高全球供应链韧性

4.5.1 对外投资及其发展现状

（一）对外投资概述

对外投资指投资主体直接或通过其控制的境外企业，以投入资产、权益或提供融资、担保等方式，获得境外所有权、控制权、经营管理权及其他相关权益的投资活动。中国对外投资呈现出投资方式多元化，投资行业、区域分布广泛，注重互利共赢，政策支持引导等特征。

（1）投资方式多元化。我国对外投资方式不断创新，对外投资并购活跃，境外融资比例高。同时，实物投资、股权置换、联合投资、技术输出、特许经营、投建营一体化等对外投资方式也呈现出良好的发展态势。

（2）投资行业、区域分布广泛。截至2022年末，中国境内投资者共在全球190个国家和地区设立境外企业4.7万家。其中，近60%分布在亚洲，13%分布在北美洲，10.2%分布在欧洲，7.9%分布在拉丁美洲，7.1%分布在非洲，2.6%分布在大洋洲。在“一带一路”共建国家共设立境外企业1.6万家。2022年，中国对外直接投资涵盖了国民经济的18个行业大类，其中流向租赁和商务服务、制造、金融、批发零售、采矿、交通运输等领域的投资均超过百亿美元。

（3）注重互利共赢。中国对外投资始终坚持“互利共赢”，助力各国经济发展。数据显示，2022年，境外企业向投资所在地纳税750亿美元，增长35.1%。年末境外企业员工总数超过410万人，其中雇用外方员工近250万人。当年对外投资带动货物进出口2 566亿美元。非金融类境外企业实现销售收入 3.5 万亿美元，增长 14.4%。

（4）政策支持引导。经过多年的探索和完善，我国已基本建立起了多层次的对外投资政策体系，如境外投资外汇政策、宏观引导政策、多层次对外投资促进政策、对外投资综合服务政策等，为中国企业积极共建全球供应链提供了坚实的制度支撑。另外，我国政策红利持续释放，例如，政府每年发布《对外投资合作国别（地区）指南》等公共产品，介绍各个国家和地区的投资合作政策信息，提示有关政治、经济和社会风险；制定并发布《企业境外经营合规管理指引》；落实《对外承包工程管理条例》《对外劳务合作管理条例》《境外投资管理办法》等有关法规和规章要求；与相关国家商签投资保护协定；等等。

（二）中国对外投资发展现状

对外投资既是中国企业国际化的重要形式，也是中国与世界经济深度融合、互利共赢、共建全球产业链的重要桥梁。在国际贸易保护主义和单边主义持续蔓延、投资者信心不足的背景下，中国企业“走出去”步伐稳中有进，推动中国对外直接投资规模保持稳定增长。商务部最新数据（见图 4-12）显示，2023 年，我国对外投资合作平稳发展，2023 年全行业对外直接投资 10 418.5 亿元人民币，较 2022 年增长 5.7%（折合 1 478.5 亿美元，增长 0.9%），其中，对外非金融类直接投资 9 169.9 亿元人民币，增长 16.7%（折合 1 301.3 亿美元，增长 11.4%）。我国企业在“一带一路”共建国家非金融类直接投资 2 240.9 亿元人民币，增长 28.4%（折合 318 亿美元，增长 22.6%）。

2023 年全年我国对外承包工程完成营业额 11 338.8 亿元人民币，增长 8.8%（折合 1 609.1 亿美元，增长 3.8%），新签合同额 18 639.2 亿元人民币，增长 9.5%（折合 2 645.1 亿美元，增长 4.5%）。我国企业在“一带一路”共建国家承包工程完成营业额 9 305.2 亿元人民币，增长 9.8%（折合 1 320.5 亿美元，增长 4.8%），新签合同额 16 007.3 亿元人民币，增长 10.7%（折合 2 271.6 亿美元，增长 5.7%）。

据安永发布的《2023 年中国海外投资概览》，中企宣布的海外并购总额为 398.3 亿美元，同比增长 20.3%，并已连续三季度环比实现增长。尽管宣布的并购数量同比下降 16.3%至 457 宗，但 2023 年大额交易较 2022 年明显增多，交易金额超过 5 亿美元的海外并购达 21 笔，比 2022 年多 13 笔。

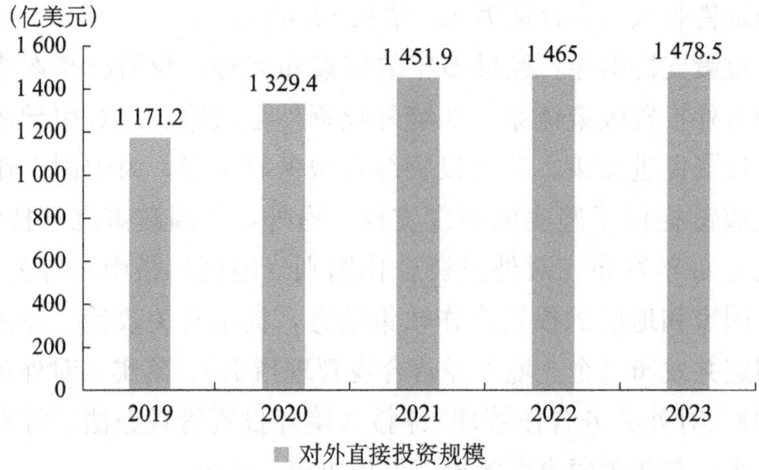

图 4-12　2019—2023 年中国全行业对外直接投资规模增长

资料来源：商务部.

4.5.2　对外投资有助于提高全球供应链韧性

(一) 通过对外投资助力全球供应链网络构建

随着全球市场开放和技术的不断进步，发展中国家以其丰富的资源和劳动力成本优势，不断提升在全球供应链中的参与度。但整体而言，受制于资金、技术等因素，众多发展中国家在全球供应链中的地位仍较低，部分极不发达的发展中国家难以融入全球供应链。当前，西方发达国家在全球价值链分工体系中占据主导地位，它们将供应链体系中的低附加值和劳动密集型产业转移至劳动力成本低的发展中国家，既降低了自身的劳动力成本，又通过进入发展中国家的本土市场，尤其是中高端需求市场，控制发展中国家的创新空间，以谋求更大的市场份额。这导致了发展中国家在全球供应链中主要处于劳动密集型和低附加值的生产环节，成为全球利益分配格局中的被剥削方。另外，一些经济基础薄弱、资源匮乏、产业结构单一、制度不完善的极不发达国家融入全球供应链面临诸多困难。据 2023 年统计数据，极不发达国家进出口清关平均需要 30～40 天，需要满足 9 种不同的文件要求，生产、运输和出口各环节成本过高，使其融入全球供应链的难度进一步加大。

对外投资作为一种重要的经济合作方式，对于促进发展中国家融入全球产业链具有重要推动作用。依托对外投资，企业不断拓展业务范围，扩大自身产业链布局，构建全球供应链网络。在此过程中，一方面，企业能够将先进的生产技术、管理经验和市场资源引入发展中国家，帮助其提升产业水平和生产能力，有助于发展中国家在全球供应链中占据更有利的地位，参与到附加值更高的生产环节中去。另一方面，对外投资往往需要与当地企业进行合作，共同开发市场、研发产品、管理生产，不仅有利于发展中国家企业提升技术和管理水平，还能够为其提供更广阔的市场和更多的发展机遇，支持其参与到全球供应链中去。此外，为了保障生产和交货的顺利进行，对外投资还会投入大量资金用于基础设施建设和物流体系建设，有助于完善发展中国家基础设施和物流网络，降低其生产成本和交易成本，提升发展中国家在全球供应链中的竞争力。

（二）通过对外投资优化资源配置

通过对外投资，企业可以更好地利用当地优势，优化资源配置，为维护供应链稳定性提供支持。首先，企业可以在不同国家和地区设立生产基地和分支机构，充分利用各要素优势，提高生产效率，降低生产成本。例如，一些长期依赖原材料进口的企业常常会面临较大的价格风险，原材料的稳定供应也可能受到各类威胁。通过在资源丰富的国家投资，获得自然资源开发权，企业可以直接掌握生产所需的资源，使原材料成本内部化，从而有效保障原材料供应及价格稳定，有助于减少价格波动对企业的影响，增强供应链稳定性。其次，在全球范围内对外投资能有效降低单一国家或地区经济、政治和自然灾害等对企业的影响，降低企业经营风险。通过在不同国家或地区设立生产基地或采购网络，可以有效分散供应链风险，当一个地区发生经济衰退或政治动荡时，其他地区项目仍然可以保持正常运作，确保企业经营不受影响，这种多元化的投资布局可以增强企业应对外部不确定性的能力，从而提高供应链稳定性。另外，对外投资还可以帮助企业建立备用产能，在关键地区或时长设立备用生产线或仓储设施，从而确保在紧急情况下能够快速调配资源，保障供应链的稳定运作。

（三）通过对外投资降低“断链”风险

科技创新所具备的高投入、长周期、高风险特征决定了其稀缺性，对先进技术的掌握能力决定了一个国家和企业在全球供应链中的地位。当前，尖端芯片、先进材料、高端设备等高科技产品所涉及的核心技术大多掌握在西方发达国家手中。面对部分国家的技术封锁、“脱钩断链”措施，需要全力支持科技创新、突破核心技术瓶颈，从而降低“卡链、堵链、断链”风险，维护供应链安全稳定。企业对外投资可以通过多种方式带动企业提高创新能力：一是在发达国家设立研发机构，企业可以与国外企业、研究机构和大学合作，从而充分融入由大学、科研机构、高新技术企业等构成的创新生态，利用其创新要素快速提升自己的研发能力，并通过技术回流带动国内产业升级；二是通过海外并购的方式并购行业龙头企业，快速获取其先进技术；三是设立海外市场监测中心，监测发达国家市场。由于发达国家的经济发展水平高、产业技术处于世界前沿，市场需求变化具有先导性，因此，设立海外市场监测中心有助于企业及时把握世界科技和产业发展趋势，为企业自身创新提供引导。

专栏4-3

对外投资支持“一带一路”

“一带一路”是“丝绸之路经济带”和“21世纪海上丝绸之路”的简称，是国家主席习近平于2013年提出的重要合作倡议。这一倡议旨在借用古代丝绸之路的历史符号，高举和平发展的旗帜，积极发展与共建国家的经济合作伙伴关系，共同打造政治互信、经济融合、文化包容的利益共同体、命运共同体和责任共同体。自倡议提出以来，“一带一路”建设取得了显著成果，中国对“一带一路”共建国家的直接投资规模不断扩大，支持了共建国家提高供应链韧性，有利于确保全球供应链安全稳定。

(1) 我国对外投资规模持续扩大，支持共建国家供应链参与度提升。2023年，我国企业在“一带一路”共建国家非金融类直接投资2 240.9亿元人民币，比上年（下同）增长28.4%（以美元计为318亿美元，增长22.6%，见图4-13）。对外承包工程方面，我国企业在“一带一路”共建国家新签承包工程合同额16 007.3亿元人民币，增长10.7%（以美元计为2 271.6亿美元，增长5.7%，见图4-14）；完成营业额9 305.2亿元人民币，增长9.8%（以美元计为1 320.5亿美元，增长4.8%）。根据国务院新闻办公室2023年10月发布的《共建“一带一路”：构建人类命运共同体的重大实践》白皮书，2013—2022年，中国与“一带一路”

共建国家的累计双向投资超过 3 800 亿美元，其中对共建国家的直接投资超过 2 400 亿美元。同时，共建国家也积极投资中国，十年来累计对华投资超过 1 400 亿美元，在华新设的企业接近 6.7 万家。

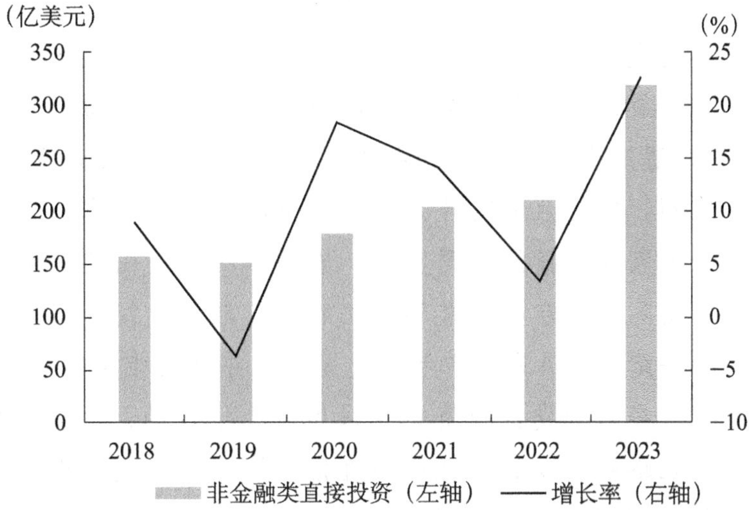

图 4－13　2018—2023 年中国对“一带一路”共建国家投资情况

资料来源：商务部.

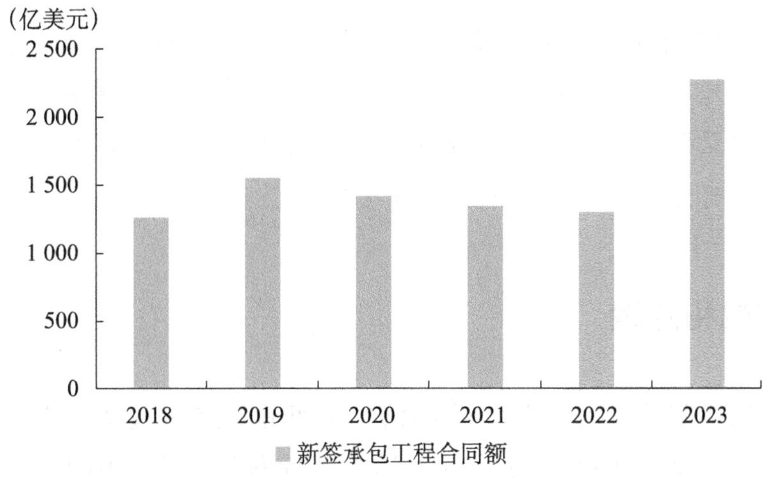

图 4－14　2018—2023 年中国企业在“一带一路”共建国家新签承包工程合同额

资料来源：商务部.

(2) 我国投资领域日趋多元，促进了“一带一路”共建国家供应链深度融合。共建“一带一路”之初，中国对共建国家的投资主要集中在能源产业。近年来，随着相关政策的出台，中国对“一带一路”共建国家的投资呈现多元化趋势，投资行业已涉及国民经济的 18 个行业大类，既包括能源、基础设施建设等传统行业，也包括金融、科技等现代化行业。

(3) 我国发起设立了投资基金，为“一带一路”共建国家提供资金支持，保障供应链稳定。我国发起设立投资基金，促进共建国家开展基础设施建设、促进绿色低碳发展、支持供应链融资，进而保障全球供应链畅通互联、高效运转。中国在“一带一路”沿线设立的基金包括丝路基金、中国-东盟海上合作基金、中非发展基金、中欧共同投资基金等。以丝路基金为例，它是由中国外汇储备、中国投资有限责任公司、中国进出口银行、国家开发银行共同出资，依照《中华人民共和国公司法》，按照市场化、国际化、专业化原则设立的中长期开发投资基金，主要任务是在“一带一路”发展进程中寻找投资机会并提供相应的投融资服务。有别于国际上大多数开发性投资机构采用的无偿援助、低息贷款、优惠贷款等方式，丝路基金以股权性质的直接投资为主，此类投资占比超过 80%。丝路基金按照市场化的原则，通过股权、债权、贷款、基金等多元化投融资方式，以更合理的融资条件和结构为“一带一路”建设和双边、多边互联互通提供投融资支持。截至 2023 年底，丝路基金投资项目遍及 70 多个国家和地区，承诺投资金额折合超过 235 亿美元，投资项目包括中东欧地区大型铁塔资产包项目、东南亚连锁医院平台股权投资项目、马来西亚亚太科技大学投资项目等，在支持供应链融资方面发挥了重要作用，有力支持了全球供应链稳定发展。

4.6 挑战和对策

我国始终坚持金融服务实体经济，高度重视资金融通对构建可持续全球供应链体系的积极作用。2015 年 5 月发布的《中共中央、国务院关于构建开放型经济新体制的若干意见》明确提出，“全面提升在全球价值链中的地位”，“增强参与全球价值链的广度和深度”，“构建开放安全的金融体系”，包括扩大金融业开放、推动资本市场双向有序开放、建立走出去金融支持体系、扩大人民币跨境使用、完善汇率形成机制和外汇管理制度等。

供应链的安全稳定离不开金融的支持。通过供应链金融、跨境贷款、贸易融资和跨境投资，金融市场降低了企业融资成本、缓解了融资约束，支持了企业发展，从而有力地增强了供应链韧性，但也面临一定挑战。

作为一种创新的融资模式，供应链金融能够将资金流、物流和信息流结合起来，为供应链中的企业提供融资支持。但新的融资模式也带来了新的挑战：一旦作为供应链中重要节点的核心企业发生财务危机或经营问题，就可能会使整个供应链的资金链断裂，进而影响上下游企业。

跨境贷款作为一种国际融资方式，涉及不同国家的制度体系，其复杂性也远高于国内贷款。首先，跨境贷款需要遵循多重法律法规，面临更高的合规成本和法律风险；其次，汇率波动、资本管制等因素也进一步增加了跨境贷款的实施难度。

全球贸易融资面临较大的融资缺口，2022 年这一缺口达 2.5 万亿美元，且中小企业面临更大的融资难题，这限制了中小企业的贸易发展和市场扩张，进一步影响了全球贸易的均衡发展。

在当前地缘政治紧张、全球市场动荡的背景下，投资者在做出投资决策时，需考虑目标国家的政治、文化、市场准入、法律法规等多方面因素，因此跨境投资面临较大的不确定性。除此之外，金融科技应用带来的挑战、全球经济环境波动等因素也是金融支持供应链发展不得不考虑的问题。

针对上述挑战，基于本章相关讨论，我们对于以资金融通支持全球供应链可持续发展提出若干对策建议。

4.6.1 构建全方位、多层次的金融服务体系

构建起多元化、层次化、有序化且各市场间相互协调、互为补充的银行体系和资本市场体系，有助于满足各类市场主体的多元化融资需求，促进跨国投融资、贸易金融支持、形成人民币商业环流，为全球供应链发展提供更有力的融资支持。

（1）完善多层次银行机构体系。2019 年 12 月，银保监会发布《中国银保监会关于推动银行业和保险业高质量发展的指导意见》，提出“到 2025 年，实现金融结构更加优化，形成多层次、广覆盖、有差异的银行保险机构体系”。2020 年 3 月发布的《中共中央、国务院关于构建更加完

善的要素市场化配置体制机制的意见》，明确提出要“增加有效金融服务供给”，“构建多层次、广覆盖、有差异、大中小合理分工的银行机构体系”。当前，我国已基本形成了以六家大型商业银行、十二家股份制银行、一家开发性金融机构、两家政策性银行以及城商行、农村金融机构、村镇银行、民营银行、村镇银行为主体的银行体系，多层次、广覆盖的银行体系条件已基本实现，但是在定位有差异、大中小合理分工等方面还需进一步改革。对此，需进一步完善银行机构体系，引导银行优化功能定位，增强金融服务能力。大型商业银行应在“做强”上下功夫，提升综合金融服务水平；开发性、政策性银行要明确细化业务边界，有效服务于国家重大战略和薄弱环节；股份制商业银行要坚持差异化市场定位，形成比较优势；城商行要审慎经营，合理确定经营半径；农村中小银行则要坚持支农支小定位，增强县域服务功能等。

当前，中小微企业“融资难”“融资贵”问题仍然突出，可通过完善中小微企业金融支持政策，支持部分符合条件的中小银行合并重组，或通过金融科技赋能等方式，为中小微企业融资提供更优质的金融服务。随着我国多层次银行机构体系的不断优化，金融服务不充分、不均衡的状况将得到改善，有助于缓解企业融资约束，为企业嵌入全球价值链提供资金支持，助力企业更好地融入全球供应链。

（2）进一步丰富和完善多层次的资本市场体系。当前，我国已形成了包括沪深主板、北交所、创业板、科创板、新三板与区域性股权市场在内的多层次资本市场体系，各板块市场功能定位明确，层层递进、错位发展，多层次资本市场体系建设已取得初步成果，但要建成精细化的、高效的资本市场体系，还需进一步努力。一方面，要继续深化股权融资市场改革，同时重视债券市场、期货市场及其他金融衍生品市场改革，丰富资本市场层次，既发挥股权融资市场功能，推动风险投资等新金融业态对具有不同融资需求的企业的支持，又发展金融衍生品以提供多元化的风险管理工具。

另一方面，要统筹协调不同市场层次之间的关系。首先，各市场层次应进一步明晰定位，沪深主板主要服务于成熟期大型企业，科创板、创业板、北交所均服务于创新型企业，其中，科创板突出“硬科技”特色，创业板主要服务于成长型创新创业企业，北交所与全国股转系统共同打造服务创新型中小企业主阵地。各市场层级应明确自身定位，使企业能够快速判断与之匹配的板块并进行股权融资，从而提高资本市场为企业提供金融服务的效率。其次，要建立健全全市场转板机制，当前我国已建立起了以新三板和北交所为核心的转板制度，但各层次市场间互联互通仍不足，亟须建立更为完善的转板机制以强化各层级市场的联系，建议推出交易所之间的双向转板、交易所内部转板等制度，实现多层次资本市场的有序流动，进一步提高资本市场资源配置效率。

4.6.2 以金融创新更好地服务科技创新

（1）要鼓励并支持商业银行金融产品和金融业务创新，提高服务科技创新能力。全球供应链中的各个环节都需要不断流动的资金支持，其中，科技创新具有成本高、周期长、风险大的特征，融资需求尤为旺盛。我国采用的是典型的银行主导型的金融体系，银行业在金融服务提供方面占据主导地位，商业银行等金融机构通过贷款向各类企业提供了绝大多数的资金支持。但传统的信贷模式往往存在周期长、手续烦琐、利率高等问题，严重制约了资金在供应链中的流动效率。在这种情况下，应支持商业银行创新金融产品和金融业务，引导商业银行围绕科技创新型企业创新金融产品、探索新的服务机制，支持初创期科技型企业成长壮大、丰富成长期科技型企业融资模式、提升成熟期科技型企业金融服务适配性、助力不同阶段科技型企业加大研发投入，形成科技型企业全生命周期金融服务，从而为企业创新提供融资支持，助力企业通过创新突破核心技术瓶颈，降低“卡链、堵链、断链”风险，提高全球供应链韧性。

（2）要着力推动资本市场创新投融资机制，激发市场创新活力。资本市场具有独特的风险共担、利益共享机制，更加契合科技创新企业“迭代快、风险高、轻资产”等特征，能够有效促进创新资本形成，赋能科技成果转化。首先，应支持资本市场创新型交易平台建设，强化科创板的“硬科技”特色，重视发挥科创板、创业板和北交所在服务科技创新中的重要作用，推动科创板、创业板、北交所、新三板以及区域性股权市场的制度创新，助力专精特新中小企业高质量发展。其次，要根据科创型企业的融资需求，创新资本市场直接融资工具，如风险投资、创业投资基金、债券融资工具等，为企业科技创新提供灵活的资本支持。最后，要推动创新型投资机制的发展，如通过税收优惠、创投基金设立等方式，鼓励投资者参与科技创新企业的投资，推动资本市场向科技创新倾斜。

（3）要通过数字化赋能金融创新，提高金融服务效率。金融数字化转型是推动科技创新的重要动力之一。一方面，要通过与大数据、云计算、人工智能、区块链等信息技术的深度融合，推动金融创新，为科技创新企业提供更多元的金融工具和服务，更好地满足企业创新活动的融资需求；另一方面，要借助数字化技术，有效突破金融服务的时空、数量和成本限制，从而降低金融服务成本，提升金融服务的质量和效率。对此，要强化制度支撑，不断完善并落实关于数字化转型、金融科技发展等方面的政策，为数字化赋能金融创新提供坚实的制度支撑；还应大力推进人工智能、区块链、云计算、大数据等数字化技术创新，鼓励金融机构加大科技投入，积极引入前沿技术，深化新兴技术在金融机构中的运用，全力促进金融创新。

4.6.3 以高水平金融开放促进全球供应链互联互通

推进金融高水平开放，一是要加强金融市场准入开放，逐步放宽外资金融机构准入限制，优化市场结构，增加市场竞争，以吸引更多国际资本参与国内金融市场。此外，还可以简化外资金融机构在国内设立分支机构或全资子公司的审批程序，降低其准入门槛，为其提供更广阔的发展空间。二是要促进跨境贸易投资便利化，通过简化跨境贸易投资审批程序，降低行政审批成本，加快审批速度，提高效率；加强跨境贸易投资数据和信息共享机制，提高信息透明度，降低信息不对称的风险等。三是要扩大资本市场高水平制度型开放，持续推动境内外资本市场互联互通，健全各类市场的互联互通机制，强化国内资本市场与国际资本市场间的联系；同时，推进国内资本市场基础制度、规则与国际高标准对标，积极研究境外成熟市场的规则、制度和标准，促进国内资本市场与境外资本市场间的制度融合，提升我国资本市场的国际化水平。四是要加强国际合作与交流，通过与其他国家和地区的金融监管机构、国际金融组织等的合作与交流，分享经验，共同应对全球金融市场面临的挑战和问题，在合作中建立更加开放、包容、透明的全球金融体系，为全球供应链的互联互通提供更广阔的发展空间。

第 5 章

风险管理与全球供应链

2008 年金融危机后世界经济逐渐呈现逆全球化趋势，中美贸易摩擦以及地缘政治冲突增加了全球贸易环境的不确定性，全球产业链供应链面临的风险敞口扩大。自然灾害、全球疫情、地区冲突、政治外交事件等造成的生产中断给供应链相关国家（地区）造成了重大损失，科技的发展促使企业开始思考缩短和简化供应链。在各种因素驱动下，全球供应链正在进行重塑以增强自身的韧性，降低不确定性对生产经营的影响。

党的二十大报告明确指出："我们要坚持以推动高质量发展为主题，把实施扩大内需战略同深化供给侧结构性改革有机结合起来，增强国内大循环内生动力和可靠性，提升国际循环质量和水平，加快建设现代化经济体系，着力提高全要素生产率，着力提升产业链供应链韧性和安全水平。"保障供应链安全和提高供应链韧性是保障我国经济平稳运行、有序发展的重大举措，供应链韧性和安全水平问题与国家安全和经济发展密切相关。

风险管理在保障供应链稳定中发挥重要作用。政府、保险公司及企业多方合作有助于提升供应链稳定性，连带业务保险、巨灾保险以及出口信用保险等一系列保险产品能够帮助企业有效转移和减轻因自然灾害、合作方违约等不确定因素导致的财务损失，从整体上提高我国产业链在全球市场中的竞争力和抗风险能力。稳定的供应链有助于推动人民币在国际贸易中的使用，减少汇率风险，降低交易成本，进而促进人民币国际化。有效的风险管理策略是产业链供应链优化升级的重要组成部分，有助于增强整个供应链的抗冲击能力，推动实体经济高质量发展，促进国内国外双循环发展格局的形成。

5.1 供应链风险特征与风险分担方式

随着社会化分工的日益深化，多家企业参与最终消费品的研发、设计、生产、配送、销售等不同环节已成为常态，相邻环节企业之间的供需联系构成了产品输送链条，形成了供应链。随着国家和地区间货物贸易成本的降低，企业可在全球范围内寻找供应商与分销商，将不同的生产阶段离岸外包到其他国家或地区，逐渐形成全球供应链。全球贸易治理改善以及信息和通信技术的快速发展使得全球供应链蓬勃壮大，如今大多数商品都是横跨多个专业化市场的复杂供应链的产物。随着各个市场融入全球供应链，全球化生产流程中面临的产品和服务终端的风险日益凸显，当某项生产要素出现中断等问题时，整条供应链都将陷入停顿，导致生产流程中断。受 2008—2009 年金融危机的影响，全球化程度有所回落。许多政府实施了非关税壁垒形式的保护主义措施，全球供应链参与放缓。2018 年中美贸易摩擦升级及全球疫情加剧了人们对全球供应链的担忧，企业逐渐意识到全球供应链蕴藏着许多供应链风险因素。全球供应链重构逐渐成为供应链未来发展趋势。受相关因素驱动，全球供应链正经历变革与调整。

5.1.1 全球供应链风险特征

在当前全球政治经济局势复杂、保护主义抬头、自然灾害频繁发生的环境下，全球供应链面临的不稳定因素增加，供应链风险日渐凸显。

第一，供应链政治风险增加。受全球政治经济局势变化的影响，供应链面临的政治风险骤然增加，已成为全球贸易和供应链的主要不稳定因素。全球化加剧了国家间的经济不平等，特别是在金融危机之后，许多政府实施了非关税壁垒形式的保护主义措施，大型自由贸易协定未能得到批准。中美贸易战增加了经济政策的不确定性，使得企业间的重大投资决定越来越复杂。中美贸易战对全球供应链产生了影响，2018—2020年期间，美国针对中国商品征收的关税高达3 750亿美元，IMF的数据显示，到2020年贸易争端已经给全球造成了7 000亿美元的损失。[①]中美贸易战不仅影响中美两国的经济，而且会通过贸易摩擦在全球产业链上的传递影响生产链上的所有经济体。美国实行的高关税壁垒使公司不得不进行供应链的调整，从而导致了供应链的复杂程度增加。

第二，供应链业务中断的成本上升。在早期全球化程度较低的阶段，供应链的大规模中断被认为是小概率事件，但随着全球化进程的加快，严重的自然灾害将通过供应链传导而影响国际商品流动。极端天气频发增加了供应链的不稳定因素。2011年日本东北部地震以及后续海啸灾害对全球半导体供应链造成了持续影响，生产的中断影响全球芯片市场的供应情况，造成芯片价格波动，经过九个月，全球半导体生产才逐渐恢复。同年的泰国洪水事件也中断了从汽车到计算机硬盘等各种产品的生产，曼谷等地的工业园区因洪水而关闭，导致生产线无法生产日本制造终端汽车所需的零部件，对欧盟、日本和美国等后续制造产生冲击，造成国际供应链的中断。面对国际局势以及自然灾害的影响，企业开始意识到过度依赖单一供应源的风险，转变为寻找本地或就近生产的供应商或同时与多个供应商建立合作关系，以减少对某一特定地区或国家的依赖。发展多样化的供应链，可以提高供应网络的稳定性和灵活性，实现供应链的去全球化，降低贸易政策不确定性对企业的影响。此外，发展中国家成本套利优势逐渐减小，导致供应链成本上升。在供应链管理中，企业通过寻找不同环节中成本较低的资源并进行合理配置来降低整体生产成本。发展中国家曾经以低廉的劳动力成本和资源成本为依托，吸引大量外资和制造业转移。然而，随着发展中国家经济的发展，其工资增长率逐渐高于发达国家，劳动力成本虽然仍低于发达国家，但所能提供的人口红利逐渐减少，与发达国家的工资差距逐渐缩小。企业通过成本套利获得的收益逐渐下降，不得不进行供应链的转移和重组，在全球范围内迁移供应链，以寻求新的市场机会。

---

① IMF警告称，特朗普的贸易战可能给全球经济造成相当于瑞士经济规模的损失．纽约时报，2019-10-08.

第三，新冠疫情增加了运输风险，科技进步使得供应链简化成为趋势。自然灾害或大流行病通常会造成规模巨大的生产中断，在没有替代方案的情况下企业无法迅速做出反应，造成供应链中断。在疫情期间，工厂和制造企业由于封锁措施出现停工减产等现象，导致生产中断和延迟。国家间的交通和货运限制对物流端产生了影响，使跨境贸易难度增加，部分商品的需求大幅波动，企业库存管理受到挑战。疫情对供应链的各个环节均产生冲击。以疫情中的汽车行业为例，湖北省拥有多家汽车制造厂，疫情暴发前，湖北约生产了本田在中国产量的50%。在新冠疫情暴发后，湖北比世界其他地区更早解封，3月底中国供应商已恢复95%的产能，但其他地区仍处于封锁状态，造成全球范围内的生产严重放缓。运输也受到疫情影响，由于可提供的航空运力减少，供应链中断由供应问题转变为物流问题，导致企业难以进行正常的生产。新冠疫情凸显了全球供应链的脆弱性，促使企业开始重新评估全球化供应链战略，部分制造商考虑将业务进行搬迁，以避免由封锁造成的资源获取和采购问题，降低自身全球供应链的风险敞口。科技进步使得简化供应链成为可能。3D打印以及机器人技术的应用推动了供应链的重塑。相比大批量生产，3D打印可以在不牺牲质量的前提下快速生产小规模订单，更容易实现产品差异化，为定制化生产提供可能。此外，通过3D打印还可以实现生产过程的简化：使用3D打印单一流程完成组件的制作，免去了组装各条供应链提供的多个部件的环节，在节省了人力资本的同时大幅减少了供应商数量，从而减少了库存和运输成本，提高了供应链的敏捷性与稳定性。机器人技术的创新削弱了新兴市场在低技能、低劳动力成本生产方面的相对优势，越来越多的发达经济体采用工业机器人完成工作，以减少离岸外包支出。

5.1.2 供应链风险分担方式

全球化程度的加深导致价值链越来越复杂，国家（地区）间通过供应链的链接存在千丝万缕的联系，许多公司与全球各地的多家供应商保持关系。供应链中一个环节的中断都可能给整条供应链上下游的企业造成巨大损失。因此，企业更加关注供应链的稳定性以及韧性，以防范业务中断风险。近年来，受新冠疫情以及国际贸易局势变化的影响，制造商更加关注全球供应链的内在脆弱性，包括供给和运输的不确定性、网络失效、监管和政治风险，更加注重对供应链风险的管理。在供应链风险管理中，企业可以通过各种方式和机制，将供应链中可能发生的风险分散到各个参与方，构建一个更加稳健的供应链体系。政府的政策支持、保险工具以及金融工具等的使用可以促进供应链的稳定，有助于供应链在受到冲击后迅速恢复，为全球供应链恢复韧性贡献力量，推动人民币在国际贸易和金融活动中的更广泛使用，有利于推进人民币国际化。

政府部门主要通过财政手段减轻供应链在面临市场波动、自然灾害、经济危机等不确定因素时的风险，是供应链风险管理中的关键组成部分。政府通过向企业提供财政补贴、加大税收优惠力度、提供融资担保支持等缓解企业资金链紧张，帮助企业在面临重大市场冲击或者供应链中断时维持运营，降低企业融资成本，增强企业的财务稳定性，提高供应链的效率和韧性。此外，金融工具的使用也可以转移供应链风险。例如，保险公司或者再保险公司通过特殊目的实体（Special Purpose Vehicle，SPV）向资本市场发行债券，将发行债券所得资金转移给保险公司或再保险公司作为对冲自然灾害的资金储备，利用资本市场的广度和深度实现风险分担。金融衍生工具如期权期货的使用也可帮助企业对冲原材料价格波动、汇率波动等市场风险，增强供应链的抗风险能力和稳定性。

保险是管理全球经济供应链风险的重要工具之一，为国内和国际业务及商业往来的顺利进行提供解决方案。制造商可以将供应链中的某些风险转移给保险公司，以减轻企业损失，减少供应链中断时间，减轻供应链中断的影响，提高供应链的稳定性。

第一，保险通过转移供应链中断风险保障供应链稳定性。政治动荡、供应商倒闭等突发事件可能导致供应链中断，进而造成生产延误、交付延迟以及额外成本增加。对于企业而言，这些损失不仅会直接影响其运营，还可能对财务状况造成长期影响。通过购买保险，企业可以将一部分风险转移给保险公司。这种风险转移可以帮助企业降低不确定性，确保在风险发生时有足够的财务支持来应对损失，从而保持财务稳定，提高供应链稳定性。借助业务中断保险等产品可以最大限度地减少供应链中断带来的损失，企业可以利用保险公司的资金补偿，尽快恢复到风险事件发生前的生产状态，维持业务正常运转，从而保障供应链的稳定性。

第二，保险通过保障巨灾风险提高供应链稳定性。企业在日常经营中可能无法预见并完全避免所有潜在的巨灾风险，当洪水、地震等自然灾害发生时，企业往往会遭受巨大的财务损失，通过购买巨灾保险，企业可以更好地应对突发事件，避免因此陷入财务困境。巨灾保险能够为企业提供资金保障，减轻由突发事件引发的经济损失。巨灾债券、巨灾指数保险等创新产品为管理巨灾风险提供了新模式，是对传统保险和再保险的有力补充。巨灾保险通过提供金融保障和风险管理，对供应链的稳定性起到了关键作用。

第三，保险通过保障信用风险提升供应链韧性。在全球贸易链重塑的背景下，企业积极开拓海外市场空间、创造多元化的贸易和投资机会是寻找新机遇的重要途径。但国际贸易中存在诸多不确定性，可能出现买方无力支付或拖欠货款或外汇不可兑换等问题。保险可为国际贸易中的风险提供保障，能够在风险发生后补偿企业和金融机构的实际损失，对于企业拓展国际市场具有明显的带动和促进作用。保险可以稳定企业和金融机构的经营水平及现金流，为企业提供更多的风险对冲工具，从而助力产业链畅通运转，增强国内国际两个市场两种资源的联动效应。

5.2 供应链中断风险的管理

5.2.1 供应链风险的分类及影响

供应链面临众多风险，各种风险因素共同作用于供应链的上、中、下游三个环节，影响供应链的畅通运转。关于供应链风险的分类方式，学者从不同角度有不同定义：依据管理层级，供应链风险可分为战略层面风险、战术层面风险和操作层面风险；依据风险的行为主体，可分为供应商风险、生产商风险和批发商风险；依据风险事件造成的危害的严重程度，可以分为偏离风险、终端风险和灾难性风险，依据供应链管理的目标，可以分为成本风险、质量风险和时间风险。

大部分学者将供应链看作一个由多个企业组成的系统，其结构决定了它既存在内部风险因素，也受到外部环境的影响。因此，普遍将供应链系统风险分为内生风险与外生风险。供应链系统内部的风险即内生风险，一般为供应链上节点企业间和节点企业中不确定性因素引起的风险，如节点企业之间的文化差异、利益分配不均、信息传递等引起的风险。内生风险一般分为信息风险、道德风险、合作伙伴能力风险、利益分配风险和人力资源风险。这类风险发生频率较高，但是造成的损失相对较小，一般可以通过节点企业之间的协调合作有效减少或控制。供应链系统外部的风险即外生风险，主要为因系统外部的环境变动或不确定性给供应链系统带来危害的风险，如自然灾害、政策变化、市场环境变化等。外生风险一般分为自然环境风险、经济环境风险、社会环境风险和法律风险。此类风险的发生频率较低，但会造成严重损失。大多数外部环境变化是主体的行为无法控制的，属于不可控风险，只能在风险尚未发生时选择恰当的风险管理措施，降低风险发生后的损失。

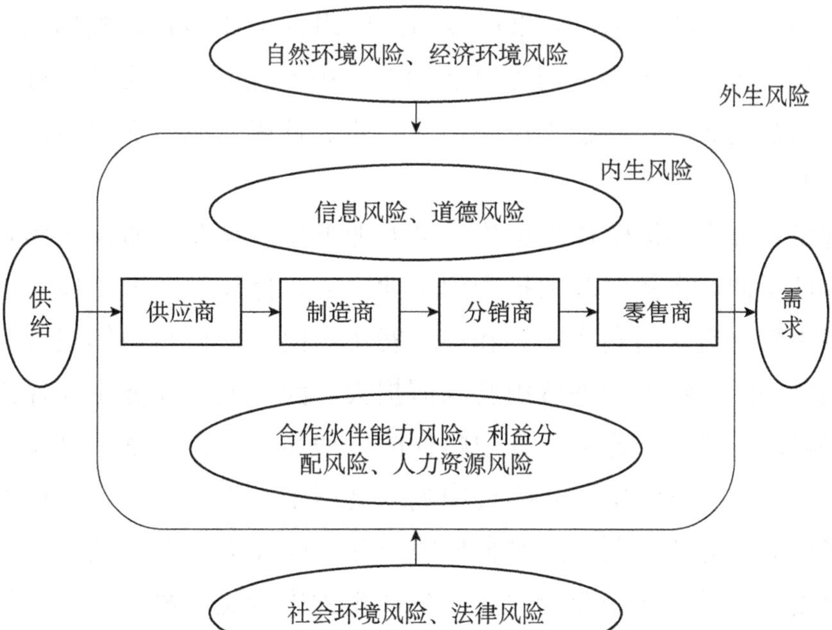

图 5-1　供应链风险分类

5.2.2　针对供应链中断风险的保险解决方案

在国际市场中，针对供应链中断造成的物质损害和非物质损害均可以通过对应的保险产品提供保障。

业务中断保险（Business Interruption Insurance）和连带业务中断保险（Contingent Business Interruption Insurance）可对供应链中断后造成的物质损害进行补偿。其中业务中断保险主要保护投保人免于直接遭受业务中断风险，连带业务中断保险则与外部方的财产风险挂钩，保护投保人免于遭受供应商无法开展业务造成的业务中断损失。

业务中断保险也称营业中断保险，旨在弥补企业在面临因灾害或其他覆盖风险而出现业务中断的情况下造成的收入损失和额外费用。业务中断损失通常占灾害事件对物质财产造成的财务损失总额的50%～70%。业务中断保险包括营业收入保险、额外费用保险、或有业务中断保险或民事当局保险。营业收入保险对业务中断造成的利润损失等收入损失进行补偿并支付工资、租金和其他运营成本等费用，这种类型的保险还包括运营费用、必要时搬到临时地点、工资单、税款和贷款支付所产生的费用。在极少数情况下，如果民政当局因附近企业的物理损坏而关闭企业，导致公司遭受损失，则可以适用业务中断保险。在责任免除中，一般对因盗窃造成的物质损失以及由于洪水、地震、流行病等造成的损失不予理赔。

连带业务中断保险往往也称为或有业务中断保险，常常作为业务中断保险的延伸，将承保范围扩大到企业之外，保障客户或供应商因相关的业务中断而遭受的利润损失和额外费用，向公司偿付由第三方处所的业务运营中断导致的额外费用及利润损失，因此连带业务中断保险可覆盖某些供应链风险。连带业务中断保险一般涵盖三个方面：基于供应商的中断、基于客户的中断和临近中断。这三个方面分别对应生产产品所需的供应商供应链中断、主要客户因业务中断而无法购买商品以及企业因依靠附近的景点或企业产生客流量而受到影响这三种情况。连带业务中断保险可对由以上情况产生的损失进行赔付。同样，该保险也存在责任免除条款，一般不对电力中断、道路封闭或基础设施问题以及自然灾害等造成的损失承保。连带业务中断保险对于依赖有限供应商的企业来说是一个控制供应链风险的有效工具。但是，目前我国还未推出此种保险。

针对供应链中断造成的非物质损害，即由于停电、罢工、政府撤销监管批准或产品许可证、关键供应商破产导致企业财产虽未受到物质损坏，但盈利受到重大损失。非物质损失业务中断保险（Non-Physical Damage Business Interruption Insurance，NDBI）以及政治风险保险可以为此类损失提供保障。

非物质损失业务中断保险也被称作“指定风险盈利保险”，该保险覆盖大流行病、罢工、动乱、军事行动等事件，以及监管行动、政治风险或灾害事件（地震、洪水、火山爆发等）造成获取供应商的产品或服务遭受严重延迟或中断的情形。非物质损失业务中断保险可以基于实际损失进行赔偿。部分产品会基于客观测量得到的参数依据事前确定的公式进行赔偿。这种赔偿方式的优点在于可以通过参数的构建减少基差风险，即赔付金额与实际损失不符的问题。另外，有些产品也可以采取混合解决方案进行赔偿，此种赔偿方式基于两个或更多客观时间序列设置双重触发因素，使用分次预定赔付的方式进行赔付。疫情造成的非物质损失或者由极端天气造成的供应链中断带来的损失均在该保险的保障范围内。

政治风险保险为政策变化等原因导致的经济损失提供保障。随着近年来保护主义的兴起以及贸易壁垒的产生，政策变化也对供应链产生影响。因政治原因如政府没收、征用、外汇汇兑限制，或因战争、叛乱、罢工、暴动等受到的经济损失可通过投保政治风险保险获得补偿。此类保险多由国家保险机构承保，一般与财产险、工程险共同承保，作为一个附加险种并采取共保方式与被保险人共同承担风险。政治风险保险有两种形式：股权保障或投资保险和主权拒付解决方案。第一种保险保障外国直接投资免受政治干预及其他风险的影响，例如没收和充公资产、进口或出口禁运、选择性歧视和强迫撤资。政治风险保险还为当地货币无法兑换成硬通货，以及无法将硬通货汇出该国的风险提供保障。这种保险一般保护外国投资者的资产，有助于减少离岸外包连带的战略风险。主权拒付领域的保险则保护向政府出售产品或服务的公司，为政府拒收造成的损失提供保障。政治风险保险仍处于发展中，许多政治风险仍在目前可保范围之外。

表 5-1 汇总了针对供应链风险的保险产品。

表 5-1 针对供应链风险的保险产品

	投保人事故	供应商事故
物质损失	业务中断保险（BI）	连带业务中断保险
非物质损失	非物质损失业务中断保险（NDBI）	政治风险非物质损失业务中断保险

海上保险、关税保证保险等也是管理供应链中断风险的重要保险工具。海上保险通过对船舶、货物及其他海上标的所可能遭遇的风险造成的损失进行补偿，保障海上运输发生损失后供应链的迅速恢复。关税保证保险则为应交的海关税款提供保障，可帮助企业"先通关、后缴税"，即货品先过海关，在货物分销后，以销售回款支付税款，这有助于提升货物运转速度，提高供应链效率。

5.2.3 供应链中断保险实践现状

营业中断风险在企业风险管理中一直被列为影响企业经营的重大风险。安联全球企业及特殊风险公司的调查显示，营业中断风险（包括供应链中断）成为 2022 年中国企业重点关注的问题，有 42%的受访者认为，包含供应链中断的业务中断是最重要的商业风险。目前国内还未出现连带营业中断保险以及非物质损失保险等保险产品。我国营业中断险主要有利润损失险和机损利损险，分别作为企业财产险和机器损坏险的附加险承保。营业中断保险的赔偿范围多为毛利润损失，投保营业中断保险以企业投保财产险的责任范围为前提，主要保障企业因自然灾害、意外事故遭受物质财产损失，进而出现经营中断而引起的利润损失。以太平洋财产保险股份有限公司的营业中断保险为例，其赔偿基础为营业收入的减少和经营费用的增加，并且明确定义了毛利润、营业收入、工资等包括的范围。然而，营业中断险仍然存在市场规模小、投保率低的问题。根据国家金融监督管理总局披露的数据，2022 年企业财产险实现原保费收入 553 亿元，占财产险公司原保险保费收入的 3.7%（见图 5-2），作为企业财产险附加险种的营业中断险占比更是微不足道，营业中断险的保障缺口巨大。

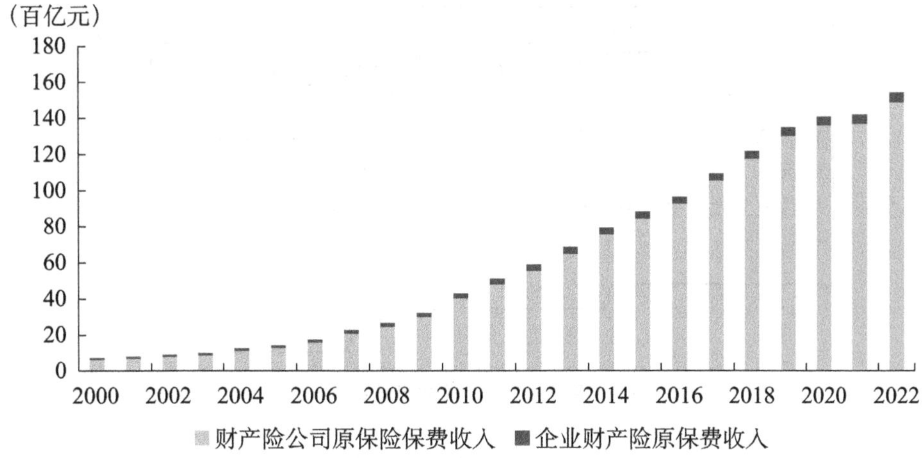

图5-2 企业财产险原保费收入与财产险公司原保险保费收入

5.3 供应链巨灾风险的管理

5.3.1 巨灾风险对供应链的影响——以半导体产业链为例

近年来，地震、洪水等重大自然灾害时有发生，对供应链的稳定提出了巨大挑战。半导体行业作为信息技术产业的核心，具有较为复杂的全球产业链。半导体产业链可分为上中下游三部分。上游包括原材料和设备；中游为半导体芯片的制造，又可细分为设计、生产和封测等环节；下游即半导体的应用（见图5-3）。半导体广泛应用于智能手机、电脑、游戏终端和汽车行业，与生活的各个方面紧密相连。在全球半导体产业链中，中国台湾和日本在全球市场中占据重要地位。芯片的制造过程十分精密，对震动环境控制要求极高，生产过程中的震动可能会导致良品率下降甚至设备损坏等问题。因此，地震等灾害极易给半导体企业带来严重的财产损失和长时间的营业中断，是半导体行业面临的最主要的自然灾害风险。中国台湾和日本作为全球半导体产能的集中地，处于全球地震最活跃的环太平洋地震带上，存在巨大的风险。

近年来发生的地震对半导体供应链造成了巨大影响，尤其是对位于环太平洋火山地震带上的中国台湾和日本的半导体产业。2011年，日本东北发生9.0级地震，地震以及后续海啸灾害造成的停电导致工厂关闭，造成

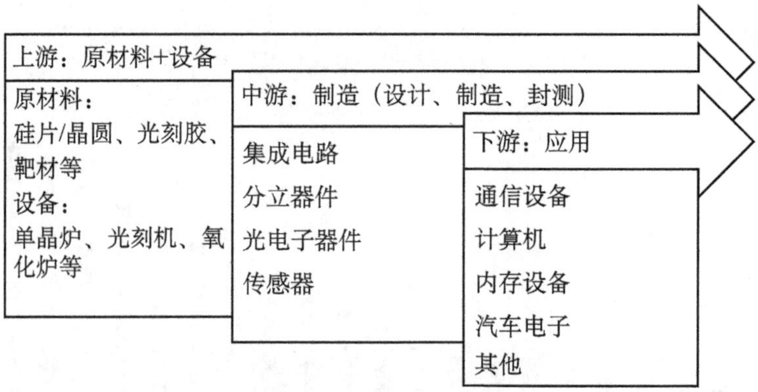

图 5-3　半导体产业链

生产中断，导致短时间内芯片的供求失衡，全球半导体供应链中断，国际市场上的芯片价格上涨。芯片生产受到的冲击也会随着供应链传播影响下游相关市场，汽车、电子产品等市场均受到不同程度的影响。据统计，此次地震给日本造成了 2 100 亿美元的损失，其中保险赔付占损失的 16%。2016 年台湾高雄发生 6.7 级地震，导致近 80 家半导体和光电器件企业受到影响，台积电两座工厂停产，晶圆出货延期 10～50 天，导致全球手机芯片供货紧张。2018 年，台湾花莲发生 6.4 级地震。此次地震导致晶圆和元器件出现短期缺货，市场对电容、电阻、二极管等产品恐慌性囤货，终端供应雪上加霜。2024 年年初发生的地震也对日本和中国台湾的半导体产业产生了巨大冲击。2024 年 1 月日本石川县发生的地震对日本多家工厂造成了影响，包括芯片的原材料以及存储器相关的产业。2024 年 4 月中国台湾发生地震，导致部分厂区停产停机，需要花费 1～3 个月的时间对设备进行维修、检查与调试。2023 年，台积电为 528 家客户提供了服务，生产了 11 895 种产品，这些产品被应用于各种终端市场，包括智能手机、物联网和数字消费电子产品。此次地震导致部分生产短期停滞，对全球市场供应关系产生了影响，引起了相关产品在未来几个月内的价格波动。

5.3.2　巨灾风险的管理方法

自然灾害是供应链中断的常见原因之一。例如，地震、洪水等自然灾害可能导致生产设施损坏或停工，造成生产和供应中断，供应商无法按时提供所需的零部件或者原材料，从而影响整个供应链的运作。同时，它们还会对物流网络，如铁路、道路和港口等基础设施造成影响，导致货物运输受阻，延误产品的交付，从而影响供应链的流畅性。然而，财产保险中往往将地震、洪水等自然灾害造成的损失作为除外责任。这时需要巨灾保险作为补充保障企业所面临的巨灾风险。

巨灾保险主要保障因发生地震、台风、洪水等自然灾害造成巨大财产损失和严重人员伤亡的风险，在应对重大灾害、保障国计民生、平滑财政支出、助力供应链韧性方面具有重要作用。除了传统的巨灾保险外，创新型的金融产品也可作为管理巨灾风险的有效工具。目前创新性的产品主要有巨灾债券和指数保险。

巨灾债券是一种创新型巨灾风险管理工具，可帮助保险公司和政府转移巨灾风险。巨灾债券的工作原理是投资者购买巨灾债券，在没有灾害发生的情况下，投资者可获得利息回报。如果发生了预先定义的巨灾事件，那么投资者可能会失去部分或全部本金，这部分资金将被用于赔偿灾害损失。这种机制使保险公司和政府能够利用资本市场的深度和广度，实现巨灾风险向资本市场的转移，对传统保险和再保险形成了有力的补充，同时提高了社会对巨灾风险的抵御能力，为投资者提供了一个多元化并可能获得较高回报的投资机会。2022 年，飓风伊恩对巨灾债券市场造成了显著的冲击。特别是那些以特定命名飓风为风险标的的巨灾债券损失惨重，如美国诚信保险公司佛罗里达公司发行的用于保障佛罗里达州命名风暴带来的损失的巨灾债券损失了约 1.5 亿美元本金。巨灾债券对这一损失的承担有效地减轻了保险公司和再保险公司在财务上的重负，凸显了巨灾债券作为风险转移工具的价值。2023 年，巨灾债券市场显示出强大的恢复力和增长潜力，巨灾债券市场规模显著扩大，达到了 431 亿美元，相较于 2022 年的 355 亿美元同比增长超过 20%。2023 年，巨灾债券市场为投资者带来了较为可观的回报。Swiss Re 全球巨灾债券总回报指数显示，2023 年巨灾债券的年回报率达到了 19.69%，是自 2002 年以来的最高水平。巨灾债券不仅是分散风险的工具，也为投资者提供了具有吸引力的回报率。

指数保险是另一种创新型巨灾风险管理工具。指数保险的赔付不是根据保险人实际损失的金额，而是根据预先确定的指数或参数（如降雨量、风速或地震强度）达到或超过特定阈值的幅度来确定。例如，在台风保险中，可以将风速或降雨量作为指数，当某地区的风速超过了预先设定的阈值时，该地区的指数保险保单持有者就有权获得赔偿。指数保险产品设计一般采用分层赔付的形式，遵循“小灾小赔，大灾大赔”的理念，既能保障影响较小但发生频率较高的事件，又能覆盖影响较大但发生频率较大的事件。与传统的赔偿型保险相比，指数保险不需要进行烦琐的损失调查和赔偿计算，具有管理成本低、理赔便捷迅速的优点。

5.3.3 巨灾保险实践现状

我国地质、地理条件复杂，气候异常多变，常年遭受各种自然灾害事件侵袭。过去10年，由于自然灾害导致的直接经济损失年均超过3 500亿元（见图5-4），各类天气相关灾害事件和地质灾害事件是主要诱因。

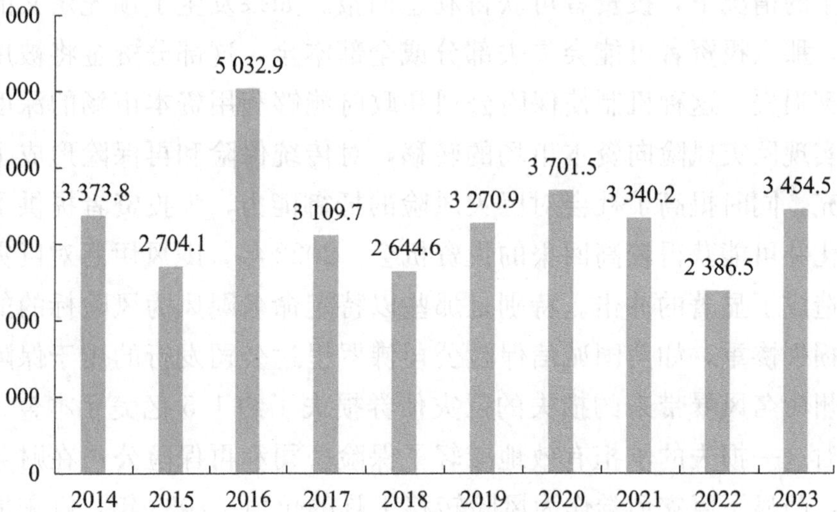

图5-4 2014—2023年中国自然灾害导致的直接经济损失

我国处于全球气候变化敏感区和影响显著区，自然灾害以洪涝、台风、地震和地质灾害为主，干旱、风雹、低温冷冻及雪灾、沙尘暴和森林草原火灾等也有不同程度发生，具有地域分布广、风险种类多且风险频发的特性。为更好地保障生产生活，加快自然灾害后的重建，我国政府不断探索巨灾保险制度建设。在各部门的积极推动下，我国巨灾风险机制已初见成效，城乡居民住宅巨灾保险保障范围进一步扩大，基本实现了我国或常见自然灾害全覆盖。在《中华人民共和国国民经济和社会发展第十四个五年规划和2035年远景目标纲要》中，均已将“发展巨灾保险”划为今后发展的重点工作，以进一步提升经济韧性，不同省份结合地区灾害特性进行的一些巨灾风险管理项目也均已取得显著成效。

近几年，我国积极开展巨灾保险及创新型保险产品的实践。2015 年，中再产险发行了第一只以我国地震风险为标的风险的巨灾债券，开启了我国保险风险对接资本市场的第一步。2021 年，《中国银保监会办公厅关于境内保险公司在香港市场发行巨灾债券有关事项的通知》发布，支持有意愿的境内保险公司在香港市场发行巨灾债券。中再产险于同年 10 月发行了首只粤港澳大湾区债券，发行规模为 3 000 万美元，期限为一年，主要保障中国台风风险，触发方式为损失金额赔偿型触发。本只巨灾债券运行一年，于 2022 年 9 月 30 日期满，未触发赔付。2022 年，人保财险在中国香港发行以中国地震风险为标的的巨灾债券，募集资金并抵押备用为巨灾风险的索赔准备金，期限为三年，是分散中国地震巨灾风险的一次创新尝试。目前，我国巨灾保险已在多个省市进行试点实践。2015 年 12 月，广东省政府批准印发《广东省巨灾保险试点工作实施方案》，2016 年，在湛江、韶关等 10 个地市开展试点，保费由省市两级财政配套出资，每个试点地市预算 3 000 万元，提供风险保障 23.47 亿元。以汕尾市为例，巨灾保险以台风和强降雨作为保险责任，年度最高赔付限额 2.02 亿元，其中台风赔付限额 1.5 亿元，根据风力等级分 5 层赔付；强降雨赔付限额5 200万元，根据降雨量分 4 层赔付。2016 年 10 月的台风“海马”触发一次赔付，共支付赔款 2 100 万元，发挥了保险“社会稳定器”的作用。2024 年 2 月，全国首个全灾种、广覆盖、长周期综合性巨灾保险在河北落地。该综合性巨灾保险实现了所有自然灾害全覆盖，签订 5 年期保险合同，是推动形成中国特色巨灾保险保障体系的重要实践。

我国巨灾保险虽取得了阶段性进展，但相较于发达国家依然存在较大差距。我国虽然已建立了自己的地震、台风等巨灾模型，但巨灾数据基础较为薄弱，急需开发更符合中国实际的巨灾模型。与发达市场相比，我国巨灾保险的覆盖面较窄。全球巨灾保险赔付占自然灾害造成的损失的平均比例为 30%～40%，在北美保险渗透率较高的市场该比例为 50%～60%，而我国巨灾保险的赔付仅占经济损失的 10%左右。[①] 与发达市场相比，我国

① 数据来源于瑞再研究院。

巨灾保险意识、巨灾保险覆盖率以及渗透率相对较低，保障缺口较大。

5.4 供应链信用风险的管理

5.4.1 信用风险的管理工具

从风险类型上看，信用风险一般包括两类：一类是商业风险，一般为商业主体因破产等原因无法按合同约定偿还债务的风险；另一类是政治风险，一般为国家层面的征收、汇兑限制、战争及政治暴乱等政治事件导致出口企业遭受经济损失的风险。通常情况下，商业风险往往具有损失频率高、损失金额小的特点，而政治风险在某一国频繁发生的概率不大，但一旦发生，所涉及的损失金额就相对较大。企业在从事国际贸易的过程中，往往会同时面临商业风险和政治风险，但由于国际贸易具有跨国特征，企业难以充分了解海外市场国别风险、政策制度、行业标准等信息，同时难以获取海外买方完整的经营和财务信息，所以需要通过特殊工具或机制为这些风险提供保障。而出口信用保险作为一项符合WTO规则的国际通行的贸易和投资促进政策，主要应用于跨境贸易与对外投资合作，自诞生至今便具有明显的风险分担和保障机制，能够有效分担和保障企业在国际贸易中所面临的商业风险和政治风险，并在逐步发展过程中显现出融资促进、市场开拓等作用，从而促进整个产业链的畅通、稳定运行。从广泛意义上看，当前出口信用保险的价值和作用主要体现在四个方面：一是防控风险，即通过帮助企业防控收汇风险，管控国外买家的信用限额，以对买家形成约束，保护本国出口企业利益。二是撬动融资，即通过介入并分担项目风险，做好融资增信，优化融资条件，促成融资协议。特别是对于中小企业来说，融资问题是制约其海外拓展的原因之一，出口信用保险具有的融资促进作用，能够为其提供“资金融通＋保险保障”的全方位金融支持。三是开拓市场，即通过向买方提供更多付款方式和账期选择，增强出口议价能力，提升企业在国际市场上的竞争力。四是损失补偿，即一旦在出口信用保险的承保范围内出险致损，出口信用保险就会及时给予补偿，并通过赔前减损、赔后追偿等最大限度减少损失，避免企业资金链断裂，稳定企业经营，进而提升供应链韧性。出口信用保险的保险责任包括买方付款信用方面的风险，如买方违约拒收货物、逾期不付款、破产或实际上资不抵债等，也包括进口国家内部政策调整如外汇管制导致贸易无法正常进行等风险，还包括投资所在国征收、汇兑限制、战争及政治暴乱等造成的投资损失风险。根据出口标的的性质、信用期限以及承保方式等的不同，可以将出口信用保险分为短期出口信用保险、延长期出口信用保险、中长期出口信用保险、特定出口信用保险以及海外投资保险。

专栏 5-1

全球出口信用保险发展历程

全球出口信用保险发展可主要归纳为三个阶段：

一是萌芽兴起时期。出口信用保险的诞生最早可追溯到 19 世纪初，主要由欧洲的商业保险机构创立。在创立之初，受风险可预见性差、容易大面积爆发、损失频率和程度高等因素影响，商业机构往往无力负担，因此发展速度较慢，业务规模相对较小。但第一次世界大战后，出于贸易扩张和资本输出需要，发达国家开始相继设立官方出口信用机构，出口信用保险开始起步发展。在此背景下，英国于 1919 年成立了世界首家官方出口信用机构——出口信用担保局，通过政府力量支持私有经济发展，以解决本国失业、恢复出口贸易；美国于 1934 年成立美国进出口银行，开展出口信用保险和出口信贷业务。第二次世界大战后，各国都迫切需要利用出口信用保险扩张贸易、复苏经济、提高就业，法国、德国等国家也相继设立了官方出口信用保险制度。在 20 世纪五六十年代，日韩工业化发展、经济腾飞时期也分别设立了官方出口信用保险机构，服务出口导向型经济。

二是商业化发展时期。20 世纪 70 年代以来，在新自由主义思想的影响下，国际贸易形式日益创新，对风险保障、融资支持的需求也更加多样化。为此，商业信用保险公司开始不断进入出口信用保险领域，以安卓（Atradius）、科法斯（Coface）和裕利安怡（Euler Hermes）为代表的商业保险机构经过一系列扩张和并购后，逐渐在欧洲乃至全球信用保险市场占据主导地位。与此同时，官方出口信用保险机构经营受到限制，

1978 年，英国通过《出口担保和海外投资法案》，将英国出口信用担保局的经营账户划分为商业账户和国家利益账户，明确了业务的商业化经营范围，并于 1991 年将英国出口信用担保局的短期出口信用保险（以下称短期险）业务出售给商业保险公司，被认为拉开了商业化经营的序幕。1997 年，欧盟委员会出台了关于短期险发展的、具有强制性的规范化文件，限制成员国官方机构支持涉及市场化风险的交易，并要求其在一年内退出相关短期险业务。在此情况下，欧洲短期险市场的大部分市场份额由商业性机构获得。

三是政策性强化时期。在 2008 年国际金融危机爆发后，全球信用风险水平急剧上升，商业保险公司大幅收缩出口信用保险业务，市场供给与需求矛盾突出。欧美等发达国家政府为稳定经济贸易，通过加强宏观调控与政府干预弥补市场失灵，推动官方出口信用保险机构提升承保能力，缓冲企业面临的风险。特别是 2020 年新冠疫情暴发后，各国政府再次强化对政策性金融工具的广泛运用。官方出口信用保险机构普遍推出一系列应对举措，以提振本国经济、保障本国出口。不同于欧美国家，日韩等亚洲国家与我国经济结构较为相似，其出口占国民经济的比重较高、国际市场份额较大，国家始终高度重视发挥官方出口信用保险机构对外贸发展的支持作用。日本贸易保险有限公司、韩国贸易保险公社在本国开放的短期险市场中均处于主渠道地位，承保能力较强且已形成了规模效应，担当着服务国家战略和宏观政策调控的重要职能。

目前，据初步统计，全球已有 80 多个国家和地区建立了出口信用保险制度，世界贸易总额的 14%左右得到了出口信用保险的支持。

专栏 5-2

主要官方出口信用保险机构对重点产业发展的支持情况

案例一：韩国贸易保险公社支持船舶产业发展情况

韩国是亚洲“四小龙”之一，在 20 世纪中期抓住全球经济发展的有利时机，跃居世界发达国家之列。韩国主要奉行外向型经济战略，通过引进出口信用保险政策性工具，促进国家对外经贸发展，并于 1992 年成立专营机构——韩国输出保险公社（KEIC），KEIC 后更名为韩国贸易保险公社（K-sure）。近年来，韩国 K-sure 得益于坚实的法律基础、有力的政策扶持，围绕国家战略和市场需要，充分发挥政策性功能，大力支持本国产业链发展，特别是对船舶等产业的支持成效更为明显。目前，船舶产业在韩国 K-sure 的中长期险业务中占比较为突出，整体上约占 30%左右，主要支持范围包括集装箱船舶、油轮和海工等细分领域。在具体支持举措方面，韩国 K-sure 加入并遵从 OECD 船舶出口信贷的行业谅解约定，承保金额最高可达到造船价格的 80%，赔偿比例为 95%～100%，可承保交船前和交船后风险，还款期最长为 12 年。

案例二：日本贸易保险公司支持能源资源类产业发展情况

日本贸易保险公司（NEXI）是日本官方出口信用保险的唯一经营机构。从其对外发布的数据看，NEXI 在成立之初就大力支持油气、基础设施等能源资源类行业发展。其早在 2001 年发布的财报数据就显示，在项目投融资类业务的 24 亿美元保额中，油气、基础设施、电信、电子设备、化工分别占比 51%、18%、12%、8%、7%，油气和基础设施合计占比约 70%，意味着在 20 多年前日本官方出口信用保险机构就大力支持本国能源资源类产业发展。近年来，NEXI 仍在大力支持相关行业发展。NEXI 公开数据显示，其 2021 年海外投资险 196 亿美元的责任余额中，前三大行业分别为传统能源（121 亿美元，占比 62%）、制造业（29 亿美元，15%）、自然资源（21 亿美元，11%），能源资源类行业仍然是其重点支持领域。特别是 NEXI 近年还推出了海外资源能源投资贷款保险，以保障日本银行向海外项目公司（不限于日本本国企业）提供的优先级贷款或日企投入海外资源项目公司的股本或次级贷款，贷款资金应用于为获取资源能源而进行的股权投资、权利收购或承购，通过更优惠的费率、更高的赔偿比例等承保更多样化的投融资，以有效支持日本海外资源能源安全战略。

案例三：美国进出口银行支持航空航天产业发展情况

美国进出口银行（美国口行，US EXIM）是美国政府全资拥有的官方出口信用保险机构，也是美国官方出口信贷和出口信用保险的唯一经营机构。自 1960 年至今，美国口行一直积极支持航空航天产业发展。据初步统计，早在 1970 年前后的 10 年间，美国整体民用航空器出口共计约

120亿美元，其中美国口行共提供贷款支持的就有约60亿美元。而自2008年以来，美国口行年均向航空航天产业提供近66亿美元支持，占其全口径业务的比重均值达33%，支持领域既包括波音（大型客机）的数亿至十亿美元级的大项目，也有湾流、西科斯基、塞斯纳（公务机、直升机、农用机）的数百万至千万美元级的“小而美”项目，并被外界称为“波音银行”。得益于包括美国口行等在内的资金和政策的大力支持，美国航空航天产业规模和技术水平一直位居世界前列。

对于中小企业来说，融资问题是制约其海外拓展的原因之一，出口信用保险具有明显的融资促进作用，可以提供“资金融通＋保险保障”的全方位金融支持。目前，在我国出口信用保险市场中，中国信保通过“链式承保”将服务延伸至产业链上下游以及周边相关领域，以实现全产业链分工协作、协同发展，引导全产业链优化产业布局；利用出口信用保险支持贸易类以及项目类业务产业链的发展，为跨境供应链的稳定保驾护航；针对跨境电商业务风险保障需求，创新推出跨境电商出口政治风险保险、平台支付风险保险和海外仓销售风险保险三款系列产品；在服务贸易领域，开展货运服务无追索权保理融资业务，有效解决了货代企业“融资难”问题，近三年支持的外贸新业态新模式出口和服务贸易出口年均增速分别达到16%和38%。自2022年以来，中国信保开始通过中长期出口信用保险、海外投资保险等项目险业务对支持产业链供应链发展进行尝试探索，并以新一代信息技术、海洋工程装备和船舶、新能源电力装备、轨道交通装备等重点产业为切入点，系统开展市场摸排，梳理“链主/龙头企业”及重点潜在项目，初步确定了包括重点客户、工信部等部委确定的专精特新“小巨人”和制造业单项冠军企业以及各省市政府确定的产业链“链长/链主”企业在内的产业链重点企业，以及200余个产业链重点潜在项目。2023年，中国信保研究出台首个涵盖项目险业务的新能源产业链支持政策，并在中长期险、海外投资险等产品所支持的新能源项目上进一步优化承保条件和材料审核要求，巩固和加强我国新能源产业链全球竞争力和影响力，为助力构建国内国际双循环新发展格局提供了坚实基础。

专栏5-3

中国信保服务产业链发展实例

案例一：抓住链主企业新战略布局，深化信保产业链服务方案

广东H集团是A股上市的高新农牧龙头企业。集团基于发展战略、产业技术升级等考虑，从2018年开始加大海外市场布局力度，推进产销本地一体化模式，在越南、印度等区域建立上规模生产基地。随着中印局势变化等一系列事件的爆发，集团对海外投资的风险更加重视。中国信保第一时间与集团做了沟通，与集团形成风险共识，对其12项海外投资提供风险保障，合计约2.7亿美元。为进一步推动本地化突破技术壁垒、更快速地掌握产业新技术，从而带动国内产业迭代升级，H集团为生产基地开展产线采购等，单个项目资金规模不大，属于中国信保重点支持"小而美"项目。中国信保积极联动银行等金融机构，精心设计了一套信保融资方案，配套了一揽子综合服务，支持H集团落地了印度尼西亚产线采购项目的买贷方案，为H集团实施全球化产能项目提供了风险保障和融资支持。

此外，H集团还在与中国信保探讨通过短期出口信用保险保障其海外应收账款，承保企业出口贸易应收账款因商业风险和政治风险引起的损失，从而实现从投资建设-设备采购-产成品贸易的闭环，深度参与企业全球化经营的每一步，打通"最后一公里"信保服务。

案例二：加大跨境人民币结算出口业务支持，助力新兴市场稳链拓链

阿根廷R公司为家电龙头企业在阿根廷的交易对手，主要交易产品包括电视、空调、手机、音箱等。根据阿根廷进口政策调整要求及出于缓解美元紧缺压力的考虑，今年初部分家电企业推动与R公司使用人民币偿付美元应收款，以及推动使用人民币结算。同时，企业向中国信保提出希望进一步加大对该业务的支持力度，进一步扩大对人民币结算业务的授信支持。中国信保收到企业需求后，认真细致地开展研究分析，并向企业精准传递信保支持跨境人民币结算相关政策。考虑到部分家电企业自主品牌业务在阿根廷市场占有率较高，与R公司合作关系良好，且采取了人民币结算、人民币偿付美元应收款等风控措施，为了更好地支持家电产业链在重点新兴市场稳链拓链，中国信保在防范发生系统性风险的前提下，适度加大对出口企业与R公司采取人民币结算业务的限额资源投放，助力企业通过人民币结算贸易破解阿根廷市场的汇困问题，大大提高了出口企业在国际贸易中使用人民币结算的积极性，为企业稳住当地市场份额提振了信心。

5.4.2 出口信用保险实践现状

中国信保于2019年开始探索产业链承保，近年来将出口信用保险服务前移，相继开创了“信保＋银行商业贷款”“政府＋银行＋保险”“信保贷”等政银保企联动合作模式。随着产业链工作的横向拓展和纵向深化，中国信保初步建立了具有信保特色的产业链服务支持体系。在贸易类业务下，中国信保形成了电子信息、家电及消费电子、整车工程机械、生物医药、新能源、纺织服装和现代农业七条产业链。2023年，中国信保支持上述七条重点产业链的业务规模占公司整体业务的比重接近50%。

专栏5-4

中国信保贸易类业务服务产业链发展的实践与探索

近年来，随着产业链工作的横向拓展和纵向深化，中国信保初步建立了独具特色的产业链服务支持体系，特别是在贸易类业务下，经过探索尝试、全面推广、优化提升等不同阶段，已经形成了电子信息、家电及消费电子、整车工程机械、生物医药、新能源、纺织服装和现代农业七条产业链。

一是探索尝试阶段。电子信息是我国最重要的支柱性战略新兴产业，也是中国信保贸易险业务的第一大承保行业。2019年，中国信保选取电子信息行业作为试点，成立了电子信息产业链承保团队，将152张出口险和69张内贸险存量保单进行集中统一管理，开启了对产业链承保模式的初步探索。根据实践总结，电子信息产业链条长、布局全，全球化程度高，产业链信息透明度高，客户买方重合度高，具备实施穿透式风险管理的条件，链式承保发挥作用的潜力非常大。2020年，电子信息产业链团队结合市场需求和业务实际，研究出台了专项服务支持措施，突出对产业链重点企业和关键环节的支持，覆盖产业链龙头企业、海外渠道商、国内配套企业和中小经销商，通过超常规的授信支持措施，打通产业链堵点，维护上下游稳定畅通。

二是全面推广阶段。2021年，在总结电子信息产业链承保经验的基础上，为加快产业链承保模式的复制推广，结合市场需求和行业承保情况，中国信保确定了七条产业链并提出“1+2+4”的产业链梯次复制方案（其中“1”是指电子信息产业链，“2”是指家电及消费电子、整车工程机械两条产业链，“4”是指生物医药、新能源、纺织服装和现代农业四条产业链），并配套出台了各产业链专项服务支持措施，从政策层面加强对产业链的针对性支持。

三是优化提升阶段。2022年，中国信保在产业链成功复制并推广的基础上，进一步深化细化相关工作：在承保管理上，推动七条产业链全部实现保单和限额的集中审批；在政策供给上，加强政策的执行效果回溯分析，优化完善产业链政策措施；在工作机制上，强化与营销端联动，进一步突出对客户的支持；在风险防控上，加强产业链与国别风险研究的应用结合，强化产业链在风险防控方面的作用；在经验沉淀上，持续加强产业链专题研究，总结产业链承保特点，深挖集约化承保价值。经过多年的探索、推广与优化，目前中国信保在贸易险项下支持七条重点产业链出口规模持续提升，2023年承保规模已超3 600亿美元。

自2018年以来，出口贸易险支持跨境贸易人民币结算业务规模持续增长，年度承保规模相继突破400亿元、500亿元、700亿元、800亿元，并于2023年达1 456.7亿元，成为出口信用保险支持跨境人民币结算的重要方式（见图5-5）。

中国信保支持的人民币跨境结算业务在国别和地区分布方面相对集中，主要分布在俄罗斯、韩国、印度尼西亚、巴基斯坦、新加坡等周边国家，以及法国、德国、英国等欧洲国家。从业务占比看，前十位国家和地区相对固定，且累计业务占比历年均在60%左右（见表5-2）。在中国信保支持的跨境贸易人民币结算业务中，家电及消费电子产业链、整车工程机械产业链、纺织服装产业链获得的支持力度相对较大，上述三

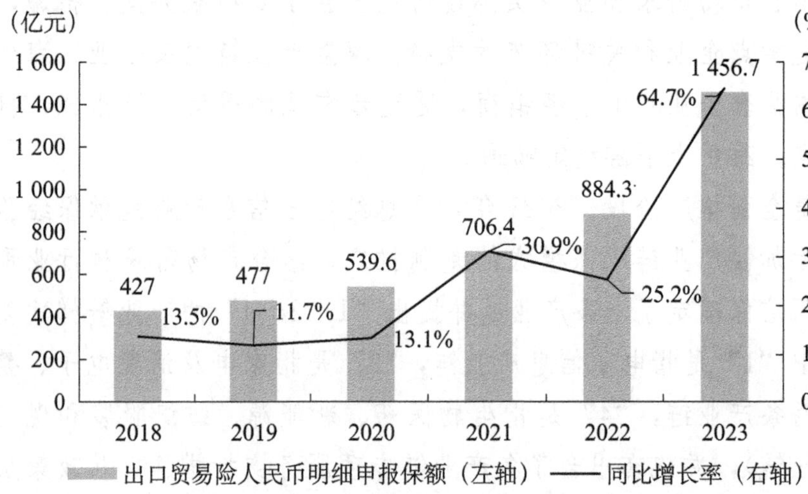

图 5-5　2018—2023 年出口贸易险支持跨境贸易人民币结算业务规模

条产业链的业务规模占比超 60%，承保行业与产业链高度契合。在国家整体政策导向的支持下，中国信保支持的跨境贸易人民币结算客户数量持续增长，2018—2023 年，出口贸易险服务人民币明细申报业务的客户数量分别为 1 441 家、1 615家、1 847 家、1 903 家、2 662 家和 3 770 家，年均增幅超 20%。客户主要集中于广东、浙江、江苏和山东四个省份，这些省份的承保金额占整体承保金额的 60%以上，其中以国有企业和民营龙头企业为主，包括美的、格力、海信、中国重汽、长城汽车、华为、中兴等家电、汽车以及电子信息行业的企业。

表 5-2　2018—2023 年出口贸易险人民币明细申报保额前十位国家（地区）及其业务占比

排名	2018 年		2019 年		2020 年		2021 年		2022 年		2023 年	
	国家/地区	业务占比	国家/地区	业务占比	国家/地区	业务占比	国家/地区	业务占比	国家/地区	业务占比	国家/地区	业务占比
1	伊朗	12.6%	俄罗斯	15.9%	俄罗斯	14.6%	俄罗斯	13.6%	俄罗斯	18.4%	俄罗斯	31.8%
2	俄罗斯	12.3%	美国	6.9%	韩国	6.5%	韩国	8.3%	韩国	7.5%	印度尼西亚	4.8%
3	美国	7.7%	中国香港	6.4%	中国香港	6.4%	巴基斯坦	6.5%	印度尼西亚	5.8%	韩国	4.6%
4	中国香港	5.9%	韩国	4.9%	美国	6.1%	法国	5.9%	法国	5.4%	法国	4.2%
5	韩国	5.5%	新加坡	4.5%	德国	5.7%	美国	5.9%	德国	4.8%	阿根廷	3.9%

续表

排名	2018 年		2019 年		2020 年		2021 年		2022 年		2023 年	
	国家/地区	业务占比	国家/地区	业务占比	国家/地区	业务占比	国家/地区	业务占比	国家/地区	业务占比	国家/地区	业务占比
6	德国	5.3%	德国	4.4%	法国	4.5%	德国	5.3%	巴基斯坦	4.7%	中国香港	3.9%
7	英国	4.9%	英国	4.2%	新加坡	4.4%	中国香港	4.9%	中国香港	4.5%	马来西亚	3.1%
8	日本	3.6%	印度尼西亚	3.8%	巴基斯坦	4.3%	新加坡	4.6%	新加坡	3.9%	印度	3.0%
9	新加坡	3.5%	日本	3.7%	印度尼西亚	3.8%	印度尼西亚	4.5%	英国	3.7%	德国	2.8%
10	法国	3.0%	巴基斯坦	3.6%	英国	3.5%	菲律宾	3.2%	马来西亚	3.3%	菲律宾	2.7%

在中长期出口信用保险、海外投资保险等项目类业务下，中国信保初步选取了与贸易险业务关联度较高的电子信息、整车工程机械、新能源三条产业链，以及矿产、油气、基础设施等具有项目险特色的行业进行产业链承保探索。近年来，中国信保通过中长期出口信用保险、海外投资保险、短期出口特险（以下分别简称中长期险、海投险、特险）等产品也在积极支持跨境人民币结算业务。2018 年至今，累计支持以人民币为保单结算币种的业务总承保金额超 500 亿元，主要支持的跨境人民币结算业务涉及电信、专用设备制造和采矿业等行业领域，合作国家集中于吉尔吉斯斯坦、印度尼西亚、土耳其、墨西哥等 7 个。出口信用保险的项目类业务往往需要有融资银行向企业提供项目建设融资等，其中在海外投资项目方面，融资银行也涉及向企业的对外投资等提供贷款的情况。对于跨境贸易人民币结算业务来说，中资银行相较外资银行具有较明显的人民币融资成本优势，因而成为人民币融资的主要供给方。跨境贸易人民币结算业务主要集中于国家开发银行、进出口银行等政策性银行和工商银行、农业银行、中国银行、建设银行等国有大型商业性银行。从历史承保情况看，除传统业务类型外，中长期险和特险主要支持的跨境贸易人民币结算业务还涉及投融建营一体化项目以及国内信用结构项目。

近年来，虽然政府部门不断优化促进跨境人民币结算的系统规划和政策体系，但地方部门对应的安排或举措相对较少，存在地方分支机构与政府部门有效合作不足的问题。此外，人民币保单融资业务暂处于起步发展阶段，针对跨境人民币业务融资的体量总体较小，跨境人民币结算的基础仍需巩固。2023 年 3 月，国家外汇管理局跨境金融区块链服务平台“出口信保保单融资”应用场景升级，目前正在推广使用。根据统计数据，2023 年前三季度，跨境金融区块链服务平台为公司出口贸易险业务提供人民币融资放款 26.1 亿元，其中，为跨境人民币结算业务提供的线上融资仅 3.1 亿元，占比相对较小。短期内难以改变的以美元为主的跨境支付格局以及全球金融市场冲击为人民币结算的推广与出口信用保险的发展带来了挑战。根据中国人民银行发布的《2023 年人民币国际化报告》，2023 年一季度末，美元的国际化综合指数为 57.68，远高于人民币国际化综合指数 3.26。极端情景下的金融市场冲击为金融服务的能力与时效带来了极大的不确定性。在此情景下，需要加强对全球政治、经济形势的监测，评估国际贸易风险，以规避制裁等风险带来的损失。

5.5 对策建议

通过多方合作对供应链风险进行管理能够提高供应链的稳定性和韧性，贸易摩擦加剧以及新冠疫情危机让企业更加关注供应链的内在脆弱性。商业保险的使用可有效解决供应链企业抗风险能力不足的问题，减少意外事件对供应链的影响。供应链中的某些环节可能因不可预见的灾难事件而中断，导致生产中断和交付延迟。当供应商的风险承受能力较低时，由于无力承担风险造成的损失，供应链上下游企业的生产会受到影响，造成供应链无法正常运转。但是，供应商可以利用保险策略将风险全部转移给保险公司，弥补风险事件发生后所遭受的经济损失，提高自身的风险承受能力，增强了合作伙伴之间的信任和透明度，有助于建立更加紧密的合作关系，提高供应链的整体运作效率和灵活性。

我国已在营业中断险和巨灾保险产品领域开展广泛实践，但企业财产保险原保费收入占财产险原保费收入的比例仅为 3.7%，供应链中断风险保障程度较低。此外，我国巨灾保险的赔付仅占经济损失的 10%左右，远低于发达国家的赔付比例，巨灾保险制度建设仍需进一步完善。当前自然灾害频发，新冠疫情以及中美贸易战等因素使得供应链风险敞口扩大，推动全球供应链加速变革。产业链供应链安全是我国经济高质量发展的基础，在当今国际局势复杂、贸易保护主义兴起的局势下，我国产业链供应链依然面临巨大的风险敞口。党的二十大报告指出："加快建设现代化经济体系，着力提高全要素生产率，着力提高产业链供应链韧性和安全水平"，"加快发展数字经济，促进数字经济和实体经济深度融合"。政府、企业以及保险公司合作分担供应链风险可以减少突发事件对供应链企业资产负债的影响，从而帮助企业建立长期韧性，实现增强供应链韧性、提升供应链风险防控和应急处置能力的目标。通过三方合作可以显著提高全球供应链韧性，有助于保障全球贸易的顺畅进行。通过供应链的合作，中国企业可以与国际合作伙伴建立更紧密的经济联系，推动人民币在国际贸易中的使用，推动人民币国际化进程。

为了更好地发挥风险管理对供应链稳定的保障作用，我们提出如下建议：

第一，创新保险产品和服务，扩大可保范围。目前针对供应链中断风险的保险产品以及巨灾风险的保险产品还处于发展初期，部分风险处于不可保的范围。保险机构应积极嵌入供应链环节，加强保险产品的创新，扩大可保范围，增加相应保险产品的供给，通过保险或再保险为社会提供多样化的保险产品、防灾减灾救灾技术和服务，承担合理的灾害损失，保障供应链风险。在出口信用和海外投资保险方面我国已经积累了丰富的经验，鼓励出口信用和海外投资保险产品的创新，提供更加丰富的保险产品。全面保障全球供应链中存在的跨境交易和投资风险，保障供应链的正常运行，提高供应链的稳定性和韧性，有助于提升中国在全球供应链中的地位。

第二，制订定制化风险管理方案，精准保障供应链风险。随着数字科技的发展与应用，利用数字科技更好地对供应链进行风险识别、评估和监控，实现定制化供应链风险管理，是未来管理供应链风险的趋势。当前，产业链的发展呈现出向绿色低碳转型、数字智能化、轻资产运营等新趋势，对金融服务提出了新的更高要求。金融服务要向智能化、生态化、服务化和可视化转型，从而形成更加高效、普惠的金融支持手段。而传统金融服务在产品体系、业务运营、风险定价和管控等方面还不能很好地适应，针对性强、匹配度高的金融产品和服务供给不足，进而影响到供应链的创新活动，无法提升产业链方面的功能。可通过大数据分析以及区块链等技术精确匹配风险管理服务，充分考虑供应链风险特征，定制满足企业需求的金融产品，提高金融产品与产业链供应链的匹配度，帮助企业更好地管理国际业务风险，支持企业的国际化战略，进而推动人民币在国际交易中的使用。

第三，强化协同配合，管理供应链风险。要提高政企合作水平，形成商业型保险与政策型保险相互补充的格局，充分发挥政府以及保险公司在经济增长与产业结构优化中的支持作用；要考虑到巨灾保险的准公共产品属性，坚持“政府推动、商业运作”原则，不断完善巨灾保险制度，逐步形成中央和地方财政支持下的包括保险、再保险、巨灾保障基金、巨灾债券等在内的多层次巨灾风险分散机制；要利用出口信用保险的风险防控与市场拓展功能，将出口信用保险相关服务政策纳入支持跨境人民币结算相关政策体系中，丰富出口信用保险助力跨境贸易的应用场景，推动人民币国际化进程，提升产业链的整体竞争力；要加强地方政府、保险公司与银行等金融机构之间的密切合作，进一步完善相关政策，特别是对于高新技术等战略新兴产业给予更多政策倾斜，因地制宜地开发适合当地保障需求与财政水平的保险产品；要构建供应链保险服务体系，促进上下游企业间的合作与风险共担，有效分散和缓解供应链中断、市场需求波动等带来的不确定性风险，为供应链安全稳定提供有力支撑；要让不同保障层次之间各司其职、相互衔接、相互补充，从而在全球竞争格局中提升我国实体经济的竞争力和抗风险能力，助力实体经济高质量发展。

第四，优化风险管理策略，提升供应链抗风险能力。在全球化的商业环境中，供应链的复杂性不断增加，风险管理也变得尤为重要。随着全球经济不确定性因素增加，供应链面临的风险日渐凸显。供应链风险具有动态性和转移性，会随着市场环境、技术进步、政策变化等因素的演变而不断变化，一个环节的风险可能会转移到其他环节，从而影响整个供应链的稳定性。在风险管理中，不仅要关注直接的风险源，还要考虑到间接影响和潜在的连锁反应，可以通过供应链信息共享平台及时调整保险策略和供应链管理策略，提高整体风险管理水平。人民币在国际贸易和金融交易中的地位日益提升，为供应链企业提供了更多的货币选择和风险对冲工具，也带来了新的挑战，如汇率风险管理和对跨境资金流动的监管等。在制定供应链风险管理策略时，需要综合考虑供应链的传播性、动态变化和转移性，以及人民币国际化带来的新机遇和挑战，通过更精准的风险评估和应对措施提高整体的风险管理水平，提高供应链的稳定性和韧性。

第 6 章 跨境支付体系与全球供应链

近年来，国际地缘政治冲突加剧，全球化进程遭遇严重冲击，跨国公司适应性调整全球供应链布局，全球供应链发展呈现本土化、多元化、数字化等新趋势，对跨境支付提出了新的要求。本章从互操作性、便利性、安全性的角度出发，聚焦讨论跨境支付体系变革应对供应链变动趋势的逻辑和路径。

6.1 跨境支付体系与全球供应链变革

经济全球化以来，全球分工的高度专业化以及各国生产的互补性增强，使得全球价值链中一个断点就可能影响到整个链条的生产。当前，供应链的不确定性、不稳定性增加，关于产业链的友岸外包或者近岸外包、去风险化、去全球化的讨论日益增多，全球供应链脱钩风险显现。供应链包括物资流转、商业流转、信息流转、资金流转四个流转进程，全球供应链的正常运行离不开跨境支付体系的高效配合，因此全球供应链变革也对跨境支付提出了新的挑战。

6.1.1 全球供应链变革：典型特征

近年来，中美贸易战、新冠疫情大流行和俄乌战争等地缘冲突爆发，跨国公司适应性调整全球供应链布局，全球供应链发展呈现本土化、多元化、数字化等新趋势。

第一，供应链本土化。供应链本土化是指将原本跨国或全球化的供应链体系中的一部分或全部环节重新定位或转移至本国内的策略。供应链本土化有以下四种形式：一是保持内包的回流（In-house Reshoring），表示将境外全资子公司控制的制造活动转移给境内全资子公司。二是为外包而回流（Reshoring for Outsourcing），表示将境外全资子公司控制的制造活动外包给境内供应商。三是为内包而回流（Reshoring for In-sourcing），表示将境外供应商承包的制造活动转移给境内全资子公司。四是保持外包的回流（Outsourced Reshoring），表示将境外供应商承包的制造活动转移给境内供应商。[①]

在全球化时代，供应链往往跨越多个国家和地区，这使得企业面临着诸如地缘政治风险、自然灾害、贸易政策变化等外部因素带来的不确定性和风险。供应链本土化通过减少跨国运输、降低对外部供应商的依赖程度，提高了企业对市场变化和风险的应对能力。近年来，美国、欧盟等发达经济体推出一系列政策，包括税收激励、提供资金支持和补贴、加强对本土技术和创新的支持等，积极推动制造业回流，取得了较大进展。美国咨询公司 Kearney 曾调研过美国制造部门高管和 CEO，发现几乎所有行业都有超过 80%的企业制定了未来 3 年内至少回流部分制造业务的战略。根据该公司的调研结果，2022 年已有 38%的企业回流其全部或部分制造业务，46%的企业决定在未来 3 年内回流其部分制造业务，这意味着到 2025 年将有 84%的美国企业部分或全部回流其制造业务。

第二，供应链多元化。供应链多元化是指企业在采购和供应环节中，不局限于一个或少数几个供应商，而是选择多个供应商，以降低采购和供应风险、提高灵活性和响应速度、降低采购成本。供应链多元化是指企业战略性地使其产品类型、供应商和客户群多元化，以对冲潜在或现

① Gray J. V., Skowronski K., Esenduran G., et al., "The Reshoring Phenomenon: What Supply Chain Academics Ought to Know and Should Do," *Journal of Supply Chain Management*, 2013, 49 (2): 27-33.

有供应链风险。[①] 供应链多元化主要有三种模式：一是全球供应链采购渠道的多元化，表示跨国公司将采购渠道拓展到某个地区的多个经济体或全球范围内的多个地区。二是增强全球供应链标准的包容性，表示跨国公司为了应对生产过程中某些核心零部件的短缺危机，提高生产灵活性，防止正常生产受到影响。三是全球供应链生产布局多元化，表示跨国企业为了追求更低的生产成本以及分散生产风险，将生产分散到两个或更多国家。

为了维持供应链的安全和稳定，增强全球的竞争优势，跨国公司供应链多元化趋势愈演愈烈。欧洲方面，新冠疫情和俄乌冲突导致欧洲出现原材料短缺，生产成本急剧上升。为了降低成本和避免供应链中断，2022 年欧洲转移供应链的公司数量同比增加了一倍，40%的欧洲企业高管表示将重新配置供应链，实现多样化供给。美国为了片面强化自身国家经济安全，采用"脱钩断链""友岸外包"等手段，遏制新兴国家科技进步，以确保产地、原材料的多元化。

第三，供应链数字化。全球供应链数字化是以移动互联网、云计算、大数据、人工智能、物联网、区块链等数字技术为依托，以大数据为基础，以核心产品数字化为核心，以供应链流程优化重构为手段，减少信息不对称，降低交易、物流、人力成本，形成柔性化、模块化、以用户为中心的生产模式。全球供应链数字化主要有四种形式：一是供应链核心产品数字化，指的是供应链的核心产品不仅包括有形的数字产品（比如 ICT 产品），还包括无形的可数字化交付的产品，即数字服务贸易。二是全球供应链贸易方式的数字化，指的是新一代信息技术在供应链末端的应用推动了销售渠道的深刻革命，典型代表是跨境电子商务。三是全球供应链生产环节的数字化，典型代表是数字孪生工厂。四是 C2M 全球供应链全链条数字化，指的是需求直接驱动制造，连接供需两端的全新制造模式。

值得一提的是，跨境电子商务作为数字化全球供应链贸易的典型代表，近年来增长势头尤为迅猛。我国 2023 年的跨境电商进出口总额高达

---

① Wang Q., Zhou H., Zhao X., "The Role of Supply Chain Diversification in Mitigating the Negative Effects of Supply Chain Disruptions in COVID-19," *International Journal of Operations & Production Management*, 2024, 44 (1): 99-132.

2.38 万亿元，实现了 15.6%的同比增长。其中，出口额达 1.83 万亿元，增长率高达 19.6%，而进口额则为 5 483 亿元，增长 3.9%。随着消费者对于跨境电商的认可度和需求逐年攀升，2023 年参与跨境电商进口的消费者数量已达到 1.63 亿。在此背景下，中国涌现出速卖通、SHEIN、Temu 等一批颇具影响力的新锐跨境电商平台。这些平台不仅推动了我国跨境电商的繁荣发展，还带动了海外仓、跨境物流、跨境支付等相关领域的快速进步，共同构建了我国跨境电商的强大竞争力。目前，我国的跨境电商贸易伙伴已遍布全球 220 个国家和地区，市场范围从传统的欧美日逐步扩展至东南亚、非洲、中东、拉美等新兴地区，展现了广阔的发展前景。

6.1.2 全球供应链变革与跨境支付体系：逻辑与路径

从跨境支付的角度来看，全球供应链变革给跨境支付提出了新的挑战。跨境支付是国家或地区之间因国际贸易、国际投资以及其他方面经济活动，借助一定的结算工具和支付系统实现资金的跨国和跨地区转移的行为。各种跨境贸易活动都离不开跨境支付的支持，因此，跨境支付与国际供应链产业链分工及跨境贸易活动紧密相关，其技术和设计的不断更新迭代也为供应链的稳定带来了积极的影响。

国际清算银行支付与市场基础设施委员会（CPMI）梳理了现有的跨境支付系统，发现现行的跨境支付还存在七个主要问题：数据格式不统一、合规检查处理复杂、操作时间有限、技术平台创新不足、交易链漫长、资金成本高昂和竞争较弱。针对这些问题，二十国集团（G20）制定了增强跨境支付路线图（G20 Roadmap for Enhancing Cross-border Payments），并提出了进一步优化跨境支付系统的步骤，以期在维护安全保障的同时，实现更快、更便宜、更透明、更具包容性的跨境支付服务。[①]图 6－1 列出了 G20 增强跨境支付的路线图的工作模块。

以互操作性（在广度上实现支付系统广泛互联）、便利性（在深度上实现跨境支付快速便捷）、安全性（保证跨境支付安全可监管）为代表的

---

① CPMI, "Enhancing Cross-border Payments: Building Blocks of A Global Roadmap—Stage 2 Report to the G20 : Technical Background Report", 2020; FSB, "Enhancing Cross-border Payments—Stage 3 Roadmap", 2020.

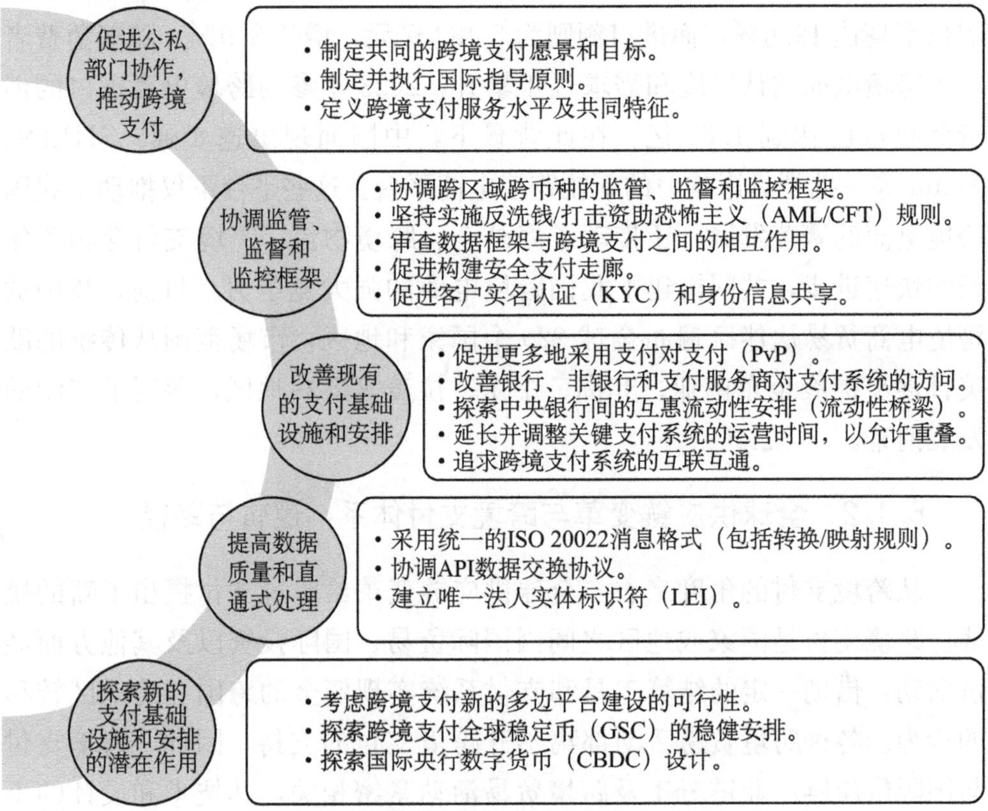

图 6－1　G20 增强跨境支付路线图的工作模块

资料来源：根据 G20、金融稳定理事会（FSB）、CPMI 的资料整理制作而成。

跨境支付体系变革能够为供应链变动趋势提供应对方案。

首先，跨境支付互操作性能够满足供应链本土化的跨境支付需求，即在供应链本土化迁移的背景下，降低因供应商回流而两地跨境支付系统不互通导致的“断链”风险，从而保证供应链的稳定。跨境支付互操作性还可以支持供应链多元化扩展，使该国企业在选择供应链上下游企业时有更大空间，以应对供应链多元化的趋势。

其次，跨境支付便利性意味着跨境支付成本的降低和效率的提升，有助于提升供应链资金流转效率，维持供应链高效稳定运行。跨境电商发展势头迅猛，成为供应链数字化的典型特征之一。但是，跨境电商的参与者以中小微企业为主，它们的资金链相对脆弱，交易链条冗长且复杂，中小微企业在处理收单与结汇时经常面临收费不透明、资金安全缺乏保障、收款周期长等诸多难题，这意味着跨境电商对跨境支付提出了更高的要求。跨境支付便利性能够支持跨境电商资金高效运转，顺应供应链的数字化趋势。

最后，跨境支付安全性能够缓解金融制裁风险，确保在发生金融制裁的情况下还能够通过“备份渠道”进行必要的跨境支付，维持供应链稳定。跨境支付安全性还可以帮助企业应对网络攻击造成的支付暂停、资金丧失、信息泄漏，甚至供应链中断问题。采用现代加密通信技术的跨境支付体系有助于对资金实施监控、全面追踪，有效防范黑客网络攻击，防范交易信息泄露风险，保障供应链稳定。

图 6-2 汇总了跨境支付体系优化对供应链稳定的影响。

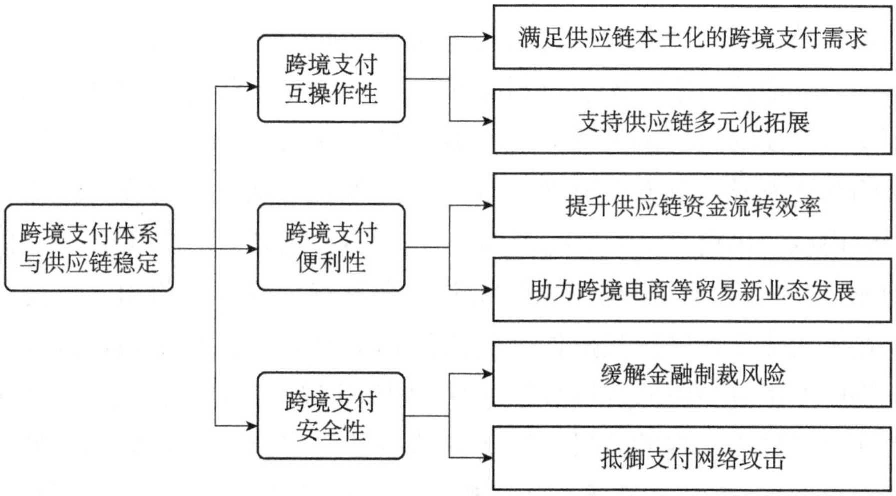

图 6-2　跨境支付体系优化对供应链稳定的影响

6.2　跨境支付互操作性与供应链稳定

6.2.1　跨境支付互操作性的现状与改进

互操作性（Interoperability）是使一个系统或机制能够与其他系统或机制结合使用的技术或法律兼容性。在过往的发展中，许多大型经济体或贸易区都开发了自己的跨境支付清算系统，在供应链发展呈现区域化、本土化的情况下，一国的贸易需求往往涉及跨区域跨系统的支付，传统上，如果双方系统不能很好地兼容连通的话，那么一般通过更换为双方均可参与的支付系统或通过第三方（代理银行）来实现跨境支付，在具体实践中，代理银行是更常见的选择。但根据国际清算银行的统计，全球代理银行关系网络在逐渐缩减，部分银行退出了许多国家和地区的代理银行业务，也有一些银行关闭了代理银行服务。[①] 对于代理银行业务减少的国家和地区来说，这对其供应链的稳定会带来较大的负面影响，此时，跨境支付系统与其他跨境支付系统的互操作，不仅是出于降低成本的考虑，更是保证供应链安全稳定的重要举措。

BIS、IMF、CPMI 和 FSB 等国际组织都在致力于推动跨境支付系统之间的互联互通。根据现有的研究，跨境支付系统的互操作主要基于三个方面：时间上互操作、标准上互操作、技术上互操作。

首先是时间上互操作，这是实现互联互通的前提。出于对运行成本的考虑，大部分国家的跨境支付系统都是在工作日的部分时间开放，但某些交易涉及的两个国家在时区上有差异，导致两国跨境支付系统的开放时间存在差异，双方仅可在系统开放的重叠时间里进行交易，而在其他时间内就会出现交易的“空窗期”，这提升了跨境支付乃至供应链的时间和成本。当两个系统在开放时间上完全没有重叠时，两国之间交易就会存在极大障碍，进行互操作性的改进也无从谈起。相应地，这也会在一定程度上影响一国的贸易对象选择。CPMI 提出，延长跨境支付系统运行时间是最易于实现的改进（因为它涉及的更多是各国对成本的考量而非技术协调），并提出了延长和调整跨境支付系统运营时间的三种方案，包括逐步增加工作日的运行时间、延长非工作日的运行时间以及扩展到每周 7 天每天 24 小时的全天运行。[②] 主要经济体和贸易型国家也在致力于延长自身支付系统的运行时间，以拓展跨境支付服务。

其次是标准上互操作。这是实现互联互通的基础。在满足开放时间有重合的前提下，一致的标准便是进行互操作技术开发的基础，包括法律法规的协同兼容和数据标准的统一，其中，数据标准的统一是目前跨境领域工作的重点。国际清算银行支付结算体系委员会（CPSS）和国际

① Rice T.，Peter G. and Boar C.，“On the Global Retreat of Correspondent Banks，” *BIS Quarterly Review*，March 2020.

② CPMI，“Operational and Technical Considerations for Extending and Aligning Payment System Operating Hours for Cross-border Payments：An Analytical Framework，” CPMI Papers，February 2023.

证券委员会组织（IOSCO）较早就要求跨境支付系统要在信息传输中适应国际标准。2004年，国际标准化组织（ISO）制定并发布了国际标准《金融服务金融业通用报文方案》（ISO 20022）。这是金融机构之间电子数据交换的国际标准。CPMI在2021年末的调查中发现，78%的国家和地区目前正在使用或计划使用ISO 20022作为跨境支付系统的数据传输标准，SWIFT也计划到2025年将通过其网络发送的所有跨境支付信息转换为ISO 20022格式。[①] 更结构化、标准化的数据提高了系统互联互通的可行性，也能够提高系统合规性监测的效率。

专栏6-1

ISO 20022与跨境支付信息统一

二十国集团增强跨境支付路线图指出，支付信息和数据格式标准的碎片化是影响跨境支付的主要摩擦之一，导致跨境支付成本高、速度慢且缺乏透明度。长期以来，全球大多数国家都为跨境支付系统建立了自身的支付消息标准，SWIFT消息标准（SWIFT Message Type，简称SWIFT MT）提供了跨境支付系统处理跨境支付信息的方案，在一定程度上提供了互操作性。然而，SWIFT MT和国内专有标准之间的转换有时也会导致数据截断和碎片化问题，从而延迟跨境支付的处理并提升成本。在这一背景下，全球范围内越来越多的国家计划在支付系统中采用ISO 20022来取代国内专有标准。CPMI在2021年末开展的调查显示，在38个司法管辖区的56个跨境支付系统运营商中，78%的调查对象已经实施或计划在2025年实施ISO 20022。

ISO 20022是ISO技术委员会金融服务工作组（ISO/TC 68）在2004年编制的国际标准，全称是《金融服务金融业通用报文方案》（Universal Financial Industry Message Scheme，UNIFI），是在ISO 15022标准（Data Field Dictionary，数据域字典）基础上出台的优化版本。ISO 20022标准报文集涵盖了金融机构之间传输的各类信息，包括支付交易、

① FSB，"G20 Roadmap for Enhancing Cross-border Payments — First Consolidated Progress Report，" 2021；CPMI，"Harmonised ISO 20022 Data Requirements for Enhancing Cross-border Payments"，October 2023.

证券交易和结算、信用卡和借记卡交易等。整体标准由八个部分组成：(1) 元模型；(2) UML 概要；(3) 建模；(4) XML 模式；(5) 逆向工程；(6) 消息传输特性；(7) 注册；(8) ASN. 1 生成。ISO 20022 较为详细地规定了报文信息的标准格式、建模方法等。在具体实践中，符合 ISO 20022 标准的信息也被称为 ISO 20022 信息。

作为金融业的通用信息标准，ISO 20022 的广泛实施将允许各支付系统便捷地进行数据共享，提供更丰富、结构化程度更高的跨境交易数据信息，极大地提升支付系统的互操作性。从整体上看，标准化的信息可以为信息传输、接口设计、系统分析等环节提供便利，并能够提高交易合规性审查、反洗钱和反恐怖融资等跨境监管环节的效率，从而降低运营成本、提高处理效率，并为实现全自动直通处理（STP）功能提供可能。对单一国家来说，基于 ISO 20022 进行跨境支付系统设计有利于与其他系统进行互联互通，从而更方便地接入国际贸易。

扩大 ISO 20022 的使用范围，进而促进跨境支付数据信息标准统一、推动更广泛的互操作，是二十国集团增强跨境支付路线图中的一项重要工作，该项工作由 CPMI 负责。CPMI 和 SWIFT 的全球支付市场实践小组（PMPG）成立了一个联合工作组（JTF），承担具体的规划和协调任务。根据目前制定的规划，2022—2025 年是 SWIFT MT 标准和 ISO 20022 标准的共存期，各国应尽可能逐步改造其跨境支付系统，以符合 ISO 20022 相关标准；2025—2027 年底是过渡期，由联合工作组出台进一步的协调指南，并推动该标准在更多场景中被应用，以确保 ISO 20022 为跨境支付系统的互联互通带来切实的优化效果。

最后是技术上互操作，这是实现互联互通的具体措施。CPMI 提出了四种互联互通的架构设计，包括单一接入点模式（Single Access Point）、双边联系（Bilateral Link）、中心辐射（Hub and Spoke）和多边共同平台模式（Common Platform）。[①] 在双方使用不同的跨境支付系统时，单一接入点模式是其中一个国家设置一个专门的代理机构，该机构能够参与到另一个国家的支付系统中，并采用国内支付系统完成和国内其他机

① CPMI, "Interlinking Payment Systems and the Role of Application Programming Interfaces: A Framework for Cross-border Payments," CPMI Papers, 2022.

构的交易，该模型与现有的代理银行模式相似，尽管简单且成本低，但单一接入点模式面临可扩展性限制，且具有单点故障风险。双边联系模式是尝试将两个跨境支付系统联通，这种模式可以减少中介环节，使双方的机构可以直接进行交易，但要求两个跨境支付系统在技术上遵循一致的标准，双方之间可以进行技术协调。对于设计差异较大的系统来说，要实现这一点较难，而对于本身设计类似的系统来说，要实现这一点则较为容易。中心辐射模式是在不更改两个系统的基础上，建立一个可以分别与两个系统信息联通的新系统。多边共同平台模式下，各个国家的跨境支付业务都可以在一个集成技术平台上运行，这种模式虽然严格来说并未实现原有系统的互联互通，而是建立了一个通用的系统，但理论上这是效率最高的模式。考虑到现实中各国之间需要协调的法律问题较多，开发一个通用平台会面临很多现实问题，所以目前在现行跨境支付系统的改造中较少讨论这一模式，但在央行数字货币平台等新平台的建设方面对这一模式探索较多。整体而言，不同的互联互通方案各有其优缺点，但还要根据具体国家之间的情况进行单独的协商和设计，国际组织也在推动跨国的项目合作，来测试具体方案的可行性及应用效果。

互操作性是一个持续优化的过程，也是跨境支付发展面临的关键问题。通过采用各种实现互操作的方案，一国可以实现与其他多国之间在跨境支付上的互联互通，降低供应链区域化带来的交易风险，进一步地，互操作性较高的国家也具有更多的贸易选择，能够针对其供应链情况选择多元化的供应商，避免因单个国家供应商的支付问题影响供应链完整性，从而为拓展贸易关系奠定基础。

6.2.2 跨境支付互操作性满足供应链本土化跨境支付需求

跨境支付互操作性可以满足供应链本土化的跨境支付需求，即在供应链本土化迁移的背景下，降低因供应商回流而两地跨境支付系统不互通导致的“断链”风险，从而保证供应链的稳定。

经济全球化以来，为了降低成本、实现规模经济和扩大市场，发达经济体的跨国公司顺应发展趋势，积极开展全球化布局，发展中国家FDI流入高速增长。然而，2008年的金融危机之后，以美国为代表的发达国家开始推动供应链回流进程，即促进本国在海外的公司回归本土。

奥巴马政府在2009—2016年期间提出了促进先进制造业发展的战略，从而开启了美国制造业的回流进程。随后，特朗普政府在2017—2020年进一步强化了这一趋势，其政策重点包括美国优先、能源独立，并通过实施关税壁垒和对华科技脱钩来推动制造业回流。2020年，新冠疫情对全球供应链造成了严重冲击，美国也遭受了供应链中断的负面影响。为了应对这一挑战，拜登政府自2021年起加大了政策力度，通过颁布三大法案来加强科技领域的管制，并加速制造业企业的回流。根据科尔尼的《美国制造业回流指数》报告，2022年美国从亚洲14个低成本国家或地区进口的制成品总额占其国内制造业总产值的比例从2021年的14.49%下降至14.1%。同时，自2019年以来，美国国内制造业的增长首次超过了从亚洲低成本国家或地区的进口增长，进一步凸显了其供应链本土化的趋势。

从全球产业布局来看，供应链区域化、本土化已经成为一个典型趋势，许多国家将企业迁到邻近友好国家或本土，离岸外包日益呈现近岸外包、友岸外包的特征。在生产的规模经济效应、区域贸易协定与全球消费需求变化等因素的推动下，全球供应链已经形成集聚特征。比如，汽车产业供应链形成了以德国、美国、中国和日本为中心的区域供应链，化工产业供应链则主要集聚于亚洲地区。其中，先进制造业已成为各国推动供应链本土化的核心领域。近年来，美国政府为确保供应链安全和促进制造业回流，颁布了《芯片和科学法案》《无尽前沿法案》《通胀削减法案》等多项重要法案。这些法案通过提供产业政策指导、巨额财政补贴、税收减免以及强化创新能力等手段，重点支持半导体、新能源、人工智能等关键行业扩大本土先进制程的产能。与此同时，欧洲议会也批准了《欧盟芯片法案》，旨在支持欧洲半导体行业的发展。在亚洲，日本同样在积极行动。2022年8月，八家日本公司联合成立了名为“Rapidus”的合资企业，计划于2025年推出2纳米级别的国产半导体产品，旨在实现高端半导体的国产化。联合国贸发会议的研究进一步指出，全球电子和机械设备等先进制造业领域的高技术含量环节正呈现出明显的本土化趋势。

在这种背景下，跨境支付系统的互操作需求逐渐提升。在经济全球化水平不断提升的时期，很多跨国企业在上下游企业集聚的国家和地区投资建厂，相应地，供应链可以通过本国内支付系统完成交易。但是随着政策推动的供应链的区域化、本土化，大量企业迁移，越来越多的供应链交易难以在国内完成，需要依托跨境支付系统，且进出口双方通常会面临使用不同跨境支付系统的情况。此时，一方面要依靠贸易谈判解决贸易政策上的“硬脱钩”问题，另一方面要通过提高跨境支付系统的互操作性来避免技术上的“断链”风险，保证在供应链上下游企业迁移之后仍能正常开展交易。

6.2.3 跨境支付互操作性支持供应链多元化拓展

除了保证原有供应链企业之间贸易的持续正常开展外，供应链的多元化拓展还是保持供应链稳定的重要措施。供应链多元化是指企业在采购和供应环节不局限于一个或少数几个供应商，而是选择多个供应商，以降低采购和供应风险、提高灵活性和响应速度、提升供应链薄弱环节的厚度和稳定性，这也成为现在越来越多国家的选择。

近年来，出于维持供应链安全稳定的目的，欧洲、美国等发达经济体开始推行全球供应链的多元化布局，即在本国产业较为薄弱、需要依赖其他国家企业的环节选择不同的供应商。例如，在新冠疫情与俄乌冲突的双重危机之下，欧洲供应链中断问题凸显，大规模的石油和天然气禁运加剧了欧洲原材料短缺，导致生产成本急剧上升；德国芯片短缺导致2022年初汽车产量与2019年同期相比下降了32%。调查显示，为了降低成本和避免供应链中断，2022年欧洲转移供应链的公司数量同比增加了一倍，40%的欧洲企业高管表示将重新配置供应链，实现多样化供给，降低成本、增强韧性。类似地，美国的贸易伙伴也呈现出多元化的趋势。2018—2023年，总体来看，美国从中国进口的占比经历了两轮下滑。具体数据显示，中国对美国的出口额从2018年的5 392.43亿美元下降至2023年的4 272亿美元，降幅达到20.77%。与此同时，越南和墨西哥对美国的出口额则呈现出显著增长态势。越南对美国的出口额从2018年的491.58亿美元增长至2022年的1 275.2亿美元，尽管在2023年有所下滑至1 130亿美元，但六年内的平均增长率仍达到了129.87%。而墨西哥对美国的出口额在2023年达到了4 756亿美元，较2018年的3 442.72亿美元增长了38.14%。目前美国从中国进口的占比约为

13.9%，而从越南进口的占比已上升至4.2%，从墨西哥进口的占比更是上升至15.4%，墨西哥成为美国的第一大进口国。这一趋势反映了美国在全球供应链多元化布局方面的努力。

从现有研究和实践来看，要实现供应链多元化，就需要实现全球供应链采购渠道和销售渠道的多元化，即跨国公司需要将采购和销售渠道拓展到某个地区的多个经济体或是全球范围内的多个地区，以分散风险和降低成本。而在拓展供应链采购渠道和销售渠道的过程中，跨境支付系统的互操作性会在很大程度上影响该国企业的选择。当两国之间的跨境支付系统难以实现互操作时，也就难以实现供应链的拓展。而当一国跨境支付系统被广泛应用或能够与多个其他跨境支付系统实现互操作时，该国企业在选择供应链上下游企业时就有了更大的空间，从而可以在供应链竞争中占据一定的主动。

整体而言，跨境支付系统互操作性的提升能够较好地应对供应链本土化、多元化趋势给供应链稳定带来的挑战。随着原有供应链贸易伙伴企业进行区域化、本土化迁移，供应链多元化需求提升，各国越来越需要通过提升自身跨境支付系统的互操作性，来保持与原有贸易伙伴企业的正常交易，并拓展其他国家的合作企业，从而降低"断链"风险，提升供应链厚度，进而在技术层面保障供应链的稳定。

6.3 跨境支付便捷性与供应链稳定

6.3.1 跨境支付便捷性的现状与改进

跨境支付漫长的流程、烦琐的手续、高昂的费用向来受到各方的诟病，低成本、高效率的跨境支付系统始终是各国追求的目标。从供应链的角度来说，低成本、高效率的跨境支付能够节约供应链的成本，是各国企业在选择上下游贸易对象时会考虑的重要方面。具备低成本、高效率跨境支付系统的国家也能够在供应链合作中获得一定的优势、提升供应链合作黏性，并且能够基于高效的跨境支付系统发展大规模、高频率的跨境贸易业务，尤其是跨境零售业务，从而极大地开拓跨境市场渠道，提升供应链稳定性和服务水平。

在促进跨境支付服务降本增效方面，现有的措施可以概括为三个“新”，即新模式的改进、新技术的采用、新机构的引入。

新模式的改进就是发展新的跨境支付模式，比较典型的就是 PvP 的使用和推广。PvP 是一种结算机制，确保在以一种或多种货币进行最终结算的情况下，以一种货币进行最终付款。PvP 的设计首先是为了降低结算风险，如果外汇交易中的一方支付其出售的货币但没有收到其购买的货币，那就会遭受损失。此外，PvP 还提供其他功能，如净额结算，这有助于大幅降低外汇结算资金的流动性要求。这些扩展功能可以帮助缓解流动性不足，更好地满足当地货币市场的特定需求。[1] 通过发展新的跨境支付模式，能够突破原有跨境支付体系的固有限制，较好地降低跨境支付的成本。

新技术的采用在现有的跨境支付优化中较为普遍，随着信息技术的发展，人工智能、区块链、大数据、云计算等技术广泛应用于跨境支付系统的改造中，也为跨境支付体系的降本增效提供了新的方案。[2] 基于云计算的跨境支付基础设施能够降低支付系统的搭建和运行成本，对于一些发展中国家和新兴经济体来说，将能够更方便地运营跨境支付系统和贸易业务系统，从而服务于供应链建设。大数据技术和人工智能技术主要在跨境贸易数据驱动方面发挥作用，跨境业务中大量的信用数据及交易数据对相关数据的深入挖掘能够用于优化贸易业务及监管方式，例如，通过对跨境支付一般模式和异常模式进行模型分析，能够构建自动识别异常交易的监管系统，从而在发现疑似异常支付时进行预警；基于人工智能中的图像识别技术构建的跨境单据业务系统能够识别发票、单据等纸质材料，并将其迅速转化为可电子化处理的信息，用于跨境支付的必要核查等，从而便利了跨境支付。区块链技术一直被认为具备变革跨境支付的潜力，这主要是因为其分布式账本的设计能够有效缩短跨境支付流程链条，通过区块链可追溯、不可篡改、可加载智能合约的特性还能够实现监管便利和增强信任，这切中了目前跨境支付的痛点，有望极大

---

① CPMI, “Facilitating Increased Adoption of Payment Versus Payment (PvP): Final Report,” CPMI Papers, March 2023.

② He D., “Digitalization of Cross-border Payments,” *China Economic Journal*, 2021, 14 (1): 26-38.

地降低跨境支付的成本，但在具体实施中，还面临标准不统一的问题。不过，目前许多基于区块链技术的央行数字货币项目已经在试验中表现出较好的性能，例如，新加坡的 Ubin 项目、中国香港的 mBridge 项目、BIS 主导的 Dunbar 项目等都致力于提升跨境支付的整体效率，未来有可能在跨境支付中大规模应用。

新机构的引入是伴随着互操作性提升、新技术采用而出现的，CPMI 认为，弱竞争是现有跨境支付的重要摩擦之一，中介机构因为居于关键地位而缺乏创新动力，新的支付服务机构又因为跨境支付准入门槛较高而难以参与到跨境支付生态中。随着互操作性的提升，标准化的数据传输和广泛互联的生态能够给新兴技术企业更多参与跨境支付的机会，这些新兴技术企业能够基于现有跨境支付系统的接口以及业务需求，开发立足于跨境支付的线上应用场景，同时，新技术的采用也要求原有的跨境支付企业和新兴技术企业合作进行系统改造。从新兴技术企业的角度来说，其开发的新服务必须具备降本增效的作用，才能从原有的跨境支付服务中脱颖而出，这刺激了整个生态的竞争，从而促使各国及传统代理银行对其支付系统进行创新，通过良性循环推动跨境支付整体生态的多元化及效率的提升。

此外，数字人民币的发展也能提升跨境支付的便捷性。数字人民币的设计理念在于兼顾效率与便捷性，为此引入了多元化的支付方式，以适应不同场景下用户的需求。其中，无须联网的支付功能尤为突出，用户可以在网络不可用的环境中通过近场通信技术（NFC）实现点对点的交易。这种技术使得在地下室、偏远地区或是网络信号弱的地方，用户依旧可以无障碍地进行支付，极大地扩展了数字货币的使用范围，并提升了交易的连续性和便捷性，随着数字技术的逐步推广和应用，数字人民币有望引领全新的支付革命，为全社会提供更加丰富和便捷的支付体验 。2024 年 1 月，中国人民银行和香港金融管理局决定推出 6 项金融举措，其中就包括“深化数字人民币跨境试点，为香港和内地居民企业带来更多便利”。3 月 18 日，中国人民银行发布境外来华人士数字人民币支付指南。境外来华人士使用数字人民币支付，可以下载数字人民币 APP 境外版（e-CNY APP），注册账号并开通钱包，目前已支持 210 余个国家和地区的手机号注册账号、开通钱包。同时，境外来华人士还可体验数字人民币的“随用随充”功能，即无须提前为钱包充值即可直接使用银行卡进行支付。目前，“随用随充”功能已支持 Visa、Mastercard 等银行卡，且更多国际卡组织正在接入中。

6.3.2 跨境支付便捷性提升供应链资金流转效率

跨境支付涉及账户体系、支付流程、资金管理、货币兑换、信用评估、风控防范等核心业务。提高跨境支付便捷性，支持银行快速获取海外资金收付能力，以更低成本、更快速度建立自身的跨境数字化服务平台，实现服务客群的延展和服务领域的拓宽，能提升供应链资金流转效率，更全面地助力跨境电商、外贸企业、科技企业“走出去”。

提升跨境支付便捷性有利于促进企业全球化，加速贸易数字化，为国际贸易发展赋能，帮助企业实现商业扩张和全球增长。例如，PingPong 作为一家国内跨境支付企业，推出了创新的“数字商务支付和贸易融资一体化解决方案”，拥有一众自主知识产权的重要科研成果和关键技术储备，并积极将其应用于实际业务中，建立起了跨境收款、外贸 B2B 收付款、全球收单、全球分发、供应链融资、汇率风险中性、企业费用管理、SaaS 企业服务等多元化的产品体系；打造了一套以 API/SaaS 开放对接的 Currentz 跨境行业数字化解决方案，可为全球中小企业、科技企业及金融机构提供一站式的跨境贸易综合服务；开创了金融机构与非银行支付机构合作为外贸企业提供便捷的金融服务的新模式，并解决了银行等现有跨境结算体系与外贸新业态需求不匹配的问题，可以帮助其快速切入服务场景，提升金融对外贸新业态的服务包容性和延展性，促进广大企业更便利地“走出去”。截至目前，PingPong 帮助了超过 30 家金融机构，包括广发银行、浦发银行、创兴银行等。同时，基于 PingPong 已搭建的全产品矩阵、全球六大银行卡组织合作、全球本地支付方式合作对接等资源和能力，PingPong Currentz 还面向小米、易思汇、游族网络等大型科技企业和全球化公司，为其提供所需服务。通过将光学字符识别（OCR）、人脸识别、人工智能、云计算等创新技术应用到智能风控、智能审核等实际业务场景中，PingPong 已经切实帮助中小企业实现降本增效。据统计，和传统的跨境支付相比，PingPong 能帮助跨境卖家最快实现秒级到账，使其资金周转效率提升 10 倍，跨境支付交易费用降低 95%。根据 PingPong 官网数据，截至 2023 年 6 月底，PingPong 已在全球设有超过 30 个分支机构，在占全球近 90% GDP 的市场内直接持有支付牌照及资质许可，业务覆盖全球 200 多个国家及地区，累计促成跨境交易金额超 8 000 亿元。

6.3.3 跨境支付便捷性助力跨境电商等贸易新业态发展

近些年，跨境电商的快速发展吸引了大量中小商家走出国门进行创业。然而，在实际经营过程中，由于跨境金融参与主体多元化、链路复杂性等特点，商家在收款过程中面临着诸多挑战。根据调研数据，41.5%的商家将汇率不稳定视为跨境收款面临的主要挑战。此外，超过三成的企业认为费率较高和到账慢也是困扰它们的主要因素。相较于传统外贸模式，跨境电商所呈现的“小额、高频”线上交易场景更适合第三方支付机构提供的跨境收款服务。而移动支付和跨境支付等技术的不断涌现，为跨境电商提供了更高效、便捷的支付解决方案。这些技术的广泛应用进一步推动了支付行业的发展，为跨境电商的繁荣提供了有力支持。

随着跨境支付成本的降低和效率的提升，许多跨境贸易业务都能够从中受益，跨境电商等跨境业务更是如此。跨境电商兼有批发型和零售型业务，并发展出了 B2B 和 B2C 两种模式，跨境电商的交易具有“金额较低、频率较高”的特点，因而对于支付系统复杂性的要求较高，但其市场十分广阔，并有望引发供应链的重塑，因此一直是各国发力的重点。在疫情期间，跨境电商需求进一步加大，各国跨境电商业务也得到了快速发展，众多第三方支付平台嗅到了新的商机，纷纷借助大数据与智能技术，实现跨境电商平台的 T+0 资金结算，同时快速完成资金兑换流程以减少平台的汇率波动风险，帮助跨境电商平台理顺交易数据与订单收款周期等运营数据，从而与银行等机构实现数据共享，为它们提供集快速提现、增值税缴纳、供应商付款等于一体的一站式跨境支付服务，帮助跨境电商平台实现数字化转型。

通过数据打通与业务合作，当前国内跨境电商平台不仅资金结算变得更快，还衍生出众多解决跨境电商业务痛点的创新型金融产品。比如，汇付天下正与银行合作推出“物流贷”，以帮助跨境电商平台尽快将销售款用于支付跨境物流费用，从而获得更多海外物流库存空间，以突破物流瓶颈，提高跨境支付便捷性。目前，跨境支付领域已经逐渐形成了以专业化分工、数字化服务创新、跨国优势互补、协同整合等为特征的跨境电商服务供应链。阿里国际站是目前全球排名前列的 B2B 跨境电商平台，根据阿里国际站的数据，截至 2023 年，阿里国际站已累计服务 200 余个国家和地区的 4 000 多万个活跃企业买家，实现出口金额超千亿美元，在如此庞大的交易量下，跨境支付服务提供商是关键一环。阿里国际站表示，该平台通过互联网的手段能够实现快速支付和外汇结算，从而为电商供应链提供保障。亚马逊、速卖通、shopee 等 B2C 模式的跨境电商平台也在跨境支付方面提供技术保障，并收取较低的手续费，以实现跨境电商业务的拓展。便利的跨境支付和跨境电商等创新业务模式的出现及发展为各国打通国际市场、扩大出口销路、补足国内供应链短板提供了可行方案。例如，蚂蚁集团旗下的万里汇为中小企业跨境贸易提供一站式数字支付结算和数字金融服务，开放应用程序接口（API）平台集成，轻松实现全球资金收、管、付的自动化管理，支持标准化接口快速接入，实现自动对账、资金分发，支持余额查询、账单对账、结汇额度获取等功能，能帮助中小企业在全球高效经营、有效节约资金成本、提升周转效率、快速捕捉全球商机。

6.4 跨境支付安全性与供应链稳定

6.4.1 跨境支付安全性的现状与改进

在信息时代的大背景下，经济全球化已成为世界经济发展的重要趋势，这对跨境支付清算体系的信息安全性提出了全新的挑战。跨境金融信息安全和稳定与每个跨境业务参与者和金融机构都息息相关，并且极大地影响国际金融法律秩序，故金融信息的传输与处理成为金融服务贸易的重要组成部分。如果跨境支付安全性无法保证，就会出现支付暂停、资金丧失、信息泄漏等问题，严重时甚至会引发供应链中断的风险。随着逆全球化局势和网络安全形势的日益严峻，国际制裁和针对跨境支付系统的网络攻击成为影响供应链稳定的重要威胁。

一方面，近年来地缘冲突加剧，国际金融制裁频发，对供应链稳定造成了直接威胁。在目前的体系下，由于 SWIFT 的广泛应用，许多国家依赖其进行跨境支付。SWIFT 系统名义上保持中立，是一个非营利性的国际银行间组织，但是自"9·11"事件后，美国以国家安全和反洗钱为由，逐步获得了 SWIFT 系统的主导权，全面掌握全球范围内跨境支付信息，使原本属于跨境支付领域的公共产品私物化，严重威胁其他国家的金融安全。由于美元在国际支付市场中依然处于优势地位，所以美国利用 SWIFT 系统对外实施金融制裁且制裁的域外效力不断扩张，这意味着美国有能力拒绝为一个国家提供跨境支付服务，从而影响其企业进行正常的跨境支付，进而威胁一国的供应链稳定。

另一方面，信息技术的广泛采用为供应链建立了支付系统、业务系统等一系列基础设施，但同时也引发了更多的网络攻击和供应链威胁。近年来，数据泄露、勒索攻击、木马病毒等现象频发，NPM 存储库的大规模供应链攻击事件、Spring4Shell 漏洞攻击事件等安全事件都给供应链稳定带来了负面影响，供应链安全问题已经不容忽视。利用僵尸网络对信息基础设施发起的分布式拒绝服务攻击（DDoS 攻击）也日益普遍，并成为国际对抗的主要手段。[①] 在这种环境下，由于特殊的金融地位和交易数据聚集的特点，跨境支付系统受到攻击者的"关注"更多，相应的安全威胁也更大。跨境支付清算体系作为一种重要的金融工具，为国际支付提供了便捷、安全的解决方案。跨境支付使境内外金融机构、企业、消费者等不同主体在线上、线下的支付场景产生深度信息融合，各支付主体间信息流、资金流等数据交互频繁，进一步加大了数据滥用、数据泄露的安全风险。这些数据涵盖了个人敏感信息、金融机构的业务信息、企业经营管理信息以及监管信息。如果不采取适当的数据安全保护措施，各司法管辖区对跨境业务数据的专属控制权与管辖权就会被削弱，进而威胁到跨境支付和供应链的安全与稳定。

6.4.2 跨境支付安全性缓解金融制裁风险

国际金融制裁是供应链稳定的重要威胁。如果无法有效应对国际金

① 安天．2022 年网络安全威胁的回顾与展望．https：//www.antiy.cn/research/notice&report/research_report/2022_AnnualReport.html，2023.

融制裁或寻求可替代的方案，那么供应链可能直接因受到冲击而中断。统计数据显示，1950—2019 年间，制裁总次数从 52 次增加到 257 次，金融制裁的比例从 12%增加到 42%，且大多数制裁是由北美和欧洲国家针对亚洲和非洲国家实施的。①

在跨境支付方面的金融制裁主要有两种途径，一是阻断被制裁对象的美元国际收付。例如，2014 年 VISA 与 Master card 在未通知俄罗斯金融机构的情况下，停止对俄罗斯几家银行所发售的银行卡的支付服务，导致商户消费体系陷入临时瘫痪；二是阻止被制裁对象使用 SWIFT 系统。例如，2012 年和 2018 年两次发动对伊朗的 SWIFT 制裁。在伊朗中央银行和伊朗金融机构被踢出 SWIFT 系统之后，伊朗损失了近一半的石油出口收入和 30%的对外贸易。按照 2015 年不变价计算，2013 年和 2019 年伊朗人均 GDP 增速分别为－5%和－3.7%。2022 年，美欧等国将选定的俄罗斯银行从 SWIFT 的信息系统中删除，给俄罗斯的跨境贸易造成了打击，在国际上也引发了广泛关注。

为了提升跨境支付安全性，缓解金融制裁风险引发的供应链中断，各国的发力重点主要放在两个方面：开发独立的跨境支付系统和发展央行数字货币。

一方面，许多国家和地区都在致力于开发自己的跨境支付系统，或与主要贸易伙伴建立独立的交易机制，以此确保在发生金融制裁的情况下还能够通过“备份渠道”进行必要的跨境支付，维持供应链稳定。例如，2019 年，德、英、法三国就创建了与伊朗进行以欧元计价结算的机制“贸易互换支持工具”（Instrument for Supporting Trade Exchanges，INSTEX），以此支持三国与伊朗之间的贸易。2022 年俄乌冲突爆发后，为了应对美国金融制裁，俄罗斯利用金融信息传输系统（SPFS）接管 SWIFT 系统的业务。截至 2022 年 6 月 29 日，已有 70 家外国金融机构接入俄央行开发的 SPFS，包括来自中国、德国、瑞士、亚美尼亚、白俄罗斯、哈萨克斯坦和吉尔吉斯斯坦等国的 23 家外资银行。2015 年，中国人民币跨境支付系统（CIPS）建成并正式投产运营，其直接参与者可以通

---

① Cipriani M.，Goldberg L. S.，La Spada G.，“Financial Sanctions，SWIFT，and the Architecture of the International Payment System，” *Journal of Economic Perspectives*，2023，37（1）：31－52.

过CIPS专线发送报文和支付指令完成交易，在一定程度上降低了对SWIFT系统的依赖程度。

专栏6-2

人民币跨境支付系统（CIPS）与跨境支付稳健性

人民币跨境支付系统（Cross-border Interbank Payment System，CIPS）是经人民银行批准专司人民币跨境支付清算业务的批发类支付系统，致力于提供安全、高效、便捷和低成本的资金清算结算服务，是我国重要的金融市场基础设施，在支持上海国际金融中心建设、推动金融业双向开放、增强金融服务实体经济能力、服务"一带一路"资金融通、助力人民币国际化等方面发挥着重要作用。

随着人民币跨境使用需求不断增长，跨境人民币业务各项政策相继出台，跨境人民币业务规模不断扩大，迫切需要建设金融基础设施，以支撑业务发展。为满足人民币跨境使用需求，进一步整合现有人民币跨境支付结算渠道和资源，提高人民币跨境支付结算效率，经过充分论证和研究，人民银行于2012年启动CIPS一期建设。2015年10月8日，CIPS（一期）成功上线运行，同步上线的有19家直接参与者和176家间接参与者，参与者范围覆盖6大洲50个国家和地区。CIPS的建成和运行是我国金融市场基础设施建设的又一里程碑事件，标志着人民币国内支付和国际支付统筹兼顾的现代化支付体系建设取得重要进展，对推动人民币成为全球主要的支付货币、推进人民币成为特别提款权（SDR）篮子货币发挥了重要作用。

CIPS作为专用资金结算通道，高效稳定支持"债券通"业务开展。10月9日，CIPS二期双边业务功能顺利上线，支持"债券通"北向通业务付款交割（DvP）结算，有效降低了跨境债券交易资金结算风险，提高了资金结算效率。2018年3月26日，CIPS二期成功投产试运行，工商银行、农业银行、中国银行、建设银行、交通银行、兴业银行、汇丰银行（中国）、花旗银行（中国）、渣打银行（中国）、德意志银行（中国）共10家直接参与者同步上线。相较一期，CIPS二期具备以下功能特点：一是丰富了结算模式。CIPS在实时全额结算模式基础上引入定时净额结算机制，实现了更节约流动性的混合结算机制，可以满足参与者的差异化需求。二是支持金融市场业务。根据不同金融交易的资金结算需要，CIPS能够支持人民币付款、DvP结算、人民币对外币同步交收（PvP）、中央对手集中清算和其他跨境人民币交易结算等业务。三是延长了对外服务时间。CIPS的运行时间由5×12小时延长至5×24小时+4小时，全面覆盖了全球各时区的金融市场，充分考虑了境外参与者和其客户的当地人民币业务需求，支持当日结算。四是拓展了直接参与者类型。CIPS引入了金融市场基础设施类直接参与者，明确了不同类型参与者的准入条件，为引入更多境外直接参与者做好了制度和业务准备。五是进一步完善了报文设计。CIPS增加了报文类型和可扩展性，优化了报文字段定义，便于参与者和相关部门进行合规管理。六是建成了CIPS备份系统。CIPS实现了上海主系统向无锡备份系统的实时数据复制，提高了业务连续运行能力。

截至2023年10月末，CIPS共有1 481家参与者，其中直接参与者119家，包括111家银行、8家境内外金融市场基础设施；间接参与者分布在全球111个国家和地区，其中359家间接参与者来自“一带一路”合作伙伴（不含中国大陆及港澳台地区）。从实际业务发生情况看，CIPS业务实际可覆盖全球182个国家和地区的近4 400家法人银行机构。近年来，跨境清算公司持续研发完善CIPS的功能，2023年11月对外发布了四个CIPS新产品，即CIPS港元业务、CIPS汇路指南服务、CIPS数据洞察服务、直参轻量化接入方案，可以更有针对性地满足市场真实需求，切实提升跨境人民币支付清算服务的可获得性。

数字人民币与CIPS相辅相成。一方面，央行数字货币体系不涉及银行账户概念，可在一定程度上摆脱对SWIFT的依赖，加速人民币国际化进程，进而推动CIPS发展；另一方面，CIPS的加速发展将带动相关系统设施，包括标准收发器、商业银行接口以及银行前端系统等的建设，促进数据安全等相关技术的发展，全面提升支付效率，为数字货币发展奠定基础。

另一方面，央行数字货币也有望发挥应对金融制裁的作用。央行数字货币基于区块链等技术保证交易的不可篡改性，在设计初期融合了加密货币和稳定币的技术概念。分布式账本技术能够实现跨境支付过程中信息流与资金流的统一传输，并不需要 SWIFT 系统作为额外的交易沟通渠道，因此规避了通过 SWIFT 进行金融制裁的可能性。例如，美国利用 SWIFT 发动制裁之后，俄罗斯加快了数字卢布的设计、开发和试点进程。俄罗斯央行行长埃尔维拉·纳比乌林娜（Elvira Nabiullina）表示，数字卢布的推广和使用将解决俄罗斯的银行被排除出 SWIFT 所产生的跨境支付难题，通过央行数字货币进行跨境支付，能够在一定程度上避开美国对俄罗斯的金融制裁。目前，俄罗斯央行已经完成个人钱包间数字货币交易测试，包括数字卢布的发行、向银行和公民开放数字钱包以及公民间转账等，预计将于 2024 年参与跨境央行数字货币平台与外汇交易。在俄乌战争爆发后，全球各国对批发型央行数字货币的兴趣增加了一倍以上，这也从侧面反映出央行数字货币在应对金融制裁、推动国际货币体系变革方面的潜力。

专栏 6-3

金融制裁与俄罗斯的应对策略

2022 年 2 月 24 日，俄罗斯对乌克兰发起特别军事行动。2 月 26 日，美国、欧盟委员会、德国、法国、英国、意大利和加拿大领导人发表声明将俄罗斯的 Alfa Bank、Bank of Otkritie、Bank of Rossija 等部分银行排除出 SWIFT 系统，而这些银行的资产合计占俄罗斯银行总资产的近 80%，因此俄罗斯个人、机构等无法通过 SWIFT 系统与境外银行机构进行交易，使俄罗斯难以进行对外贸易、对外投资和国际汇款。俄罗斯央行当时拥有超过 6 000 亿美元的外汇储备，而外汇储备是一国金融体系的重要组成部分，SWIFT 系统对俄罗斯银行的封锁与制裁会影响其外汇支配的自由度，进而削弱俄罗斯央行通过货币政策进行宏观调控的能力。

在俄乌冲突引发的金融制裁下，俄罗斯无法通过传统的 SWIFT 系统进行国际支付结算。如何通过央行数字货币逃避制裁、进行支付结算、保证经济活动的正常运营便成了亟须解决的现实问题。为了应对金融制裁的负面影响，俄罗斯采取了四项应对措施：其一是禁止国内金融机构在金融服务交易结算过程中使用 SWIFT 系统，仅将 SWIFT 系统用于国际结算，以保证俄罗斯境内交易数据交换的可靠性、连续性和安全性。通过这种方式可以减轻对 SWIFT 系统的依赖。其二是大力发展和使用俄罗斯央行的金融信息传输系统（SPFS 系统），作为 SWIFT 系统的替代选择。SPFS 系统的第一阶段计划是与中国和印度支付设施进行对接。在俄乌战争后，俄罗斯大力发展 SPFS 系统，虽然其覆盖面仍然比 SWIFT 系统小很多，但是目前已经拥有 469 个参与机构，包括 14 个国家的 115 个外国实体。其三是借助 CIPS、INSTEX（欧盟支持贸易往来工具）等方案解决区域性国际支付问题。其四是加快俄罗斯央行数字货币设计、开发和试点的进程，通过央行数字货币进行跨境支付，以避开美国对俄罗斯的金融制裁。

在俄罗斯推行的四项应对措施中，加快央行数字货币研发受到了最多的关注。早在 2020 年，俄罗斯中央银行就发布了咨询文件（A Digital Ruble：Consulting Paper），表明发展数字卢布作为法定货币进行结算。2021 年 12 月，俄罗斯央行创建了数字卢布平台的原型。在试点方面，该项目的第一阶段是测试已发行的数字卢布，包括由银行和家庭打开数字钱包，以及个人之间的转账等。在第二阶段，它计划测试零售和服务公司的商品和服务支付、公共服务支付、智能合同的销售以及与联邦财政部的互动。此外，增加在未使用互联网的地方（离线方式）付款的可能性，建立与金融中介机构和数字平台的互动，并为非居民客户提供与数字卢布进行交易的可能性。俄罗斯于 2022 年 1 月与 12 家银行开始了首期数字卢布测试，并于 2022 年 2 月中旬完成首批个人钱包间数字货币交易测试，包括数字卢布的发行、向银行和公民开放数字钱包以及公民间转账。俄罗斯央行行长纳比乌琳娜曾公开表示：“数字卢布的推广及使用将解决俄罗斯银行被排除出 SWIFT 系统所产生的问题。”最初，俄罗斯计划于 2024 年在公众范围开始对数字卢布的试点措施，但是由于西方政府实施的金融制裁，俄罗斯中央银行将推广的时间表提前了一年，以期缓解俄乌战争对俄罗斯金融体系的制裁和冲击。表 6-1 汇总了数字卢布的发展计划。

表 6-1 数字卢布发展计划表

时间	内容
2022 年	测试平台
2023 年	企业和消费者之间的测试 智能合约的执行
2024 年	连接所有信贷机构 创建其他支付选项和交易类型 联邦财政部使用央行数字货币与消费者和企业进行交易 参与跨境央行数字货币平台和外汇
2025 年	启动数字卢布的离线模式 连接非银金融中介机构、金融平台和交易所

6.4.3 跨境支付安全性抵御支付网络攻击

针对跨境支付网络的攻击是导致供应链不稳定的另一个重要因素。在实务中，由于跨境支付链条长、处理环节多，同时又跨地区、跨时区、跨系统，SWIFT 系统的支付指令信息在传输时很容易被黑客攻击，带来资金交割风险，导致汇款行追款的事件时有出现。例如，2015 年 1 月，黑客攻击了厄瓜多尔南方银行，利用 SWIFT 系统转移了 1 200 万美元；2015 年底，越南先锋商业股份银行也被曝出黑客攻击未遂案；2016 年 2 月，孟加拉国央行的 SWIFT 系统遭到攻击，损失了 8 100 万美元，成为迄今为止规模最大的网络金融盗窃案，在业内引起了巨大震动。有研究指出，孟加拉国 SWIFT 系统的网络拓扑结构设计存在巨大缺陷，SWIFT 用户端计算机系统所在网络和其他计算机网络并未实现隔离，并且网络中缺乏防火墙设备，使得 SWIFT 系统用户端计算机系统十分容易被植入木马。木马植入成功后，可实施监听转账交易、控制数据库、劫持打印机等关键操作，从而几乎操控了客户端所有的关键行动。

央行数字货币的发展能够发挥抵御支付网络攻击、维护供应链稳定的作用。2021 年 2 月 24 日，中国人民银行数字货币研究所连同香港金融管理局、泰国中央银行、阿拉伯联合酋长国中央银行，宣布联合发起多边央行数字货币桥研究项目，探索央行数字货币在跨境支付领域中的应用。多边央行数字货币桥项目底层技术为分布式账本技术，采用联盟链技术在去中心化与中心化间寻求平衡，既保障各国央行监管的职责履行，又保护交易数据安全。在多边央行数字货币桥中，通过采用现代加密通信技术，所有交易进入后将被统一记录，记录的数据可追溯，有助于对资金实施监控、全面追踪，实现精准化、穿透式货币调控和宏观审慎监管，也有助于系统提升安全性。此外，多边央行数字货币桥还具有交易数据、支付信息不可被截取、被篡改的特点，能够有效防范黑客网络攻击，减少对多边央行数字货币桥系统的破坏，防范交易信息泄露风险。

专栏 6-4

mBridge 项目与跨境支付稳健性

多边央行数字货币桥研究项目（以下简称 mBridge 项目）是基于分布式账本技术（DLT）的跨境支付平台，在此平台上，多个中央银行可以发行和交换各自的央行数字货币（multi-CBDCs），从而实现便利跨境支付、提高跨境支付运行管理效率的目的。

mBridge 项目的前身是由中国香港金融管理局和泰国中央银行联合发起的 Inthanon-LionRock 项目。Inthanon-LionRock 项目第一阶段的试验从 2019 年 5 月持续到 2020 年 1 月，这一阶段基于 Corda 建立了央行数字货币走廊网络，允许双方使用港币（HKD）和泰铢（THB）的央行数字货币在点对点的基础上进行资金转移和外汇交易。随后，双方于 2020—2021 年开展了第二阶段工作，开发了一个建立在 Hyperledger Besu 上的系统原型，并通过试验证明了：与代理银行模式相比，央行数字货币系统对于提升跨境支付速度和降低成本有较大潜力。2021 年 2 月，在 BIS 的合作框架和 Inthanon-LionRock 项目的基础上，中国人民银行、阿拉伯联合酋长国中央银行与香港金融管理局、泰国中央银行正式发起了 mBridge 项目，探索建立基于央行数字货币的跨境支付多边合作机制和新型跨境支付基础设施。

2022 年 8～9 月，来自中国、中国香港、阿联酋和泰国的 20 家商业银行以及各自的央行或货币当局在 mBridge 上完成了国际首例基于真实交易场景的试点测试，累计完成跨境支付和外汇同步交收 164 笔，结算金额折合人民币超过 1.5 亿元，其中，数字人民币交易笔数占比 46.6%，结算金额占比 15.5%。这一阶段的试验也证明，作为数字经济时代国际支付体系的重要创新，mBridge 相比传统代理行支付模式具有去中心化的技术机制和高效包容的监管机制，大幅提升了国际贸易效率。

在技术创新之外，为提升跨司法管辖的合作互信，解决制约跨境业务发展的深层次问题，中国人民银行在项目伊始便提出了“无损、合规、互通”原则。按照无损原则，央行数字货币应促进国际货币体系健康发展和金融稳定，一国数字货币不应损害其他央行的货币主权和货币政策独立性；按照合规原则，央行数字货币应遵守各国关于外汇管理、资本管理等方面的法律法规，符合反洗钱、反恐怖融资等监管要求，做到信息流和资金流的匹配；按照互通原则，央行数字货币可充分复用现有基础设施，利用金融科技手段，实现不同央行数字货币系统间及其与传统金融市场基础设施间的互联互通。目前，国际清算银行（香港）创新中心将“无损、合规、互通”作为 mBridge 项目的指导原则，并贯彻到项目设计和实践中。

作为跨境支付系统，mBridge 的安全性也受到重视。在设计中，mBridge 项目使用 HotStuff Plus 共识机制，每个央行被分配一个验证节点，每个商业银行参与者被分配一个标准节点，验证节点通过将已经完成的交易发布到区块链上，并以分布式方式达成共识，为网络中的参与者提供终局性结算。在该模式下，黑客只有同时攻破二分之一以上的节点才能完全攻破区块链构架，而在 SWIFT 系统的模式下，黑客只需攻破一个主要节点就能攻破 SWIFT 系统。因此，相较而言，mBridge 被黑客攻破的风险较低。目前技术团队还在测试名为“大圣”（DASHING）的新共识机制，以期进一步提升运行效率和稳健水平。此外，mBridge 项目设计中也考虑到了数据隐私的问题，所有敏感数据如交易记录、用户证书都被保存在参与方各自的节点，并通过区块链隐私管理机制实现保护，从而降低了跨境数据泄露的风险。

mBridge 项目的发展能够有效地应对比特币、以太坊等私人数字货币对现有支付体系的冲击，也能够提升我国在央行数字货币研究中的竞争力。目前，主要贸易国家都在积极推动跨境央行数字货币项目的试验。例如，2024 年 5 月，美国、法国、英国、日本等七国联合推出了 Agorá 项目。央行数字货币的竞争会进一步加剧，mBridge 项目也将成为我国在确保跨境央行数字货币支付稳健性方面的必要之举。在此基础上，mBridge 项目开发能够为后续探索发行超主权数字货币 eSDR 积累经验。

eSDR 的发行可以将 SDR 的价值贮藏职能进一步拓展到跨境支付、金融交易计价等层面，从而更好地应对主权货币主导下的传统货币体系缺陷。

资料来源：涂永红，张畅，刘嘉玮，等．mBridge：数字经济时代的国际支付体系创新．国际金融研究，2024（1）：73－85.

6.5 研究结论与政策建议

6.5.1 研究结论

第一，互操作性在跨境支付系统未来发展中十分关键，也引起了各国及国际组织的关注。在供应链方面，随着供应链区域化、本土化迁移引发新的跨境支付需求和挑战，跨境支付系统的互联互通问题也随之频繁出现，当跨境支付系统难以实现互联互通时，跨境支付业务就难以正常开展，降低供应链的成本、提高供应链的效率等问题也就无从谈起，从而产生“断链”风险。而当跨境支付系统广泛互联互通时，一国企业在选择供应链上下游企业时就能够有更大空间，从而在供应链竞争中占据一定的主动，提升供应链多元化程度，进而增加供应链的厚度和稳定性。可以说，提升跨境支付系统互操作性是保障供应链业务支付环节稳定开展的基础和重要环节，是应对供应链回流迁移趋势、满足供应链区域化本土化需求、支持供应链多元化拓展的必要之举。

第二，跨境支付系统便捷性的提高有助于维护供应链的稳定。支付便捷性对企业高效运转至关重要，低成本、高效率的跨境支付能够节约供应链的成本，是各国企业在选择上下游贸易对象时考虑的重要方面。具备低成本、高效率跨境支付系统的国家也能够在供应链合作中获得一定的优势、提升供应链合作黏性，并能够基于高效的跨境支付系统发展大规模、高频率的跨境贸易业务，尤其是跨境零售业务，从而极大地开拓跨境市场渠道，提升供应链稳定性和服务水平。

第三，随着逆全球化局势和网络安全形势的日益严峻，国际制裁和针对跨境支付系统的网络攻击成为影响供应链稳定的重要威胁。跨境支付安全性能够缓解金融制裁风险，确保在受到金融制裁的情况下还能够通过“备份渠道”进行必要的跨境支付，维持供应链稳定。跨境支付安全性还可以应对网络攻击造成的支付暂停、资金丧失、信息泄漏，甚至供应链中断问题。采用现代加密通信技术的跨境支付体系有助于对资金实施监控、全面追踪，有效防范黑客网络攻击，防范交易信息泄露风险，保障供应链稳定。

6.5.2 政策建议

第一，加强国际标准规范合作，营造国际跨境支付生态。要拓展跨境支付和供应链的使用范围，就必须让更多国家认可并参与到跨境业务系统中。从目前来看，重新建立并推广一个完全兼容各国支付系统的跨境支付系统是不现实的，更多的只能基于现有系统进行互操作性的改造。在这个过程中，标准和规范方面的协调必不可少。要加强和主要贸易伙伴在法律法规、技术标准等方面的合作，并形成典型模式进行推广，以区域合作带动洲际合作，最终促成更广泛的全球供应链贸易合作。同时，也要发挥我国经济体量大、贸易占比高、技术储备足的优势，积极参与到国际组织关于标准和规范的制定中，在跨境支付标准的形成中争取话语权、占据主动权，减少对现有跨境支付系统乃至供应链业务系统的大规模改动，尽可能在保持供应链业务的延续性的基础上参与到国际跨境支付生态的建设中。

第二，加快推进 CIPS 建设，扩大加入 CIPS 的“朋友圈”，充分发挥 CIPS 作为金融市场跨境互通和双向开放的基础设施作用，针对“一带一路”、RCEP 等重点区域，扩大专线连接范围，鼓励更多中外资机构加入，不断提高 CIPS 服务覆盖面和辐射能力。要增强系统兼容性和拓展性，实现直接参与行与间接参与者以及企业之间的支付指令标准的统一，支持信用证、保函、托收等各类国际结算工具。要优化 CIPS 服务质效，依托 CIPS 加快跨境支付清算产品的创新，进一步提高系统处理效率、业务透明度等。

第三，积极开展央行数字货币研发。要推动央行数字货币的国际合作，与世界各国及国际组织加强数字货币研发、监管等方面的信息共享和经验交流，推进数字人民币跨境支付清算数据、技术、报文等的统一，提高系统兼容性，避免研究碎片化、孤岛化趋势。要建立安全的技术架构、加密通信和存储措施，以防范信息欺诈、数据泄露和黑客攻击等风险，提高央行数字货币的安全性和可靠性。

第 7 章
结论与建议

7.1 主要结论

结论 1：中国继续担当世界经济和全球供应链向前发展不可或缺的重要力量。人民币国际使用水平保持历史高位，全球影响力进一步巩固，但也面临多重挑战。

2023 年四个季度末 RII 的数值分别为 5.21、7.13、6.42 和 6.32。季度平均值为 6.27，较上一年度同比增长 22.9%①，继续保持长期向上趋势。中国经济从疫情期间的非常态逐步转向常态，在加快构建新发展格局的进程中全力推动经济高质量发展，重点推进制度型高水平金融开放，扎实提高人民币国际使用的广泛性和便利性。

在贸易计价结算方面，跨境人民币结算规模创历史新高，2023 年底全球跨境贸易人民币计价结算占比达到 4.43%，全年季度平均值同比增长 34.18%，对当年 RII 变化的贡献度约为三成。在国际金融计价交易方面，人民币直接投资稳步增长，信贷与债券融资大幅攀升。投资端虽然承压，但仍有效助推人民币国际金融计价交易综合指标继续向上突破，2023 年季度平均值同比增长 28.80%，对当年 RII 变化的贡献度高达近八

① 根据全球相关数据更新对前值进行调整，得到 2022 年 RII 季度平均值为 5.10。

成。在国际储备方面，在以美元计价的全球官方外汇储备数据中，人民币占比自 2022 年起已缓慢下降至 2.29%，一定程度上拖累了 RII 表现，对当年 RII 变化的贡献度约为负一成。

截至 2023 年第四季度，人民币以外的主要货币的国际使用占全球的份额均略有下降，美元、欧元、英镑、日元的国际化指数分别为 51.52、25.03、3.76 和 4.40。过去 5 年，全球政治经济格局深刻演变。从纵向看，RII 在波动中稳步上行，国际货币格局正在缓慢调整。2018—2023 年，美元、欧元、英镑、日元、人民币的国际化指数的年均复合增长率分别为－0.23%、－1.34%、－2.65%、0.22%和 16.56%。不难发现，即使在外部环境极其严峻、中国经济和对外贸易倍受打压的情况下，与其他主要国际货币的同期表现相比，人民币国际化依然展现出强劲的发展动能与韧性。

人民币国际化的推动力主要来自以下几个方面。第一，中国持续推进经济高质量发展，从根本上提升人民币作为一种国际货币的“含金量”。中国为世界经济复苏做出重要贡献，成为全球产业链供应链的稳定力量，主张构建国际经贸合作的“共赢链”。中外企业供应链合作有利于扩大跨境贸易人民币使用，加强人民币的国际贸易计价结算职能，有效提升人民币服务实体经济的能力与水平。第二，中国以制度型开放为重点加快金融高水平开放步伐，促使人民币国际化进一步提质增速。相关政策支持与配套制度体系的不断完善，不仅为境内投资者提供了境外投资渠道，也吸引了大量境外资金进入中国市场，为提高中国金融体系和人民币参与国际经济金融运行的广度与深度创造条件。第三，国际货币合作大踏步前进，为人民币国际使用搭建广阔的平台。在地缘政治格局深刻调整、强势美元对外负政策溢出的情况下，世界各国出于金融安全考虑，存在强烈的本币使用动机与货币合作需求。我国对外签署的有效双边本币互换协议，已基本实现对全球六大洲重点地区主要经济体的全覆盖。随着“一带一路”、RCEP 等区域合作框架的实施，中国供应链网络拓展，人民币的国际使用场景不断丰富，区域接受度进一步提升。第四，金融周期分化与波动下人民币融资功能增强，成为 2023 年人民币国际使用的高光亮点。在国际资金成本激升、国际金融市场动荡的情况下，人民币融资成本保持相对低位，且具有较强的稳定性，因此越来越多的市场主体选择人民币作为计价融资货币。人民币国际贷款大幅增长，国际债券发行量显著扩张，人民币国际使用突破“融资贵、融资难”瓶颈，可以更好地为全球供应链发展提供资金支持。

人民币国际化仍然面临多重挑战。第一，国内经济基本面承压，外部地缘政治风险高企，人民币国际信心易受影响。原因主要是：疫情疤痕效应明显，经济增长的质量与速度还没有完全得到修复。而且在内外需求偏弱之外，房地产行业风险、地方政府化债压力等国内突出问题，叠加全球资产避险情绪、拜登政府强势遏制中国发展等外部突出问题，短期内都有可能削弱各方主体对人民币资产的信心和安全性判断。第二，收益率是核心决定要素，人民币资产端面临资本流出压力。由于中美利差倒挂，人民币资产收益率相对走低，特别是股票等人民币计价的风险资产价格下跌，使得投资职能的人民币国际使用面临挑战。第三，人民币兑美元汇率走弱，离岸人民币市场发展相对缓慢。这会影响全球人民币流动循环，对人民币国际化深度发展形成制约。

结论2：“逆全球化”危害全球供应链安全和可持续发展，拖累了世界经济复苏进程。技术垄断和金融霸权使发展中国家难以摆脱供应链弱势地位，在全球供应链动荡重构中更容易遭遇危机冲击和安全挑战。

全球供应链是国际分工和经济全球化的产物。全球供应链以核心产品或服务为中心，以企业的研发、设计、生产、运输与销售、消费活动分散在不同国家（地区）为特征，借由产品与服务、数据与信息以及资金在全球范围内的交互流动而形成联系紧密的全球化网络链条。

国际贸易和跨国公司是全球供应链体系萌芽、初步形成到快速发展全过程的重要推手。率先完成工业革命的主要发达国家，凭借更高的社会生产力，主导形成了“发展中国家供应初级品和农产品，发达国家生产并出口最终品”的国际分工。第三次科技革命浪潮推动了以技术为基础的深度国际分工，全球供应链于20世纪80年代进入快速发展期，以跨国公司“产品内分工”为特点的工序型国际产业转移成为主流，国际分工体系仍然以发达国家为中心：发达国家掌握核心技术、品牌和消费市场，在供应链中承担高附加值工序，占主导地位；发展中国家大多被动地从事组装加工这一技术含量较低且附加值较低的工序。进入21世纪后，各国产品研发、生产、销售进一步在全球分散，原材料、在制品、产成品通过供应链上各主体之间的国际贸易实现在全球范围内流动，全球供应链体系更加成熟：一方面，跨国分工愈加精细、复杂，产品从开始生产到最终消费经历的跨生产阶段数越来越多；另一方面，为获取高额利润，欧美发达国家逐渐将重心置于包括金融行业在内的服务业行业，第三产业增加值占比超过 70%。中国虽然是经济全球化的后来者，但是借改革开放、人口红利与优惠政策赶上了全球供应链快速发展期，自此融入国际分工体系；并在加入世界贸易组织（WTO）后迅速成长为名副其实的“世界工厂”，成功跃居全球第二大货物贸易国。

2008 年金融危机成为全球供应链发展的转折点。一直主导经济全球化的发达国家由于产业空心化等原因纷纷陷入危机泥潭，被动参与全球分工、接受发达国家国际产业转移且制造业发展态势良好的发展中国家反而表现出更好的经济韧性。中国不仅是受危机影响最小的国家之一，更成为危机后全球经济增长引擎。在此背景下，以美国为首的发达国家为提振自身经济，采取技术封锁、加征关税、限制投资、立法补贴等多种贸易保护主义措施推动制造业回流，在全球范围内鼓吹“脱钩断链”“去中国化”，极大地助长了“逆全球化”思潮和现象，导致全球供应链体系逐渐偏离其原本的轨道。

2018 年以来，美国对华挑起贸易摩擦和“科技脱钩”，从法律和监管角度筹谋各种形式的政治操弄，不断搅动贸易保护主义、民粹主义、孤岛主义等社会政治情绪。这些非经济因素一边推升了全球供应链成本，使得疫情后的世界经济复苏更加艰难；一边制造着世界各国对供应链韧性与安全的普遍焦虑，导致原本“你中有我，我中有你”的全球供应链体系被迫进入动荡重构中。

首先，区域化发展势头明显超过全球化。基于北美、欧洲、亚洲的三大区域内贸易网络更加紧密，美国、德国、中国在各自区域供应链产业链的核心节点地位进一步明确，全球供应链的区域化特征更加突出。聚焦区域的贸易规则和贸易协定成为多边贸易投资谈判的主要方式，在区域经济一体化中发挥了积极作用，近岸化生产特征日益突出。比如，美国推动的《美墨加协定》（USMCA）规定了更加严格的北美原产地规则，设置了具有排他性的“毒丸条款”和争端解决机制。这些新规则，再加上美国的产业回流政策，共同促成了北美近岸化生产的结果。相比之下，亚太近岸化主要是因为在美国打压下被动收缩，但也离不开中国的双循环新发展格局对亚太经济的重塑，比如RCEP的目的就是实现高水平的区域内贸易投资自由化便利化，从而更好地促进区域和全球经济发展。

其次，几乎所有类型的产业都在调整。高新技术产业更多强调战略自主，美欧日和中国都有强烈的危机意识，半导体、新能源汽车等领域的全球供应链调整集中反映了大国竞争的战略安全考虑。资源密集型产业更多受到贸易保护主义或民族主义情绪的影响，以限制关键矿产资源开采或出口来保护民族产业的做法日渐盛行。劳动密集型产业越来越多地向中国以外的亚洲国家转移，以中国为枢纽的亚洲工厂在全球供应链中的地位显著提升，更多低收入经济体被整合进亚洲产业链。更紧密的贸易投资联系，以及更紧密的产业链价值链联系，推升了亚洲经济一体化程度，使亚洲得以充分发挥劳动力资源丰富的优势，从而成为全球供应链的生产重心。

最后，全球供应链被打散，但未完全断开。在美国政府的打压下，中美直接贸易联系明显减弱，各自最大贸易伙伴均已改变。不过与此同时，墨西哥、越南、印度尼西亚等国更多地嵌入中美之间，中间节点增多使全球供应链的战线拉长，也更加多元化、分散化。而且随着这些中间贸易伙伴与中国供应链的联系的日益加深，中美两国的间接贸易联系实际上还增强了。

此外，疫情疤痕效应和地缘政治冲突等多种复杂因素不断推升全球供应链体系的不确定性、不稳定性，使得处于弱势的大部分发展中国家和新兴经济体随时可能陷入更大的被动。疫情深刻改变了全球市场供需关系，对全球供应链价值链各个节点的关系网络进行了重新定义和建构安排，促使经济组织内部重新界定雇佣关系，推动全球劳动力市场发生结构性变革。俄乌冲突、中东剧变对世界能源安全格局产生了深远影响，国际原油价格剧烈波动使各国更加担忧全球供应链安全。能源出口国试图在市场动荡中获得更多定价优势，积极寻找更可靠、更长期的目标市场。能源进口国一边要加强能源合作以化解危机，一边要加快向绿色能源转型。制造业的这种数字化、绿色化转型，既反映了以人工智能技术的自动化应用为代表的供应链重塑风险在提高，也有可能为相关国家的个体安全以及全球供应链韧性和结构安全带来重大历史机遇。

美国的供应链霸权其实是对全球供应链韧性和安全的最大威胁。美国试图通过“卡住”上游供给来极限打压中国在关键产业链的发展能力，且不惜以全球范围的“脱钩”“断链”来扼杀中国经济。从特朗普政府开始，美国在经济领域显著加强对华遏制，通过关税、制裁、新规则谈判等推动全球产业链重组，在全球贸易和生产领域排斥中国。尤其是在5G核心零部件等高科技和关键产业领域，美国对参与相关产业生产的全球企业施加压力，对中国与相关国家的合作形成干扰，全力遏制并削弱有中国参与的全球供应链发展。然而，由于中国早已位居全球贸易投资最重要国家的行列，所以上述各种打压都不可避免地致使全球供应链上的大部分国家遭受福利损失，甚至威胁到一些国家的供应链安全与可持续性。

值得注意的是，按照发达国家意志进行的全球供应链重构，不仅赋予了发达国家对供应链上相关主体的生杀予夺之特权，而且进一步强化了广大发展中国家的供应链脆弱性。尽管发展中国家对全球供应链体系的贡献度在上升，但是核心技术和知识产权、主要国际货币和国际金融基础设施、社会标准环境标准制定权等关键环节，几乎全部掌握在发达国家手中。中美贸易摩擦的发生说明了掌握核心技术一方对高科技产业链的支配力。将俄罗斯主要银行踢出SWIFT系统、禁止其使用主要国际货币完成跨国交易，反映出金融制裁对一国供应链安全的颠覆性。美国、欧盟因为拥有话语权，所以只需以“国家安全”“去风险”为借口，就可以毫不顾忌地运用立法和监管手段任意更改国际贸易规则、利用“长臂管辖”随时随地实施经济制裁。必须看到，“逆全球化”的目的就是发达国家要对这些领域继续保持垄断，本质上是要重新回到以发达国家为中心的国际分工体系，哪怕这样做会实质性地损害发展中国家正当利益并增大全球供应链中断风险。

结论3：全球供应链的可持续发展离不开国际货币金融服务，有效的金融支持保障功能可以提升全球供应链的包容性和韧性。可持续的全球供应链体系以及与之适配的国际货币金融体系都是当前紧缺的重要全球公共产品。

全球供应链体系要实现可持续发展，就必须具有包容性和韧性。包容性要求各参与主体能够普遍地从全球供应链模式中受益，供应链上所开展的经济活动不仅能提高核心主体的福利水平，也能不同程度地提高几乎所有相关主体的福利水平。可持续的全球供应链也需要有足够的韧性，从而在面对各种冲击时能够迅速调整适应并恢复运行，甚至在识变应变之外还能够“化危为机”。全球范围内的货币资金流动几乎贯穿于全球供应链体系的每个节点，所以全球供应链的可持续发展离不开国际货币金融服务，高质量的金融支持与保障可以提升供应链合作伙伴的福利水平，也有利于增强全球供应链韧性。

广大发展中国家和新兴市场经济体虽然也进入了全球供应链体系，但普遍处于弱势地位，缺乏主体性和话语权。而且在现行国际货币金融体系中，这些国家也全部都是在外围的边缘经济体，无论是参与全球供应链还是从事其他跨国经济金融活动，都只能依赖主要国际货币以及相应的国际金融服务。现实情况是，弱势国家在全球供应链上很难得到国际货币金融服务的支持和保障，而且缺乏必要的金融支持还往往会对它们融入全球供应链形成巨大障碍。首先是供应链融资问题。尤其是中小企业更可能面临融资难、融资贵问题。其次是汇率风险。汇率风险直接影响跨国供应链的成本和竞争力，贸易战、政策不确定性、跨国资本流动等可能加剧汇率波动、加大贸易投资难度，从而影响供应链的稳定性，或是通过国内金融市场影响供应链融资成本和资金链安全。最后是风险管理问题。尤其是中小企业可能缺乏实用工具或风险管理经验，不能利用金融工具对冲风险，难免遭受意外损失。

国际货币金融服务供给与全球供应链发展新趋势所提出的金融服务需求之间并不完全匹配。随着全球供应链发展呈现出绿色低碳转型、数字智能化、轻资产运营等新趋势，其对金融服务提出了绿色化、数字化、智能化等新的更高要求。显然，全球范围内的传统金融服务在产品体系、业务运营、风险管理、技术保障等方面还没有很好地跟上这些新变化。国际货币金融变革应当与全球供应链可持续发展的方向一致。

国际货币金融服务至少可以从融资、风险管理和支付三个方面为全球供应链上各国（地区）经济活动提供支持和保障，进而提升全球供应链的韧性，改善供应链上相关国家（地区）福利水平。为此，我们构建了讨论国际货币金融体系与可持续全球供应链关系的理论分析框架，并得到以下主要结论：第一，金融体系融资效率提升，可以缓解供应链上企业的融资难、融资贵问题，进而降低企业生产成本，并通过全球供应链将成本节约效应反馈给全球消费者，从而提高全球居民的福利。融资效率上升还可以更好地服务科技创新，提升一国（地区）应对关键技术领域供应链冲击的能力，增强其供应链韧性。第二，金融体系风险管理能力提升，可以缓释供应链冲击产生的全球经济波动，提升供应链稳定性。完善的出口信用保险可以促进贸易，通过比较优势提升全球供应链上各国（地区）的福利水平；巨灾保险和各类金融衍生工具可以有效应对自然灾害等对全球供应链伙伴的负面冲击；全球金融治理的完善可以提升政策协调水平，削弱各国政策的负外部性，降低供应链上企业面临的宏观风险。第三，跨境支付效率的提升，可以通过成本节约效应直接提升供应链上各国（地区）的福利水平。支付结算货币的多元化在一定条件下可以有效降低供应链冲击引发的汇率风险。

国际货币金融服务对全球供应链提供的支持保障功能越强，则越有利于提升全球供应链的包容性和韧性。在现行国际货币金融体系中占据重要位置的国家无疑最有条件为全球供应链提供金融服务，对供应链伙伴的支持保障效果也会更加明显。此外，越是处于全球供应链重要位置的国家，通过金融服务功能来提升供应链合作伙伴的福利水平、增强全球供应链韧性的效果就会越显著。而且伴随着一国金融体系服务全球供应链可持续发展的能力的提高，该国货币的国际使用基础也必然更加夯实。当一国货币和金融服务在全球供应链上越来越重要时，就代表可能出现新的主要国际货币，同时国际货币金融体系将迎来新的重要成员。

如果现行的主要国际货币和国际金融基础设施不能提供有效的金融支持，而全球供应链上的重要国家又被限制提供国际货币金融服务，那么从全球发展和全人类福祉角度出发，这样的国际货币金融体系显然与全球供应链体系并不适配。而如果现行国际货币金融体系上的重要国家不仅拒绝提供充足有效的金融支持，甚至还利用金融垄断地位任意提高融资成本、禁止国际交易或中断国际支付，那么对全球供应链安全和各国（地区）福利水平就会产生灾难性影响。由此可见，国际货币金融服务对于全球供应链的可持续发展来说其实是“双刃剑”。

对世界上绝大多数经济体来说，参加全球供应链合作是融入国际市场、促进经济增长和提高人民福祉的重要方式。但供应链上的绝大多数参与主体又是被动与弱势的，只能依靠其他有能力者来整合全球产业链供应链，以及提供全球供应链发展所需要的国际货币金融服务。从这个意义上讲，全球供应链体系和国际货币金融体系都具有全球公共产品属性。而且，无论是可持续的全球供应链还是能够与之适配的国际货币金融体系，现阶段都存在明显的供给缺口，无法满足全球发展和各国经济金融安全的需要。

结论 4：金融体系的资金融通功能有利于全球供应链可持续发展，既可以为链上企业提供必要的资金保障和流动性支持，还可以通过缓解融资约束助力企业创新，从而提高供应链韧性。

有效的金融服务可以及时疏通供应链资金流中的堵点、断点，推动全球供应链协同有序发展。良好发展的金融机构和金融市场可以为企业进行全球商品和服务交换提供有力支持。金融体系如果能够与产业部门、贸易部门高效协同起来，则有助于供应链上下游有效衔接，推动供应链升级发展，从而提高相关企业的全球竞争力。

金融体系通过降低融资成本、缓解融资约束，不仅为资金周转困难的环节提供必要的短期流动性支持，而且为供应链优化调整提供稳定的中长期资金保障。高质量的融资支持有助于促进发展中国家企业深入参与全球供应链，促进开放合作，推动全球供应链布局多元化，从而助力提升供应链稳定性。在资金成本的节约效用和全球市场竞争下，全球消费者能够依托供应链享受到“物美价廉”的商品，共享金融发展红利。

发展中国家企业在参与全球供应链时普遍面临“低端锁定”、核心技术受制于人等发展困境。金融体系提供的资金支持可以促进产业转型升级，从而有利于提高企业生产效率。融资约束缓解有助于促进产业升级与创新，实现核心技术突破。完善的融资功能所带来的成本优势也将进一步提升抵御供应链冲击的能力，进而提升全球供应链韧性。

第一，供应链金融能够有效缓解融资约束和供应链失衡问题，解决中小企业融资难以及因此面临的供应链中断风险，提升企业在全球供应链中的参与度。供应链金融能够将资金流、物流和信息流结合，为供应链上企业提供融资支持；能够促进供应链体系的流动性和稳定性，有助于链上企业建立长期战略协同关系；有助于提高企业自主创新能力，降低“卡脖”“断链”风险。中国是全球最大也是增长最快的供应链金融市场之一，商业银行和政策性银行都发力供应链金融，为中小企业参与全球供应链提供有力的资金支持。但新的融资模式也带来了新的挑战。一旦供应链重要节点上核心企业发生财务危机或经营问题，就可能会使整个供应链的资金链断裂，从而影响上下游其他企业。

第二，跨境贷款是弥补发展中国家融资缺口的重要资金来源。中国的境外贷款可以助力发展中国家提高生产力并优化产业结构，提高在全球供应链中的竞争力和参与度，从而有助于维护全球供应链韧性。境外贷款成为中国企业“走出去”获得境外资金支持的主要方式，助力其更好地运用全球生产要素的比较优势，提高全球供应链竞争力。跨境贷款的复杂性远高于国内贷款，需要遵循多重法律法规，面临更高的合规成本和法律风险；而且，汇率波动、资本管制等因素也进一步增加了跨境贷款的实施难度。

第三，贸易融资可以促进全球供应链的包容性发展。融资难是中小企业参与全球供应链面临的主要问题，贸易融资可以针对性地帮助全球中小企业。一方面，融资方式灵活多样，信用证、保理、代付等贸易融资方式已经非常成熟，可以确保企业及时获得资金，正常从事生产经营活动。另一方面，贸易融资周期短、成本低，有助于中小企业优化资源配置，增强在全球供应链中的竞争力。贸易融资不仅支持了商品交换，还促进了技术、知识和经验的交流，有助于企业提高科技创新能力。中国不仅通过国内商业银行、政策性银行提供贸易融资服务，由中国发起设立的多边金融机构也广泛开展相关业务，为全球供应链上的各国企业提供金融支持。

第四，跨境投资有助于国际资金互联互通。对外投资既是中国企业国际化的重要形式，也是中国与世界经济深度融合、互利共赢、共建全球产业链的重要桥梁。对外投资可以带动发展中国家快速融入全球供应链，有助于构建全球供应链网络，通过对外投资，企业也可以更好地利用当地优势，优化资源配置，为维护供应链稳定提供支持。通过在发达国家设立研发机构、并购海外龙头企业、密切监测海外市场、把握产业发展趋势等多种方式推动技术迭代和企业创新发展，可以有效降低“卡链”“堵链”“断链”风险。在当前地缘政治紧张、全球市场动荡的背景下，投资者需考虑目标国家的政治、文化、市场准入、法律法规等多方因素，跨境投资面临较大的不确定性。除此之外，金融科技应用带来的挑战、全球经济环境波动等因素也是金融支持供应链发展不得不考虑的问题。

结论5：金融体系的风险管理功能有利于全球供应链可持续发展，既可以利用市场上各种金融工具进行供应链风险管理，也可以通过政府、企业、保险机构等多方合作来分担风险，从而提高全球供应链的稳定性与韧性。

供应链任何一个环节发生中断，都有可能使整条链的上下游企业遭受巨大损失，所以保障供应链安全与提高供应链韧性对参与企业来说至关重要。供应链内生风险指节点企业之间的文化差异、利益分配不均、信息传递等引起的风险，风险发生频率较高，但是造成的损失相对较小，一般可以通过节点企业之间的协调合作有效减少或控制风险事件的发生。供应链外生风险如自然灾害、政策变化、市场环境变化等的发生频率较低，但会造成严重损失。由于大多数外部环境变化属于不可控风险，只能在风险尚未发生时采取恰当的风险管理措施，以降低风险发生后造成的损失。近年来，受极端天气、新冠疫情以及“逆全球化”国际政治经济形势的影响，制造商更加关注全球供应链的脆弱性，包括供给和运输的不确定性、网络失效、监管和政治风险等，更加重视供应链风险管理。

政府部门主要通过财政手段减轻供应链在面对市场波动、自然灾害、经济危机等不确定因素时的风险，是供应链风险管理中的关键组成部分。政府通过向企业提供财政补贴、加大税收优惠力度、提供融资担保支持等缓解企业资金链紧张，帮助企业在面临重大市场冲击或者供应链中断时维持运营，降低企业融资成本，增强企业的财务稳定性，提高供应链的效率和韧性。

金融市场上的期权、期货等衍生工具可以被用来对冲原材料价格波动、汇率变动等市场风险。保险公司、再保险公司可以利用金融工具进一步转移供应链风险，比如，通过特殊目的机构（SPV）向资本市场发行债券，将发行收入作为保险机构对冲自然灾害的资金储备，利用资本市场的广度和深度实现风险分担。

保险是管理全球供应链风险的重要工具之一，为国内和国际业务及商业往来的顺利进行提供解决方案。商业保险的使用可以有效解决供应链企业抗风险能力不足的问题，减少意外事件的影响，提高供应链的稳定性。供应商将风险全部转移给保险公司，以补偿风险事件发生所造成的经济损失，提高了自身的风险承受能力。保险保障也有利于增强供应链合作伙伴之间的信任和透明度，有助于建立更加紧密的合作关系，提高供应链的整体运作效率和灵活性。

首先，保险可以为供应链中断风险造成的损失提供保障。政治动荡、供应商倒闭等突发事件可能导致供应链中断，进而造成生产延误、交付延迟以及额外成本增加。通过业务中断保险等产品，可以最大限度减少损失，企业可以依靠保险公司赔付，尽快恢复到风险事件发生前的生产状态，维持业务正常运转，从而保障供应链的稳定。

其次，保险可以为巨灾风险造成的损失提供保障。洪水、地震等自然灾害往往会使企业遭受巨大财务损失，但此类损失在财产保险中被列作除外责任。巨灾保险能够为企业提供资金保障，减轻由突发事件引发的经济损失。巨灾债券、巨灾指数保险等创新产品为管理巨灾风险提供了新模式，是对传统保险和再保险的有力补充。巨灾保险通过提供金融保障和风险管理，对供应链的稳定性起到了关键作用。

此外，保险可以为国际贸易和对外投资中的信用风险造成的损失提供保障。出口信用保险的价值和作用主要体现在四个方面：一是防控风险，即帮助企业防控收汇风险，管控国外买家的信用限额，对买家形成约束，保护本国出口企业利益。二是撬动融资，即通过介入并分担项目风险，做到融资增信，优化融资条件，促进融资协议的达成。特别是对于中小企业来说，出口信用保险可以为其提供“资金融通＋保险保障”的全方位金融支持。三是开拓市场，即为买方提供更多付款方式和账期选择，从而增强出口议价能力，提升出口企业在国际市场上的竞争力。四是损失补偿，一旦企业在承保范围内出险致损，就可以及时给予补偿，并通过赔前减损、赔后追偿等最大限度减少损失，避免企业资金链断裂，稳定企业经营。

我国已在营业中断险和巨灾保险产品领域开展广泛实践。但企业财产保险原保费收入占财产险原保费收入的比例仅为3.7%，对供应链中断风险的保障程度较低。同时，我国巨灾保险的赔付仅占经济损失的10%

左右，远低于发达国家的赔付比例。巨灾保险制度仍需进一步完善。中国信保的出口贸易险近年来增长迅速，2023 年承保额达到 1 456.7 亿元，是支持跨境人民币结算业务的重要方式。

政府、企业、保险机构之间合作分担供应链风险，可以减轻突发事件对供应链企业资产负债的影响，实现增强供应链韧性、提升供应链风险防控和应急处置能力的目标。对企业来说，更好地进行供应链风险管理，不仅可以帮助链上经济活动顺利完成，还有助于与国际合作伙伴建立更紧密的长期经济联系。

结论 6：跨境支付体系为全球供应链可持续发展提供重要保障，互操作性可支持供应链稳定和多元化趋势，便利性可降低供应链成本且顺应数字化趋势，安全性可缓解金融制裁和网络攻击等风险。

跨境支付是国家或地区之间因国际贸易、国际投资以及其他方面的经济活动，借助一定的结算工具和支付系统实现资金跨国和跨地区转移的行为。各种跨境贸易投资活动都离不开跨境支付的支持。跨境支付体系作为一种国际金融基础设施，为全球供应链的可持续发展提供了重要保障。

全球供应链发展呈现出本土化、多元化、数字化等新趋势，对跨境支付提出了新的挑战。为保障全球供应链的可持续发展，跨境支付体系在技术和设计上的更新迭代应当遵循三个关键目标：在广度上实现支付系统广泛互联，即互操作性；在深度上实现跨境支付快速便捷，即便利性；保证跨境支付安全可监管，即安全性。

跨境支付互操作性是使一个系统或机制能够与其他系统或机制结合起来使用的技术或法律兼容性。很多国际组织都致力于推动跨境支付系统之间的互联互通。互操作性是一个持续优化的过程，也是跨境支付发展面临的关键问题。通过互操作方案，一国可以实现与其他多国之间在跨境支付上的互联互通，从而降低供应链区域化带来的交易风险。进一步地，互操作性较强的国家也有了更多的贸易选择，能够实现供应商的多元化，避免因单个国家供应商的支付问题影响供应链的完整性，从而为拓展贸易关系奠定基础。

跨境支付系统与其他跨境支付系统的互操作，不仅是出于降低成本的考虑，而且是保证供应链安全稳定的重要举措。跨境支付互操作性能够满足供应链本土化的跨境支付需求，即在供应链本土化迁移的背景下，减少两地跨境支付系统不互通导致的“断链”风险，提升供应链的厚度，从技术层面保证供应链的稳定。跨境支付的互操作性还可以支持供应链多元化扩展，使该国企业在选择供应链上下游企业时有更大空间。

跨境支付便捷性意味着支付效率的提升和支付成本的降低，有助于提升供应链资金流转效率。低成本、高效率的跨境支付能够节约供应链成本，是各国企业在选择上下游贸易对象时会考虑的重要方面。具备低成本高效率跨境支付系统的国家也能够在供应链合作中获得优势，从而提升供应链合作黏性，并能够基于高效的跨境支付系统发展大规模、高频率的跨境贸易业务，尤其是跨境零售业务，从而极大地开拓跨境市场渠道，提升供应链稳定性和服务水平。

跨境支付便捷性可助力跨境电商等贸易新业态发展。跨境电商的参与者以中小微企业为主，它们的资金链相对脆弱，在处理收单与结汇时经常面临收费不透明、资金安全缺乏保障、收款周期长等诸多难题。移动支付和跨境支付技术为其提供了高效、便捷的支付解决方案。疫情期间，众多第三方支付平台借助大数据与智能技术，打造集合了快速提现、VAT 缴税、供应商付款等的一站式跨境支付服务，帮助跨境电商平台实现数字化转型。数据打通与业务合作还衍生出物流贷等解决跨境电商业务痛点的创新型金融产品，从而进一步强化了跨境支付便捷性。跨境支付领域已经逐渐形成了以专业化分工、数字化服务创新、跨国优势互补、协同整合等为特征的跨境电商服务供应链。

跨境支付安全性是跨境支付体系顺利运行的重要保障。信息技术的广泛采用为供应链建立了支付系统、业务系统等一系列基础设施，也引发了网络攻击和供应链威胁。与此同时，地缘冲突加剧、国际金融制裁频发等对供应链稳定造成了直接威胁。许多国家（地区）都在致力于开发独立的跨境支付系统或者发展央行数字货币，以确保在受到制裁的情况下还能通过备份渠道进行必要的跨境支付。2015 年，CIPS 正式投产运营。CIPS 是我国重要的金融基础设施，在推动金融业双向开放、服务“一带一路”资金融通、助力人民币国际化等方面发挥重要作用。直接参与者可以通过 CIPS 专线发送报文和支付指令完成交易，这在一定程度上减轻了对 SWIFT 系统的依赖。

跨境支付安全性还可以应对网络攻击造成的支付暂停、资金丧失、信息泄漏，甚至供应链中断问题。我国参与发起的 mBridge 旨在探索央行数字货币在跨境支付领域中的应用。该项目采用现代加密通信技术，有助于对资金实施监控和全面追踪、有效避免黑客网络攻击、防范交易信息泄露风险。

7.2 政策建议

建议 1：人民币国际化是走好中国特色金融发展之路、建设金融强国的必由之路。要抓住全球供应链重塑和国际货币金融变革的契机，紧扣金融服务实体经济的根本宗旨，提高中国对世界经济复苏与发展的影响力和贡献度。

金融是国民经济的血脉，货币又是现代金融体系的核心，"强大的货币"是建设金融强国的关键核心要素之一。要在稳慎扎实推进人民币国际化的战略部署下，加强顶层设计，尊重客观规律与现实国情，统筹发展与安全，兼顾开放和稳定，坚定不移地走出一条具有中国特色的货币强大之路，在全球市场上获得与中国经济、贸易地位相匹配的货币地位，为世界经济金融发展做出更大贡献。

坚持把金融服务实体经济作为根本宗旨，不仅是中国特色金融发展之路的重要属性，也是推进人民币国际化战略的鲜明特点。主权信用货币国际化的本质在于货币职能向世界范围延伸。加快构建双循环新发展格局有助于我国商品、服务、资本等实现大规模跨境流动，可以大大增加人民币国际使用的场景和黏性，让广大居民、非居民使用和持有人民币成为一种习惯。高水平的内循环可以提供雄厚的实体经济和金融市场基础、安全稳定的发展环境和强有力的科技竞争力，为人民币国际化奠定扎实的基础条件。畅通的国内大循环可以保障人民币资产的盈利性和安全性，不断提升人民币吸引力，从根本上创造居民和非居民对人民币持续旺盛的需求。高水平的外循环是我国坚持多边主义、国际合作的载体，有利于促进各国互利共赢、实现全球产业链供应链包容性发展，对外贸易、跨国投资、国际金融服务、国际经济政策协调等都可以成为强化人民币国际使用的现实渠道。畅通的国际大循环可以满足人民币流动性的充分供给，不断提高人民币资产的可获得性和使用便利性。境内，应继续增强上海国际金融中心的竞争力和影响力，不断巩固其全球人民币金融资产配置和风险管理中心的地位。境外，应全力支持中国香港建设全球离岸人民币市场枢纽，依托大湾区、背靠全中国、面向全世界，促进离岸人民币流动性合理充裕，实现在岸与离岸金融市场的良性互动，打造健康、有序、和谐的人民币全球金融生态。

充分发挥我国在绿色金融、数字金融领域的领先优势，为全球供应链的绿色化、数智化发展贡献更多中国力量，为人民币国际化提供新的增长动能。绿色低碳转型与数字化智能化浪潮是全球供应链发展新趋势，而绿色金融、数字金融是我国金融高质量发展的内在要求。我国在绿色金融和数字金融的理论研究、市场实践和政策规制等多个方面都已位居世界领先水平。中国绿色金融发展迅速，绿色贷款、绿色债券等市场规模处于全球前列，绿色金融标准、绿色风险指标体系、绿色信用体系等日益完善，未来要在“一带一路”低碳投资、绿色低碳政策协调、建立新型全球治理平台推动低碳发展等方面更加主动作为。新技术与数字金融将重塑国际支付与货币格局，数字人民币跨境使用将为人民币国际化开辟新局面。

地缘政治因素对国际货币金融体系的影响是“一体两面”的。当前，地缘政治风险达到冷战以来的最高水平，地区冲突频发，大国博弈与货币竞争更加激烈。一方面，中国主张的新型经济全球化和人民币国际化被个别国家看作威胁和进攻，因而会遭遇更大的阻力，甚至被其直接采取极端措施予以遏制，对此必须做好困难准备，有效管控“脱钩”“断链”“小院高墙”“金融核战”等各种风险的影响。另一方面，越来越多的国家和地区出于对自身安全性的考虑，全力增强双边本币合作与区域对接，积极推动国际计价结算货币和国际储备货币的多元化，这无疑为人民币的国际使用创造了新的空间。只要我们抓住本轮全球供应链重塑的关键契机，顺应和平发展、合作共赢的时代潮流，人民币国际化就一定能够攻坚克难，取得成功。

建议 2：坚持以开放促合作，坚信“合作能够发展，发展可以共赢”。践行和平发展和多边主义，团结一切有生力量，构建包容、绿色、可持续发展的全球供应链合作网络。

“逆全球化”损害了诸多国家的利益，中国首当其冲，必须为应对供应链风险挑战做好充足准备。第一，要加强对全球供应链薄弱环节的重点支持。尤其要抓住研发投入和人才队伍建设，加强自主创新能力，破解核心技术“卡脖子”困境，提高金融体系对供应链重点领域和薄弱环节的支持保障力度。第二，要解决好供应链关键产品和关键资源的进口依赖问题，降低地缘政治冲突等造成的供应链中断风险。有条件的要充分挖掘国内可替代资源，实现关键资源的自主可控。对外依存度高的要努力增加进口来源的地理范围和物流渠道的多样性，扩充可替代供应商名录，分散进口来源地，继续完善中欧班列等陆上国际物流线路，支持发展海外仓等外贸新业态新模式，降低对霍尔木兹海峡、马六甲海峡等重要海上交通枢纽的依赖度。第三，要充分运用数字技术保障全球供应链安全。加快工业互联网、人工智能、数据中心等新兴数字基础设施建设，充分发展数字技术和数字经济。利用数字技术精准识别供应链薄弱环节，对“延链”“补链”“强链”做到有的放矢。充分发展数字金融和金融科技，优化金融资源配置，全面提升供应链融资效率。

中国是经济全球化的受益者，在改革开放中取得了巨大的经济发展成就。中国更是新型经济全球化的坚定支持者，因为我们相信“发展才是硬道理”，塑造“合作共赢”的开放型世界经济符合全人类共同利益，是历史发展的正确方向。理论研究和经验事实都充分表明，全球化生产模式使世界各国可以专注于自身比较优势领域；全球范围内的专业化分工带来的低成本红利促进了世界经济长期蓬勃发展，也普遍地提高了供应链上各个合作伙伴的福利水平。以电子信息领域为例，其特点是：产业链绵长，技术具有高度复杂性，而且技术更新迭代速度越来越快——这就意味着，任何单一企业或国家都不可能在产业链的所有环节均处于世界领先水平。换言之，唯有协同合作才能更好地发展，只有通过不断发展才能实现所有相关主体的切实利益。

构建一个包容、绿色、可持续发展的全球供应链合作网络，才能从根本上防范“逆全球化”的破坏性，为广大发展中国家找到保障供应链韧性与安全的解决方案。中国应加强与其他经济体合作，充分发挥“一带一路”倡议、RCEP 等的示范作用，实现区域经济伙伴在贸易、投资等各种供应链合作领域的互利共赢。进一步深化贸易便利化改革，通过优化通关流程、降低进出口环节费用、提升口岸综合服务能力、畅通国际物流等方式，不断提升贸易自由化和便利化水平，密切与供应链伙伴国家的全方位合作。携手建立全球供应链应急管理机制和信息共享机制，发挥供应链合作网络效应，共同维护全球产业链供应链安全稳定。

要尽快走出全球经济停滞困局，这是当前绝大多数国家的基本共识，因而需要各方携手努力，用全球共同行动去解决全球重大问题。面对全球重大变化和挑战，如二战、2008 年国际金融危机，只有践行和平发展和多边主义，世界各国团结一心，通力合作，才能共克时艰，重返经济增长正轨。面对当前多重危机叠加的复杂形势，如地缘政治冲突、贸易“碎片化”、供应链动荡重构，气候危机等，仍然必须依靠国际社会团结合作，强化人类命运共同体意识，为前所未有的全球性挑战找出前所未有的全球化解决方案。这需要全球供应链上的各方力量多做有利于合作、发展的建设性贡献，众人拾柴火焰高，只有齐心协力才能成就大业；更需要那些目前在全球供应链上占据技术和金融垄断地位、掌握规则制定权和话语权的相关力量，不做或是少做破坏全球供应链合作与发展的事，看清世界经济朝多极化发展的历史演进趋势，构建多边主义的全球经济金融治理体系。

建议 3：努力提高中国金融体系对全球供应链的支持与保障力度，帮助广大发展中国家增强供应链韧性和抗风险能力。不断夯实人民币的国际使用基础，以国际货币金融变革促进全球供应链的可持续发展。

世界正处于百年未有之大变局，全球经济发展面临巨大挑战。解决可持续全球供应链以及与之适配的国际货币金融服务等全球公共产品供给不足的问题，可以成为一个务实的切入点。

中国是全球供应链上的重要经济体。中国金融体系为全球供应链提供国际货币金融服务，可以显著提高本国和其他合作伙伴的福利水平和供应链韧性。这是中国为弥补优质全球公共产品缺口而做出的重要贡献。人民币国际化同样是向世界各国，特别是发展中国家，提供优质全球公共产品。这是中国作为全球最大发展中经济体、全球重要贸易和投资国家，为全球供应链伙伴提供的国际计价货币、国际支付货币和国际安全资产的新增选项。

首先，中国要致力于构建和完善供应链金融生态。推进重点领域供应链金融发展，培育供应链链主企业，为供应链上的中小企业提供融资支持，强化对供应链核心企业的金融服务。同时，运用金融科技等技术手段构建供应链金融服务平台，提升企业融资可得性与便利性。由于中国是全球供应链上的重要国家，所以中国金融体系提供的金融服务可以辐射到许多其他国家的企业，对全球供应链合作与包容性发展的金融支持效果也会非常显著。

其次，中国要稳步提升人民币在全球供应链中的作用和影响。全球供应链上的中资企业和机构要充分认识到，“本币优先”对于制造业产业链抵御外部风险、实现资金链安全等方面的重要意义。此外，要不断优化跨境人民币相关政策，扩大与“一带一路”沿线国家等重点区域贸易投资活动中的人民币使用，推动大宗商品贸易人民币计价结算，积极建设和推广 CIPS，为全球供应链的可持续发展提供优质的金融服务与保障。

需要指出的是，中国在现行的全球供应链体系和国际货币金融体系中，同样是缺乏话语权和规则制定权的，这与广大发展中国家和新兴市场经济体的“弱势地位”没有什么实质性不同。虽然中国有意愿也有条件为可持续的全球供应链作更多贡献，但是通过中国金融体系和人民币国际化向世界各国提供重要全球公共产品的道路充满了艰难险阻，更讽刺的是一路上都被主要发达国家围追堵截，还要被冠以“中国威胁”的罪名。因此，弥补全球公共产品缺口只不过是万里长征第一步。要彻底解决国际货币金融体系与全球供应链体系的不适配问题，关键在于推动国际货币金融变革，坚持真正的多边主义，践行共商共建共享的全球治理观。

2024 年是布雷顿森林体系成立 80 周年。这是面对二战后的满目疮痍，为建设和平、繁荣的新世界而建立起来的国际货币金融体系。虽然该体系下的双挂钩汇率安排在 20 世纪 70 年代初已告结束，但它留下的 IMF 等重大遗产至今仍然活跃在世界舞台。这段历史说明，国际货币金融体系完全可以助力全球经济复苏，只需各国不局限于封闭狭隘和国家利益至上，而是选择精诚合作和考虑全球共同利益。值得深思的是，面对今天的全球经济停滞，究竟是什么力量动摇了这个经受住了时间考验的强大理念呢？

欧洲中央银行行长、IMF 前总裁拉加德女士在《重振布雷顿森林精神》一书中提到，布雷顿森林体系的创始人明确了国际货币金融体系要的三大核心任务：促进国际货币合作、支持贸易发展和经济增长，以及阻止会损害繁荣的政策。这与国际货币金融服务应当支持和保障全球供应链的可持续发展的逻辑一致。如果全球供应链上的国家或企业被实施金融制裁，那就说明这些国际货币和国际金融基础设施已经不再具有全球公共产品属性。若这类"公器私用"问题频繁出现，甚至严重到阻碍贸易、损害繁荣、破坏全球供应链正常运行的程度，则表明以促进可持续全球供应链为目标来推动国际货币金融体系改革已经迫在眉睫！

建议 4：构建全方位、多层次的金融服务供给体系，以金融创新更好地服务科技创新；推动制定绿色金融、数字金融全球标准，以高水平金融开放促进全球供应链互联互通。

在理想的金融体系中，银行体系与资本市场体系相互协调、相互补充，可以满足各类市场主体全方位、多层次的金融服务需求。首先，要完善多层次银行机构体系。我国银行体系已基本实现多层次、广覆盖，但还没有真正做到有差异、大中小合理分工。要进一步引导银行优化功能定位，增强金融服务供给能力。通过完善中小微企业金融支持政策、支持部分符合条件的中小银行合并重组、鼓励金融科技赋能等方式，做好对中小微企业的融资服务，助力企业更好融入全球供应链。其次，要进一步丰富和完善多层次的资本市场体系。一方面，要继续深化股权融资市场改革，同时重视债券市场、期货市场及其他金融衍生品市场改革，既发挥股权融资市场功能，推动风险投资等新金融业态支持具有不同融资需求的企业，又发展金融衍生品以提供多元化的风险管理工具。另一方面，要统筹协调不同市场层次之间的关系。各市场层次应进一步明晰定位，使企业能够快速判断与之相匹配的股权融资市场。建议推出交易所之间的双向转板、交易所内部转板等制度，实现多层次资本市场的有序流动。

第一，要努力提高金融创新服务科技创新的能力。首先，支持商业银行围绕科技创新型企业进行金融产品创新、探索新的服务机制。支持初创期科技型企业成长壮大，丰富成长期科技型企业融资方式，提升成熟期科技型企业金融服务适配性；助力不同阶段科技型企业加大研发投入，形成科技型企业全生命周期的金融服务模式。其次，激发资本市场创新活力。支持资本市场创新型交易平台建设，推动科创板、创业板、北交所、新三板以及区域性股权市场的制度创新，助力专精特新中小企业高质量发展。创新资本市场直接融资工具，如风险投资、创业投资基金、债券融资工具等，为企业科技创新提供灵活的资本支持。推动发展创新型投资机制，如通过税收优惠、创投基金设立等方式，鼓励投资者参与投资科技创新企业，推动资本市场向科技创新倾斜。

第二，要积极争取绿色金融、数字金融等全球标准研制工作的话语权。对内，要制定统一的绿色金融标准体系，有序推进数字金融相关国家标准和行业标准的研制。对外，要基于我国已经推出的绿色债券标准、绿色信贷标准、绿色保险标准等，与参与相关国际标准制定的国际组织、外国政府、金融基础设施等广泛交流，加强合作，引导面向未来的全球金融治理，主动塑造有利的国际环境。

第三，要以高水平金融开放促进高质量国际合作。加强金融市场准入开放，逐步放宽外资金融机构准入限制，简化外资金融机构在国内设立分支机构或全资子公司的审批程序，吸引更多国际资本参与国内金融市场。简化跨境贸易投资审批程序，加快审批速度，提高效率；加强跨境贸易投资数据和信息共享机制，降低信息不对称风险。扩大资本市场高水平制度型开放，推动境内外资本市场互联互通。与其他国家（地区）金融监管机构、国际金融组织等广泛开展合作与交流，共同应对全球金融市场面临的挑战和问题，为全球供应链的互联互通提供更广阔的发展空间。

建议5：运用区块链、大数据技术定制化供应链风险管理方案，构建政企协同的供应链保险服务体系，更好地发挥风险管理对供应链稳定的保障作用。

第一，定制化供应链风险管理是未来发展趋势，要利用数字科技更好地对供应链相关主体进行风险识别、评估和监控。区块链技术可以增进供应链利益相关方之间的信任度和透明度，创建无法篡改的商品移动记录，建立包含不同运输阶段的单一、安全的供应链数据来源。应用区块链技术，可以实现供应链信息的安全共享和可追溯，有效应对信息不对称和信任缺失问题。保险公司可通过大数据分析技术以及区块链技术等精确匹配风险管理服务，定制供应链中断保险、运输保险等保险产品以满足企业特定的风险保障需求，提高风险管理产品与产业链供应链的匹配度，为全球供应链的可持续发展提供保障。

第二，要提高政企合作水平，形成商业型保险与政策型保险相互补充的格局。加强政府与保险公司合作，建立多层次巨灾保险分散和融资体系，开发相关保险指数，推动巨灾保险精准定价，缩小保障缺口。加强地方政府、保险公司与银行等金融机构之间的密切合作，对战略性新兴产业给予更多政策倾斜，因地制宜开发适合当地保障需求与财政水平的保险产品。构建供应链保险服务体系，促进上下游企业合作与风险共担，有效分散和缓解供应链中断、市场需求波动等带来的不确定性。进一步完善出口信用保险相关政策，鼓励创新保险产品和服务，满足不同产业链和企业的个性化需求，扩大可保范围。将出口信用保险相关服务政策纳入支持跨境人民币结算相关政策体系中，丰富出口信用保险助力跨境贸易的应用场景，在提升产业链整体竞争力的同时也推动人民币国际化。

第三，要加大保险服务的支持力度。这是确保供应链稳定的必然选择。加强直保公司、再保公司与企业的合作交流，为企业量身定制保险产品和服务。通过信用保险等产品加强跨区域、跨国家的协调合作，提升供应链韧性和抗风险能力。提高保险在供应链中的参与度，实现保险服务和供应链管理的协同配合，通过供应链信息共享平台及时调整保险策略和供应链管理策略，为供应链的稳定提供更强有力的金融支持。进一步发挥保险的社会治理职能，推动供应链的优化升级。

建议 6：提高 CIPS 对全球供应链合作伙伴的服务质效，更好支持“一带一路”、RCEP 等重点区域的贸易投资活动。参与国际组织牵头的跨境支付标准研制工作，积极提供安全、便捷、可兼容的跨境支付服务。

第一，扩大 CIPS 的“朋友圈”，优化服务质效和性能。利用我国在全球供应链上合作伙伴多、覆盖范围广、跨境支付频高量大等优势，充分发挥 CIPS 作为金融市场跨境互通和双向开放的基础设施作用，加快 CIPS 的技术迭代和应用生态建设。中资企业和机构涉外经济活动要坚持“本币优先”，鼓励向供应链上的全球伙伴推介使用 CIPS。金融机构要主动参与周边产品开发、系统升级改造等实质性建设工作。加强 CIPS 的兼容性和拓展性，实现直接参与行与间接参与者以及企业之间的支付指令标准统一，支持信用证、保函、托收等各类国际结算工具。针对“一带一路”和RCEP等重点区域，扩大专线连接范围，鼓励更多中外机构加入，不断扩大CIPS的服务覆盖面，增强其辐射能力。依托CIPS加快跨境支付清算产品创新，进一步提高系统处理效率、业务透明度等，构建更加高效、安全、数字化的人民币跨境清算结算体系，为广泛的跨境支付和跨境金融业务奠定坚实基础。同时，要加强境内外清算风险管理，及时发现异常跨境资金流动情况，维护好外汇市场与金融市场稳定，确保不发生系统性金融风险。

第二，积极参与跨境支付变革的国际交流，加强在国际标准制定方面的合作。加强与主要贸易伙伴在法律法规、技术标准等方面的合作，并形成典型模式进行推广，以区域合作带动洲际合作，最终促成更广泛的全球供应链贸易投资合作。发挥我国经济体量大、贸易占比高、技术储备足的优势，积极参与国际组织关于标准规范的制定，在跨境支付标准制定中争取话语权。谨慎看待任何对现有跨境支付系统乃至供应链业务系统的大规模改动，尽可能在保持供应链业务延续性的基础上参与到国际跨境支付生态的建设中。

第三，积极开展央行数字货币研发。密切跟踪国际上法定数字货币的进展，推动央行数字货币领域的国际合作，与国际组织以及国外中央银行加强数字货币研发方面的信息共享和经验交流，建立中国具有领导权和话语权的央行数字货币国际性研究协会和推广联盟。稳妥推进数字人民币跨境支付清算数据、技术、报文等的统一，提高系统兼容性，避免研究碎片化、孤岛化趋势。建立相适应的央行数字货币监管体系。将数字化手段应用于监管流程，通过大数据、人工智能等技术提升资料核验、风险预警的效率，通过区块链技术等变革监管流程。采用安全的技术架构、加密通信和存储措施，以防范信息欺诈、数据泄露和黑客攻击等风险，提高央行数字货币的安全性和可靠性。促进数字化领域的国际监管协商，预先为跨境支付数字化创新提供合规指引，通过监管沙盒等方式及时发现跨境支付数字化创新产品或功能的潜在风险。

附录1 人民币国际化指数编制方法

1.1 指标体系

根据人民币国际化的定义，本报告选取能够反映人民币履行国际货币功能的两大类指标构建 RII 指标体系。这两类指标与国际货币基金组织（IMF）颁布的国际收支手册中定义的两大类国际经济交易是一致的。第一类指标反映人民币国际计价支付功能，具体包括国际贸易中使用人民币的指标，以及资本与金融交易中使用人民币的指标。第二类指标反映人民币的国际储备功能（见附表 1 和附图 1）。

从理论上讲，货币具有三种功能——价值尺度、支付手段和价值贮藏。考虑到在国际贸易中，计价货币通常就是结算货币，编制 RII 的目的之一是要侧重反映人民币在国际经济活动中的实际使用情况，因此本报告将价值尺度功能与支付手段功能合二为一。

根据 RII 编制的原则之一，即向实体经济交易流通功能方面加以引导，人民币在国际贸易中实现的结算功能是用于评价人民币国际化水平的指标的重要组成部分，具体指标选择世界贸易总额中人民币结算比重。

根据国际收支平衡表，金融账户囊括了居民与非居民之间的金融交易活动。金融交易包括直接投资、国际证券、国际信贷三大类。我们的指标体系中分别针对人民币在这三大类金融交易中的实际功能设置了相应的指标（见附表 1 和附图 1）。现对证券交易部分的指标设置做如下说明。

附表1 人民币国际化指数指标体系

一级指标	二级指标	三级指标
国际计价支付功能指标	贸易	世界贸易总额中人民币结算比重
	金融	全球对外信贷总额中人民币信贷比重 全球国际债券和票据发行额中人民币债券和票据比重 全球国际债券和票据余额中人民币债券和票据比重 全球直接投资中人民币直接投资比重
国际储备功能指标	官方外汇储备	全球外汇储备中人民币储备比重

其中：
世界贸易总额中人民币结算比重=人民币跨境贸易金额/世界贸易进出口总额
全球对外信贷总额中人民币信贷比重=人民币境外信贷金额/全球对外信贷总额
全球国际债券和票据发行额中人民币债券和票据比重=人民币国际债券和票据发行额/全球国际债券和票据发行额
全球国际债券和票据余额中人民币债券和票据比重=人民币国际债券和票据余额/全球国际债券和票据余额
全球直接投资中人民币直接投资比重=人民币直接投资额/全球直接投资额
全球外汇储备中人民币储备比重=人民币官方储备余额/全球外汇储备余额

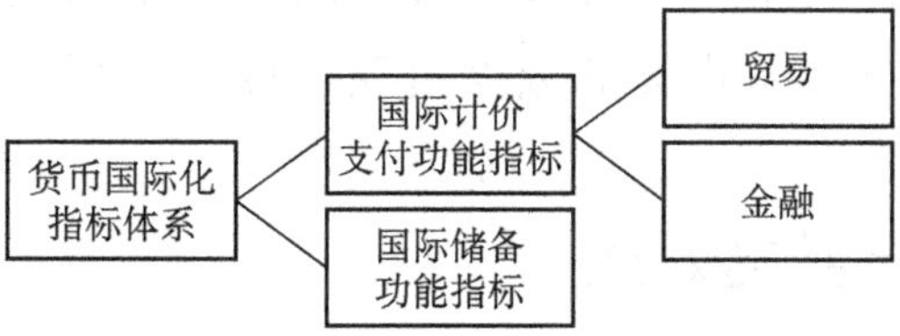

附图1 人民币国际化指标体系

国际证券交易包括债券和股票两部分。由于国际金融存在巨大的信息不对称风险，具有固定收益的债券的风险可控性优于股票，因此国际债券市场规模远远超过股票市场规模，一直在国际证券市场中占据主导地位。而且主要国家股票市场规模往往以本币标价，缺乏按照币种对非居民股票投资的统计。从金融学原理和数据可获得性两方面考虑，本报告使用国际清算银行（BIS）的国际债券和票据指标来反映国际证券交易。按照BIS的统计分类标准，国际债券和票据包括：第一，所有由国内机构和非国内机构发行的非本国货币的债券和票据；第二，所有本国市场上由国外机构发行的本国货币的债券和票据；第三，所有非居民购买的本国市场上由本国机构发行的本国货币债券和票据。由此可见，国际债券和票据指标能够很好地反映一国货币在国际证券市场中的国际化程度。

为了更加全面、准确地反映人民币国际债券和票据交易情况，本报告采用两个指标：其一是存量指标，即债券和票据余额；其二是流量指标，即债券和票据发行额。这样做的理由在于，存量指标可以客观地体现人民币在国际债券和票据交易中的现实地位，流量指标则能够更好地捕捉人民币国际债券和票据的动态变化。当然，流量的累积形成存量，流量指标与存量指标之间的这种关系决定了存量指标本身含有流量指标的信息，因此，我们对人民币国际债券和票据交易的存量指标赋予了较大的权重。

国际储备功能是国际货币职能最典型、最集中的体现。通常，一国货币在国际储备中的比重是一个最直接、最明了的货币国际化衡量指标。目前，IMF只统计了美元、欧元、日元、英镑、瑞士法郎等主要货币在官方外汇储备中的比重情况，人民币因其在官方外汇储备中的使用规模太小而不在IMF的单独统计之列。此外，世界上绝大多数政府从自身利益出发，一般不公布官方外汇储备中具体的货币结构，这就给人民币国际储备功能指标的数据搜集造成极大困难。事实上，已有近十个国家将人民币作为本国外汇储备中的一种货币。随着我国统计制度的不断完善，以及国际合作的深入，人民币官方储备指标的数据可获得性有望得到改善。

1.2 资料来源与数据处理

RII指标的资料来源与数据处理详见附表2。

附表2 RII指标的资料来源与数据处理

指标	资料来源	数据处理
世界贸易总额中人民币结算比重	人民币跨境贸易金额：中国人民银行； 世界贸易进出口总额：国际货币基金组织IFS数据库	汇率换算采用人民币兑美元期间平均汇率（IFS）
全球对外信贷总额中人民币信贷比重	中国人民币境外贷款：中国人民银行； 离岸人民币存款：各国（地区）央行或货币当局； 全球对外信贷总额：国际清算银行	人民币境外信贷金额＝中国人民币境外贷款＋中国香港、中国澳门、中国台湾、新加坡、韩国、英国离岸市场人民币存款
全球国际债券和票据发行额中各币种债券和票据比重； 全球国际债券和票据余额中各币种债券和票据比重	国际清算银行	各币种国际债券和票据发行额/全球国际债券和票据发行额； 各币种国际债券和票据余额/全球国际债券和票据余额

续表

指标	资料来源	数据处理
全球直接投资中人民币直接投资比重	人民币外商直接投资与对外直接投资：中国人民银行货币政策执行报告； 全球直接投资规模：经济合作与发展组织	汇率换算采用人民币兑美元期间平均汇率（IFS）
全球外汇储备中主要币种储备比重	国际货币基金组织 COFER	各币种储备规模/可区分储备规模（allocated reserves）
世界贸易总额中主要币种结算比重	各国贸易全球占比：国际货币基金组织； 各国贸易结算币种结构：Goldberg and Tille（2008）；Kamps（2006）	以美国、欧元区、中国、日本、英国贸易规模构成全球贸易总量，以此贸易比重与国别贸易中币种结构占比加权估算各币种全球贸易结算占比
全球对外信贷总额中主要币种信贷比重	世界银行业国际资产负债币种结构：国际清算银行	以世界银行业国际资产负债币种结构替代
全球直接投资中主要币种直接投资比重	直接投资国别占比：国际货币基金组织 IFS 数据库、经济合作与发展组织	以直接投资国别规模占比替代

RII 编制中面临的最大难题来自资料来源方面的限制。本报告对无法获得币种结构的指标采取了两种处理方式。其一，对于某些指标，有较可靠的渠道来估计人民币比重，依据尽可能详细的现有信息与数据进行加总，对这些指标进行估计。虽然这些估计值与真实值有所出入，但是我们相信这些差异并不会对 RII 造成实质性影响。而且随着人民币国际化进程的深化，这些指标的资料来源与数据质量将会得到改善，因此这些指标被保留在指数体系中。其二，部分指标没有可靠的渠道进行估计。本课题组查找了主要国际组织（IMF、世界银行、WTO 等）、主要国家的统计局、央行、贸易部门等网站与数据库，发现各国在贸易计价结算、直接投资、证券投资、银行信贷等方面普遍没有进行币种结构统计。尽管日本、英国政府也曾在某些报告中发布了本国贸易中使用不同货币规模的报告，但是这些报告不是连续的年度报告，仅是一些专项调查统计，缺乏持续性。考虑到 RII 的客观性要求，我们放弃了那些虽然体现货币国际化程度，但是数值难以估计的指标，例如本币股票规模的全球占比。本报告最终选取具有代表性的、资料来源可靠的 6 项指标来体现货币国际化程度。

随着国际货币体系的改革以及人民币国际化程度的提高，本报告相信未来国际金融统计指标会有所改进，不仅统计指标将进一步细化到币种结构分析，并且人民币也将单独统计。因此，展望未来，RII 的指标体系有可能随着国际金融统计指标的改进与细化进一步纳入更多的指标，并且在指标赋权上进行适当的调整。当然，在未来我们将尝试抽取样本国家进行调查，从而更好地估计各项指标的币种结构。例如抽选各国银行的贸易结算数据，分析各国对外贸易的币种结构，从而提高贸易币种结构指标的精确度。

1.3 人民币国际化指数模型

RII 指标体系中的每一个指标本身都是比重，不存在数量级差别，因此无须进行无量纲化处理，可以直接进行加权平均并编制 RII，即：

$$RII_t = \frac{\sum_{j=1}^{5} X_{jt}\, w_j}{\sum_{j=1}^{5} w_j} \times 100$$

其中，RII_t表示第 t 期的人民币国际化指数，X_{jt}表示第 j 个变量在第 t 期的数值，w_j为第 j 个变量的权数。

由于每个指标都是在全球总量中的占比，因此在此基础上构造的指数具有完全的横向可比性和动态可比性，满足 RII 的编制原则。

1.4 人民币国际化指数的含义

对于 RII 的含义应做如下解读：如果人民币是全球唯一的国际货币，则 RII 指标体系中的各项指标的数值就应该等于 100%，此时 RII 为 100。反之，如果人民币在任何国际经济交易中均完全没有被使用，则其各项指标的数值就等于 0，此时 RII 为 0。RII 的数值变大表明人民币在国际经济活动中更多地发挥了货币职能，人民币国际化程度更高。

当然，国际货币体系日益呈现多元化趋势。除了美元、欧元、日元、英镑、瑞士法郎等传统国际货币外，一些新兴市场国家的货币，例如俄罗斯卢布、巴西雷亚尔，也在国际经济中的部分领域开始有所使用。因此，按照本报告的指数编制方法及其含义解释，不可能有哪一种货币的国际化指数能够达到 100：目前美元不能，今后人民币也不能。

附录 2 《人民币国际化报告》年度主题概览

《人民币国际化报告 2012》是该系列研究的第一份报告。其中选取跨境贸易人民币结算、香港人民币离岸金融市场套利活动等若干重大问题，从政府决策和市场发展两个视角进行了解读；并围绕资本账户改革、人民币汇率等热点问题展开深入的理论分析。我们认为，人民币国际化最大的长期挑战来自中国实体经济，实现自主创新的技术突破和产业升级，是夯实人民币国际化经济基础的关键；金融体系市场化程度不足和效率低下，降低了人民币国际使用的吸引力和竞争力，构成人民币国际化的中期挑战；人民币离岸金融市场尚未形成规模，是导致人民币国际化在低水平上徘徊的短线制约。报告建议，不能用搞运动的方式来推进人民币国际化；要将人民币国际化与利率市场化、汇率市场化以及资本账户有序开放等有机地结合在一起；资本账户开放尤其应该谨慎，在加快提高名义开放度的同时，应通过技术手段和程序设置把握实际开放度，将投机性热钱流动控制在经济金融安全运行的可承受范围内。

《人民币国际化报告 2013》以“世界贸易格局变迁与人民币国际化”为主题，通过对世界贸易格局调整、货币替代以及国际货币体系演变的历史经验分析，总结货币国际化与实体经济国际化之间的理论联系与一般规律。我们发现，历史上曾经出现过的货币强国都是以贸易强国为前提的，但未必贸易格局调整总能引起国际货币格局变化；在当前的国际经济金融形势下，人民币国际化肩负着重大历史使命，或可破解“一超多元”国际货币体系滞后于多元竞争世界贸易格局而导致的“新特里芬难题”。报告认为，应当抓住世界贸易格局调整的有利时机，以东盟 10＋3、上合组织、金砖国家、拉美、非盟等多个新兴经济体为突破口，充分利用区域贸易、双边贸易等各种便利条件强化人民币贸易计价功能；要通过人民币直接投资、人民币对外信贷等资本流出方式，带动贸易人民币计价结算份额的继续提高；要深刻反思阻碍跨境贸易人民币计价结算份额进一步提高的主要因素，尽可能地为国内外企业和机构主动选择人民币创造机会、提供方便。

《人民币国际化报告 2014》的主题是“人民币离岸市场建设与发展”。根据对历史经验和相关文献的梳理，深入探讨了离岸金融市场促进货币国际化的内在逻辑，重点分析了当前人民币离岸市场发展的意义和影响，并对其全球布局问题进行了初步讨论。报告指出，完善、高效的离岸市场机制为国际交易使用第三方货币提供了便利性和安全性，对于巩固国际货币地位至关重要；短期内人民币离岸市场的快速发展，既将跨国资本流动的风险控制在有限范围内，又以变相的放松资本管制来助推人民币国际化，同时为资本账户改革赢得了必要时间和创造了有利条件；从长远来看，伦敦、法兰克福等主要国际金融中心的人民币离岸金融业务规模与交易比重，将是检验人民币是否已经成为主要国际货币之一的重要标志。我们建议，近期要处理好离岸市场与实体经济的关系，强调人民币离岸市场建设服务于中资企业和中资金融机构的国际化战略；中远期则要处理好人民币在岸-离岸金融市场的关系，逐步实现在岸市场价格引导离岸市场价格的理想模式。

《人民币国际化报告 2015》以“‘一带一路’建设中的货币战略”为主题。报告指出，“一带一路”和人民币国际化是中国在 21 世纪提出的两项重大国家发展战略，符合中国国家利益，可为新兴大国提供必不可少的支撑力量；同时也符合全球利益，是对现行世界经济秩序和国际货币体系的进一步完善，体现出中国提供全球公共产品的大国责任与历史担当。报告从理论探讨、历史经验和实证检验等多个角度系统梳理了“一带一路”与人民币国际化两大战略相互促进的逻辑，强调二者应当协同发展。我们认为，大宗商品计价结算、基础设施融资、产业园区建设、跨境电子商务等应当成为借助“一带一路”建设进一步提高人民币国际化水平的有效突破口；且“一带一路”建设中的人民币国际化必须继续坚持“改革开放”——国内经济成功转型、技术进步和制度创新是“一带一路”建设和人民币国际化的根本保障，以更高标准对外开放，坚持包容的发展理念，动员全球资源，造福沿线各国，才能为“一带一路”和人民币国际化两大战略的最终成功创造有利条件。

《人民币国际化报告 2016》将主题确定为“货币国际化与宏观金融风险管理”。我们认为，随着人民币加入 SDR 货币篮子，人民币国际化即将开始新的发展阶段，表明我国已经进入汇率管理、资本流动管理等重大宏观政策的调整敏感期。历史经验表明，德国和日本的货币国际化起点虽然相似，但是由于各自选择的政策调整路径不同，对国内经济和金融运行产生了迥然不同的深刻影响，使其货币国际化成果大相径庭，因此要特别重视提高宏观管理能力，以免成为制约人民币国际化继续推进的短板。报告强调，在政策调整过程中必须处理好汇率波动对国内经济金融运行的冲击，还要尽快适应跨境资本流动影响国内金融市场、金融机构以及实体经济的全新作用机制，尤其要重视防范和管理系统性金融风险。我们建议：应当基于国家战略视角构建宏观审慎政策框架，以其作为制度保障，将汇率管理作为宏观金融风险管理的主要抓手，将资本流动管理作为宏观金融风险管理的关键切入点，全力防范和化解极具破坏性的系统性金融危机，确保人民币国际化战略最终目标的顺利实现。

《人民币国际化报告 2017》以“强化人民币金融交易功能”为主题，原因是国际金融交易人民币计价综合占比的上升势头明显，继跨境贸易人民币结算之后成为驱动 RII 的又一重要因素。鉴于国际金融市场上或将开启一个以跨国银行、跨国公司甚至货币当局为主体积极配置人民币资产的有利窗口期，我们认为：应当充分利用人民币加入 SDR 的制度红利深化国内金融改革，以完善的金融市场为对外贸易和资本输出提供“后勤保障”；通过顶层设计和相关法律、政策的国际协调，充分发挥直接投资对贸易、离岸市场等的杠杆撬动效应；将人民币债券市场作为中国提供全球“安全资产”的主渠道，以提高国际债券市场的人民币占比作为阶段性任务；发挥银行主导的优势，将贸易路径作为人民币信贷拓展的主要策略选择；构建多层次外汇市场，为人民币全面发挥国际货币职能创造条件；以人民币跨境支付清算体系建设、金融相关法律制度建设以及征信和信用评级体系建设作为当前完善金融基础设施、便利人民币国际使用的工作重点。

《人民币国际化报告 2018》的主题为“结构变迁中的宏观政策国际协调”。报告指出，每一次主要国际货币的更替都导致国际政策协调的发展演变，在一定程度上，创新协调机制的成败决定了新兴国际货币的地位高低；国际政策协调效率与货币国际化相互促进、相辅相成；由于大国特别是货币强国的政策溢出效应更加明显，所以大国政策协调是决定世界经济发展和全球金融稳定的关键。我们认为：要正确看待人民币国际化进程中的调整，越是面对压力，越要保持定力，不骄不躁，苦练内功，努力提升实体经济效率和国际竞争力，倡导本币优先，重点服务实体经济发展与国内改革开放进程；要实现高质量经济发展，获得人民币国际化所需的国际网络效应，迫切需要全方位、高效率的宏观政策国际协调；应当将贸易、货币政策作为短期国际协调的重点，并将结构改革、宏观审慎政策逐步纳入协调范畴；应当重视多层次国际组织，积极寻求在新兴国际协调平台上发挥中国的引领作用。报告强调，要在“一带一路”上开展内容丰富的区域合作机制创新，为国际协调理论和实践提供新样本、新模式；要妥善处理中美贸易摩擦和政策分歧，这是实现无危机可持续发展和人民币国际化的关键，也是当前我国进行国际政策协调需要解决的主要矛盾。

《人民币国际化报告 2019》的主题为“高质量发展与高水平金融开放”。报告认为，高质量发展的内涵在于富有效率、稳健有序和包容共享，高质量发展决定着人民币国际化的未来。高质量发展的效率内涵和稳健内涵可增强国家整体经济实力，稳定市场信心；高质量发展的包容内涵是人民币国际化的最好背书。高质量发展赋予人民币国际化以时代特征和中国属性，有利于实现与中国经济贸易地位相匹配的货币地位。报告指出，高质量发展要求与之适配的金融体系，高水平金融开放有助于实现高质量经济发展。由于金融开放对经济发展进程影响巨大，在条件不成熟的情况下贸然开放，可能会因负面冲击而产生灾难性后果，所以高水平金融开放要在进一步改革中实现。当前工作重点包括：培育适应高水平金融开放的微观经济主体，重点是提高企业和金融机构的国际竞争力和抗风险能力；大力发展金融市场，以货币市场、债券市场、股票市场、外汇市场的深化改革为主要任务；抓紧建设安全、高效、国际化的金融基础设施，兼顾硬件与软件，重视发挥 CIPS 对金融市场双向开放和“一带一路”建设的服务功能；不断完善负面清单制度，以宏观审慎政策防范跨境资本流动风险，提高开放中的金融管理能力，确保国家经济金融安全和产业优势。

《人民币国际化报告 2020》的主题为“上海如何建设全球金融中心”。报告系统阐述了上海建设全球金融中心的必要性与紧迫性；在揭示全球金融中心建设与人民币国际化之间逻辑关系的基础上，从世界与中国、历史与现实、机遇与挑战等多个维度全面深入地探讨了上海建设全球金融中心的模式选择、基础条件和发展策略等重要问题。报告认为：上海应当抓住第四次工业革命的有利时机，充分发掘改革开放以来在金融深化和创新发展过程中积累的深厚基础，建设成为科创中心、经济中心、金融中心、贸易中心、航运中心协同发展的全球中心城市，引领中国高质量发展和高水平开放，为人民币国际化提供坚实的基础和持久的动力。报告强调：上海建设全球金融中心要坚持五位一体的发展模式；坚持金融服务实体经济和高水平开放，将“上海价格”打造为全球人民币资产以及人民币计价大宗商品的定价基准；完善营商环境，集聚世界高端企业和高级人才，吸引全球优质资本和优势资源，不断追求科技进步，引领全球产业升级，促进各国共同发展；运用金融科技手段构建鼓励创新、平衡风险的金融监管体系，提高应对投机冲击和管理重大风险的能力。

《人民币国际化报告 2021》的主题为“双循环新发展格局与货币国际化”。报告系统阐述双循环、高质量发展与人民币国际化之间的理论逻辑和历史逻辑，并在此基础上探讨构建双循环新发展格局的若干工作重点。报告认为：高水平的经济内、外双循环才能支撑起主权信用货币的高水平国际使用；加快形成双循环新发展格局，是中国经济把握新发展阶段、贯彻新发展理念、实现高质量发展的重要战略规划，关系到我国现代化建设全局，将全方位地增强人民币硬实力与软实力，为人民币国际化再上新台阶创造重大历史机遇。报告强调：畅通国内大循环要选准生产端和市场端突破口，抓住提升供给创造需求能力和提高国家治理水平两个关键问题，释放国内大市场的潜力与魅力，保障人民币资产的盈利性和安全性；畅通国际大循环要以立足中国本土的高水平开放为突破口，保障人民币供给充裕和使用便利，通过多种形式的贸易创新重塑中资企业和机构的国际经济合作与竞争新优势，提高话语权；要充分发挥“一带一路”和离岸人民币市场对国内国际双循环相互促进的积极作用，基于制度规则和市场使用加速形成人民币国际化的网络效应。

《人民币国际化报告 2022》的主题为“低碳发展的机遇与挑战”。报告详细阐述了中国经济实现低碳转型的必要性和紧迫性，从机遇和挑战两个角度系统论证了低碳发展与人民币国际化之间的逻辑关系，并在此基础上深入探讨推进低碳发展的重点难点。报告认为：低碳发展既是应对气候变化的必然要求，也是中国经济实现可持续高质量发展的必由之路，从长远看可增强人民币硬实力与软实力，是人民币国际化行稳致远的重大机遇；资源禀赋和发展阶段使我国减排降碳任务更加艰巨，如不能妥善解决减排成本过高、制约经济发展、增加转型风险等问题，双碳目标可能受阻，也对人民币国际化形成巨大挑战。报告强调抓住三个重点方向做好低碳转型相关工作：一是构建全面支持低碳发展的政策体系，基于国情建立健全工作推进机制和监督考核机制，形成“政府搭台，市场主导”的低碳转型模式；二是对内有序推进实体经济和金融体系的低碳转型，积极应对可能出现的各种风险和挑战，改革提升我国碳市场成熟度和开放度，为人民币未来争取国际碳定价主导权奠定基础；三是中国可以在“一带一路”低碳化投资、绿色低碳政策协调和弥补全球治理缺口等对外工作方面扮演更加积极的角色，推动低碳发展的全球治理改革，从而扩大影响力，为未来打造人民币货币区创造条件。

《人民币国际化报告 2023》的主题为“更广泛多层次经贸合作”。报告系统阐述了构建覆盖全球范围的全方位经贸合作网络对于高质量发展和人民币国际化的重要意义和作用机制。报告从主权信用货币的市场信心与信任来源出发，在文献梳理、经验比较和实证研究的基础上，按照从一般到特殊的分析逻辑，聚焦《区域全面经济伙伴关系协定》《中欧全面投资协定》《数字经济伙伴关系协定》等三个国际合作协定，根据不同阶段的不同建设重点和发展路径分别讨论各自框架下对人民币国际化提出的机遇与挑战。报告认为：对于主要面向发展中国家的国际经贸合作，要充分发挥区域内大国整合要素资源及产业链供应链的核心作用，不断优化成员国使用和持有人民币的硬件和软件条件，使之发展成为促进人民币国际使用的重要机制平台；对于主要面向发达经济体的国际经贸合作，要以高标准经贸规则为抓手，为以高水平开放促进高质量发展创造有利条件，为建立东西方强大的经济共生关系提供制度保障，为稳定全球经贸发展大局发挥积极作用；对于面向未来的数字贸易规则制定和全球数字经济治理建设，要发挥我国在数字化转型和央行数字货币研发测试方面的优势，做好数字经济时代国际货币供应的技术准备和制度准备。

参考文献

安天．2022年网络安全威胁的回顾与展望．https：//www.antiy.cn/research/notice&report/research_report/2022_AnnualReport.html，2023.

陈放，苗晶良．美国对俄罗斯跨境支付体系的制裁及其启示．当代美国评论，2023，7（4）：23－43＋124.

褚葆一，张幼文．科技革命与生产的国际关系．世界经济，1984（8)：11－18.

杜邢晔．切实维护我国产业链供应链安全稳定．光明日报，2022－08－23.

段玉婉，陆毅，蔡龙飞．全球价值链与贸易的福利效应：基于量化贸易模型的研究．世界经济，2022（6)：3－31.

冯耕中，刘祺，朱佳雯．产业链供应链安全评估与应对策略．西安交通大学学报（社会科学版)，2023，43（6)：106－116.

葛顺奇，李川川，林乐．外资退出与中国价值链关联：基于外资来源地的研究．世界经济，2021，44（8)：179－202.

蒋国俊，蒋明新．产业链理论及其稳定机制研究．重庆大学学报（社会科学版)，2004（1)：36－38.

康桂英．第一、二次工业革命与世界经济的形成．科技信息（学术研究)，2007（17)：133＋135.

李天健，赵学军．新中国保障产业链供应链安全的探索．管理世界，

2022（9）：3＋31－40.

李巍，王丽．拜登政府“供应链韧性”战略探析．当代美国评论，2022，6（2）：1－24＋122－123.

吕越，罗伟，刘斌．融资约束与制造业的全球价值链跃升．金融研究，2016（6）：81－96.

吕越，张昊天．中国制造业企业沿价值链创新模式研究：测度、演化特征与驱动机制．四川大学学报（哲学社会科学版），2023（5）：43－63＋191－192.

马宝成．把安全发展贯穿国家发展各领域和全过程．经济日报，2021－01－02.

马述忠，张洪胜，王笑笑．融资约束与全球价值链地位提升——来自中国加工贸易企业的理论与证据．中国社会科学，2017（1）：83－107.

倪红福，龚六堂，夏杰长．生产分割的演进路径及其影响因素——基于生产阶段数的考察．管理世界，2016（4）：10－23＋187.

倪红福，王海成．企业在全球价值链中的位置及其结构变化．经济研究，2022，57（2）：107－124.

潘文卿，李跟强．中国区域的国家价值链与全球价值链：区域互动与增值收益．经济研究，2018，53（3）：171－186.

彭水军，吴腊梅．中国在全球价值链中的位置变化及驱动因素．世界经济，2022，45（5）：3－28.

芮明杰，刘明宇．产业链整合理论述评．产业经济研究，2006（3）：60－66.

盛昭瀚，王海燕，胡志华．供应链韧性：适应复杂性——基于复杂系统管理视角．中国管理科学，2022，30（11）：1－7.

石建勋，卢丹宁．着力提升产业链供应链韧性和安全水平研究．财经问题研究，2023（2）：3－13.

世贸组织：融资难是阻碍发展中国家企业参与国际贸易的一大障碍．新浪新闻，2022－11－23.

苏汾．国际产业转移对中国出口产业结构的影响及启示．特区经济，2018（12）：111－116.

唐宜红，张鹏杨．中国企业嵌入全球生产链的位置及变动机制研究．

管理世界，2018，34（5）：28－46.

王海军，谭洁，王天雨．供应链复原能力与供应链竞争力关系研究：基于动态能力的视角．管理评论，2018，30（11）：223－233.

王佳元，洪群联，等．现代供应链国家战略研究．中国计划出版社，2021：36－40＋109－116.

王一鸣．百年大变局、高质量发展与构建新发展格局．管理世界，2020，36（12）：1－13.

吴金明，邵昶．产业链形成机制研究——“4＋4＋4”模型．中国工业经济，2006（4）：36－43.

谢家平，魏航．跨国公司全球供应链运营模式．上海财经大学出版社，2010：24－28.

亚行：去年全球贸易融资缺口达创纪录2.5万亿美元．新浪财经，2023－09－05.

杨继军，金梦圆，张晓磊．全球供应链安全的战略考量与中国应对．国际贸易，2022（1）：51－57＋96.

杨水利，易正广，李韬奋．基于再集成的“低端锁定”突破路径研究．中国工业经济，2014（6）：122－134.

英国出版公司．2021年世界供应链金融报告，2021.

郁义鸿．产业链类型与产业链效率基准．中国工业经济，2005（11）：35－42；

张杰，陈容．中国产业链供应链安全的风险研判与维护策略．改革，2022（4）：12－20.

张来明，赵昌文，蒋希蘅，等．携手应对危机 共享发展机遇——亚洲金融危机25年来中国—东盟经济金融合作的启示和未来重要方向．管理世界，2023，39（1）：1－14＋40＋15.

张立群．供应链管理基础与实务．长春：吉林人民出版社，2021：1－17.

中国国际贸易促进委员会．全球供应链促进报告，2023：7－9.

Boz，E.，Casas，C.，Georgiadis，G.，Gopinath，G.，Le Mezo，H.，Mehl，A.，and Nguyen，T.，“Patterns of Invoicing Currency in Global Trade：New Evidence，” *Journal of International Economics*，2022，136，103604.

Caliendo, L., and Parro, F., "Estimates of the Trade and Welfare Effects of NAFTA," *The Review of Economic Studies*, 2015, 82 (1 (290)): 1-44.

Cipriani M., Goldberg L. S., La Spada G., "Financial Sanctions, SWIFT, and the Architecture of the International Payment System," *Journal of Economic Perspectives*, 2023, 37 (1): 31-52.

CPMI, "Enhancing Cross-border Payments: Building Blocks of A Global Roadmap—Stage 2 Report to the G20 : Technical Background Report", 2020; FSB, "Enhancing Cross-border Payments—Stage 3 Roadmap", 2020.

CPMI, "Facilitating Increased Adoption of Payment Versus Payment (PvP) : Final Report," CPMI Papers, March 2023.

CPMI, "Interlinking Payment Systems and the Role of Application Programming Interfaces: A Framework for Cross-border Payments," CPMI Papers, 2022.

CPMI, "Operational and Technical Considerations for Extending and Aligning Payment System Operating Hours for Cross-border Payments: An Analytical Framework," CPMI Papers, February 2023.

Dixit, A. K., and Stiglitz, J. E., " Monopolistic Competition and Optimum Product Diversity," *The American Economic Review*, 1977, 67 (3): 297-308.

Drott C., Goldbach S., Nitsch V., "The Effects of Sanctions on Russian Banks in TARGET2 Transactions Data", *Journal of Economic Behavior & Organization*, 2024 (219): 38-51.

Fally, Thibault, "On the Fragmentation of Production in the US," https://www.etsg.org/ETSG2011/Papers/Fally.pdf, 2011.

FSB, "G20 Roadmap for Enhancing Cross-border Payments — First Consolidated Progress Report," 2021; CPMI, "Harmonised ISO 20022 Data Requirements for Enhancing Cross-border Payments", October 2023.

Gray J. V., Skowronski K., Esenduran G., et al., "The Reshoring Phenomenon: What Supply Chain Academics Ought to Know and

Should Do," *Journal of Supply Chain Management*, 2013, 49 (2): 27－33.

He D., "Digitalization of Cross-border Payments," *China Economic Journal*, 2021, 14 (1): 26－38.

La Londe, B. J. and Masters, J. M., "Emerging Logistics Strategies: Blueprints for the Next Century," *International Journal of Physical Distribution & Logistics Management*, 1994, 24 (7): 35－47;

Lambert, D., Stock, J. R. and Ellram, L. M., *Fundamentals of Logistics Management*, McGrawHill/Irwin, 1998.

Mentzer, J. T., DeWitt, W., Keebler, J. S., Min, S., Nix, N. W., Smith, C. D. and Zacharia, Z. G., "Defining Supply Chain Management". *Journal of Business Logistics*, 2001 (22): 1－25.

Mukhin, D., "An Equilibrium Model of the International Price System," *American Economic Review*, 2022, 112 (2): 650－688.

Ocean Tomo. *Intangible Asset Market Value Study*. Chicago, IL: Ocean Tomo Intellectual Capital Equity, 2020.

OECD, "Moving Up the Value Chain: Staying Competitive in the Global Economy", 2007.

Rajan R. G., Zingales L., "Financial Dependence and Growth," *The American Economic Review*, 1998, 88 (3): 559－586.

Rice T., Peter G. and Boar C., "On the Global Retreat of Correspondent Banks," *BIS Quarterly Review*, March 2020.

Wang Q., Zhou H., Zhao X., "The Role of Supply Chain Diversification in Mitigating the Negative Effects of Supply Chain Disruptions in COVID－19," *International Journal of Operations & Production Management*, 2024, 44 (1): 99－132.

后　记

《人民币国际化报告》由中国人民大学自 2012 年起每年定期发布，忠实记录人民币国际化历程，深度研究各个阶段的重大理论问题和政策热点。本报告以特别编制的 RII 为抓手，动态反映人民币在国际范围内的实际使用程度，剖析 RII 变化背后的市场、政策、制度原因，为国内外各界人士及时、全面掌握人民币国际地位的发展变化提供科学依据。

《人民币国际化报告 2024》以“可持续全球供应链体系与国际货币金融变革”为主题，系统阐述了国际货币金融变革对全球供应链可持续发展的重要意义，也充分论证了一国货币金融体系服务于全球供应链的可持续发展将有助于该国的货币国际化进程。课题组为探讨国际货币金融体系与可持续全球供应链的关系提供了一个理论分析框架，重点讨论了金融服务全球供应链可持续发展的三大功能：资金融通、风险管理和跨境支付。我们认为，越是处于全球供应链重要位置的经济体，其通过金融服务功能来提升供应链合作伙伴的福利水平、增强全球供应链韧性的效果越是显著；而且伴随一国金融体系服务全球供应链可持续发展的能力的提高，该国货币的国际使用基础也必然进一步夯实。反之，在现行国际货币金融体系中处于优势地位的国家一旦将金融服务功能异化为地缘政治工具或大国竞争武器，那么对全球供应链安全和可持续发展所产生的破坏就无疑是灾难性的。当这种情形发生时，为了保障全球供应链上更多国家的安全与福利，立足全球供应链的可持续发展推动国际货币金融变革就成为一项必要而且迫切的正义事业。在理论分析之外，本报告还梳理了全球供应链面临的主要问题和挑战，并基于对国际货币金融体系服务全球供应链可持续发展的现状分析，提出了相应的政策建议。

《人民币国际化报告》由中国人民大学国际货币研究所组织撰写，得到了财政金融学院尤其是国际金融团队的全力支持，它的完成离不开国内外学者的通力合作。多位本校研究生、本科生参与了数据采集、信息处理等基础性工作。特别感谢国际货币研究所学术委员会前主任委员、《人民币国际化报告》前任主编、南开大学校长陈雨露教授对报告选题、写作、评审、修改等各个环节给予的学术指导。感谢中国人民银行总行、商务部、国家开发银行、中国银行、中国出口信用保险公司、南开大学金融学院和经济学院等机构在数据获取、市场调研、政策信息核对以及报告撰写等多方面给予的全力支持。王信、匡小红、徐德顺、沈继奔、鄂志寰等各界专家及其研究团队对报告修改和完善提出了中肯的意见和建议；南开大学金融学院范小云院长、王博教授，中国人民大学财政金融学院庄毓敏院长和人大国际金融团队也多次参与课题组研讨，为提升报告质量贡献良多，对此我们表示由衷的感谢！

特别感谢重阳投资教育基金对国际货币研究所和《人民币国际化报告》的长期资助！感谢中国人民大学中国财政金融政策研究中心和中国人民大学出版社对本书出版的支持！感谢编辑同志的辛苦工作！

王芳、钱宗鑫负责对报告全文进行统纂。各章作者如下：

导论：王芳、钱宗鑫

第 1 章：涂永红、赵雪情、石晗、王俊淇、杨丹妮

第 2 章：李磊、直银苹、路优、伊灿、吴云霞、王芳

第 3 章：钱宗鑫、王晨曦、王景业、刘瑶琚、郭一鸣、夏泽龙

第 4 章：陆利平、尚文婷、肖静、周凡、胡英琦

第 5 章：何林、王殊、莫一茗

第 6 章：宋科、朱斯迪、孙翼、许界天

第 7 章：王芳

附录 1：涂永红、王芳、赵雪情

附录 2：王芳

中国人民大学国际货币研究所

2024 年 7 月

“IMI·大金融书系”编辑委员会

顾　问（排名不分先后）

李　扬

Edmond Alphandery　Han Seung-soo　Lord Neil Davidson

Nout Wellink　Steve H. Hanke　Yaseen Anwar

编　委（排名不分先后）

贲圣林　曹　彤　陈卫东　陈信健　丁剑平

鄂志寰　范希文　冯　博　关　伟　管清友

郭建伟　郭庆旺　黄金老　焦瑾璞　金　煜

庞　红　瞿　强　史　彬　宋　科　孙鲁军

谭松涛　涂永红　汪昌云　王　芳　王广宇

王国刚　王永利　肖　耿　杨　涛　曾颂华

张　杰　张　明　张成思　张岳鹏　张之骧

赵锡军　周道许　周广文　周月秋　庄毓敏

Alain Rase　Alfred Schipke　Anoop Singh

David Marsh　Fariborz Ghadar　Herbert Poenisch

Iikka Korhonen　Il Houng Lee　Jaya Josie

Juan Carlos Martinez Oliva　Jukka Pihlman

Kees Koedijk　Rainer Klump　Robert Elsen

Steven Barnett　Thorsten Giehler　Tomoyuki Fukumoto

Wolfgang Koenig　Yuksel Gormez

“IMI·大金融书系”书目

1.《欧元的故事——一个新全球货币的激荡岁月》

［英］戴维·马什 著，向松祚 宋姗姗 译

出版时间：2011 年 5 月第 1 版第 1 次印刷

出 版 社：机械工业出版社

2.《财政危机下的金融困局与突破：国际金融形势评论 2013》

曹彤 编著

出版时间：2013 年 5 月第 1 版第 1 次印刷

出 版 社：机械工业出版社

3.《后金融危机时代全球货币治理的坚守与革新：国际金融形势评论 2014》

曹彤 编著

出版时间：2014 年 5 月第 1 版第 1 次印刷

出 版 社：机械工业出版社

4.《人民币国际化报告 2012》

中国人民大学国际货币研究所 著

出版时间：2012 年 9 月第 1 版第 1 次印刷

出 版 社：中国人民大学出版社

5.《人民币国际化报告 2013：世界贸易格局变迁与人民币国际化》

中国人民大学国际货币研究所 著

出版时间：2013 年 11 月第 1 版第 1 次印刷

出 版 社：中国人民大学出版社

6.《人民币国际化报告 2014：人民币离岸市场建设与发展》

中国人民大学国际货币研究所 著

出版时间：2014 年 7 月第 1 版第 1 次印刷

出 版 社：中国人民大学出版社

7.《人民币国际化报告 2015：“一带一路”建设中的货币战略》

中国人民大学国际货币研究所 著

出版时间：2015 年 7 月第 1 版第 1 次印刷

出 版 社：中国人民大学出版社

8.《人民币国际化报告 2016：货币国际化与宏观金融风险管理》

中国人民大学国际货币研究所 著

出版时间：2016 年 10 月第 1 版第 1 次印刷

出 版 社：中国人民大学出版社

9.《人民币国际化报告 2017：强化人民币金融交易功能》

中国人民大学国际货币研究所 著

出版时间：2017 年 7 月第 1 版第 1 次印刷

出 版 社：中国人民大学出版社

10.《人民币国际化报告 2018：结构变迁中的宏观政策国际协调》

中国人民大学国际货币研究所 著

出版时间：2018 年 7 月第 1 版第 1 次印刷

出 版 社：中国人民大学出版社

11.《人民币国际化报告 2019：高质量发展与高水平金融开放》

中国人民大学国际货币研究所 著

出版时间：2019 年 7 月第 1 版第 1 次印刷

出 版 社：中国人民大学出版社

12.《人民币国际化报告 2020：上海如何建设全球金融中心》

中国人民大学国际货币研究所 著

出版时间：2020 年 7 月第 1 版第 1 次印刷

出 版 社：中国人民大学出版社

13.《人民币国际化报告 2021：双循环新发展格局与货币国际化》

中国人民大学国际货币研究所 著

出版时间：2021 年 7 月第 1 版第 1 次印刷

出 版 社：中国人民大学出版社

14.《人民币国际化报告 2022：低碳发展的机遇与挑战》
中国人民大学国际货币研究所 著
出版时间：2022 年 7 月第 1 版第 1 次印刷
出 版 社：中国人民大学出版社

15.《人民币国际化报告 2023：更广泛多层次经贸合作》
中国人民大学国际货币研究所 著
出版时间：2023 年 7 月第一版第 1 次印刷
出 版 社：中国人民大学出版社

16. *The Internationalization of the Renminbi*：*2012 Annual Report*
International Monetary Institute，Renmin University of China
出版时间：2012 年 12 月第 1 版第 1 次印刷
出 版 社：中国人民大学出版社

17. *Internationalization of the RMB*：*2013 Annual Report*
International Monetary Institute，Renmin University of China
出版时间：2014 年 4 月第 1 版第 1 次印刷
出 版 社：Enrich Professional Publishing，Inc.

18.《人民币国际化报告 2012》(日文版)
中国人民大学国际货币研究所 著
出版时间：2014 年 2 月第 1 版第 1 次印刷
出 版 社：科学出版社东京株式会社

19.《人民币国际化报告 2015》(俄文版)
中国人民大学国际货币研究所 著
出版时间：2017 年 11 月第 1 版第 1 次印刷
出 版 社：机遇国际出版公司

20.《大国货币Ⅰ：政治篇》
涂永红，戴稳胜 著
出版时间：2014 年 7 月第 1 版第 1 次印刷
出 版 社：科学出版社

21.《大国货币Ⅱ：军事篇》
戴稳胜，涂永红 著

出版时间：2014 年 7 月第 1 版第 1 次印刷

出 版 社：科学出版社

22.《大国货币Ⅲ：文化篇》

涂永红 著

出版时间：2014 年 7 月第 1 版第 1 次印刷

出 版 社：科学出版社

23.《欧洲的未来》

［英］大卫·马什 等 著，许钊颖 译

出版时间：2014 年 7 月第 1 版第 1 次印刷

出 版 社：中国经济出版社

24.《布雷顿森林体系 70 年：国际货币体系重构与人民币国际化——2014 国际货币论坛会议文集》

中国人民大学国际货币研究所 编

出版时间：2015 年 3 月第 1 版第 1 次印刷

出 版 社：中国金融出版社

25.《负利率效应下的中国经济》

伍聪 著

出版时间：2015 年 6 月第 1 版第 1 次印刷

出 版 社：中国人民大学出版社

26.《人民币作为计价货币：理论与政策分析》

涂永红 著

出版时间：2015 年 9 月第 1 版第 1 次印刷

出 版 社：中国金融出版社

27.《"新特里芬难题"与人民币国际化战略》

王芳 著

出版时间：2015 年 10 月第 1 版第 1 次印刷

出 版 社：中国人民大学出版社

28.《全球货币政策的分化与协调——供需再平衡：国际金融形势评论 2015》

曹彤 编著

出版时间：2015 年 11 月第 1 版第 1 次印刷

出 版 社：机械工业出版社

29.《2015 中资银行国际化报告》

贲圣林，俞洁芳，顾月，吕佳敏 等 著

出版时间：2015 年 12 月第 1 版第 1 次印刷

出 版 社：中国金融出版社

30.《新秩序——美联储货币互换网络重塑国际货币体系》

徐以升 著

出版时间：2016 年 4 月第 1 版第 1 次印刷

出 版 社：中国经济出版社

31.《“一带一路”战略与人民币国际化——2015 国际货币论坛会议文集》

中国人民大学国际货币研究所 编

出版时间：2016 年 8 月第 1 版第 1 次印刷

出 版 社：中国金融出版社

32.《2016 中资银行国际化报告》

贲圣林，俞洁芳，顾月 等 著

出版时间：2016 年 12 月第 1 版第 1 次印刷

出 版 社：中国金融出版社

33.《新常态下北京金融可持续发展研究》

涂永红，赵雪情 著

出版时间：2016 年 12 月第 1 版第 1 次印刷

出 版 社：中国金融出版社

34.《资产价格、产出波动与货币政策》

闫先东，朱迪星 著

出版时间：2016 年 12 月第 1 版第 1 次印刷

出 版 社：中国财政经济出版社

35.《黄达传略》

宋科 编著

出版时间：2017 年 3 月第 1 版第 1 次印刷

出 版 社：中国人民大学出版社

36.《守住底线——全球金融安全网及中国作为》
曲双石 著
出版时间：2018 年 6 月第 1 版第 1 次印刷
出 版 社：机械工业出版社

37.《大金融思想沙龙》(第一辑)
中国人民大学国际货币研究所 编
出版时间：2018 年 7 月第 1 版第 1 次印刷
出 版 社：中国经济出版社

38.《大金融思想沙龙》(第二辑)
中国人民大学国际货币研究所 编
出版时间：2019 年 8 月第 1 版第 1 次印刷
出 版 社：中国经济出版社

39.《大金融思想沙龙》(第三辑)
中国人民大学国际货币研究所 编
出版时间：2021 年 8 月第 1 版第 1 次印刷
出 版 社：中国经济出版社

IMI 财经观察，只分享最有价值的财经观点！

围绕大金融理念，专注传播优秀学术成果！

图书在版编目（CIP）数据

人民币国际化报告．2024：可持续全球供应链体系与国际货币金融变革／中国人民大学国际货币研究所著．北京：中国人民大学出版社，2024.7. -- ISBN 978-7-300-33064-8

Ⅰ. F822

中国国家版本馆 CIP 数据核字第 20244G9E00 号

IMI·大金融书系

人民币国际化报告 2024：可持续全球供应链体系与国际货币金融变革

中国人民大学国际货币研究所　著

Renminbi Guojihua Baogao 2024

出版发行	中国人民大学出版社		
社　　址	北京中关村大街 31 号	**邮政编码**	100080
电　　话	010－62511242（总编室）		010－62511770（质管部）
	010－82501766（邮购部）		010－62514148（门市部）
	010－62515195（发行公司）		010－62515275（盗版举报）
网　　址	http://www.crup.com.cn		
经　　销	新华书店		
印　　刷	固安县铭成印刷有限公司		
开　　本	787 mm×1092 mm　1/16	**版　　次**	2024 年 7 月第 1 版
印　　张	16 插页 1	**印　　次**	2024 年 8 月第 2 次印刷
字　　数	243 000	**定　　价**	78.00 元

版权所有　侵权必究　　印装差错　负责调换